中国航空工业史丛书·人物·史料资料

中国航空工业人物传·英模篇

2

中国航空工业史编修办公室 编

航空工业出版社

北 京

内 容 提 要

本书介绍了中国航空工业企事业单位自1978—2014年中华全国总工会授予的全国五一劳动奖章获得者、中华全国妇女联合会授予的全国三八红旗手、中国共产主义共青团中央授予的全国新长征突击手、全国五四青年奖章获得者共计112位航空人的生平、工作业绩与突出贡献。真实记录了他们为中国航空工业发展呕心沥血、殚精竭虑，有的甚至献出生命的感人事迹，他们是"航空报国"精神的开创者和传承者。

本书内容翔实、丰富，实为记录航空英模的全面生动的教材，适合广大航空工业从业人员和关注中国航空工业的人员阅读。

图书在版编目（ＣＩＰ）数据

中国航空工业人物传. 英模篇. 2 ／中国航空工业史编修办公室编. －－北京：航空工业出版社，2015.1
（2019.1重印）

（中国航空工业史丛书）

ISBN 978 - 7 - 5165 - 0618 - 9

Ⅰ．①中… Ⅱ．①中… Ⅲ．①航空航天人员–列传–中国–现代 Ⅳ．①K826.16

中国版本图书馆 CIP 数据核字（2014）第294438号

中国航空工业人物传·英模篇2

Zhongguo Hangkong Gongye Renwu Zhuan·Yingmo Pian 2

航空工业出版社出版发行

（北京市朝阳区北苑2号院　100012）

发行部电话：010-84936597　010-84936343

三河市金轩印务有限公司印刷　　　　　全国各地新华书店经售

2015年1月第1版　　　　　　　　　　2019年1月第2次印刷

开本：787×1092　　1/16　　印张：18.75　　字数：392千字

印数：4001—4500　　　　　　　　　　定价：69.00元

（凡购买本社图书，如有印装质量问题，可与发行部联系调换）

总　序

1951年4月17日，中央军委、政务院颁发了《关于航空工业建设的决定》，新中国航空工业走过了整整60年的发展历程。

自1910年清政府在北京南苑设厂试造飞机到1949年新中国成立前，中国的航空工业整整40年没有建立起可称为独立产业的工业门类，基本限于简单的修理和机体制造，在国家的贫弱与动荡中艰难苟延。

建立一个完整强大并能与发达国家比肩的航空工业，一直是中国近代无数仁人志士、黎民百姓的呼号与夙愿。新中国成立不久，在抗美援朝的连天烽火与神州大地的百废待兴中，国家即决定建设和发展民族航空工业，并为此集中全国的优势力量支持。60年的历程，中国航空工业大体经历了4个阶段：从20世纪50年代到60年代前期的初创与快速发展时期；从60年代中后期到70年代的波折与缓慢发展时期；从80年代到20世纪末的恢复与振兴发展时期；21世纪前10年的崛起与跨越式发展时期。

2008年，中国航空工业集团公司重组整合不久即做出决定，在20世纪80年代航空工业部组织和纂修新中国航空工业史的基础上，全面续修中国航空工业史。这个具有历史性、前瞻性的决定，开启了大规模续修中国航空工业史的序幕。

面对这项历史性工程，林左鸣总经理强调这是航空工业的要事、盛举，要做到"无出其右"！在高建设副总经理的领导下，一批长期在航空工业工作、具有较强写作能力的同志参与了撰写。

这次续修中国航空工业史，是中国航空工业史上的一项浩繁的史料收集整理工程、重大的文字工程和系统的文化工程，其规模将远远超过上一次的修史。作为一套系列丛书，总编撰与出版量将达百余部书籍，约千万字的容量。

这套丛书本着"尊重历史、史从实出、存真弃虚、功过俱修"的原则，力争留下经得起当代人推敲与后人检验的专史与信史。丛书将分为5个系列。

一、**总史部分**：将在上次纂修 1949—1988 年新中国航空工业史的基础上，续修其后 20 多年的行业史，包括航空航天工业部（1988—1993 年航空工业部分），航空工业总公司（1993—1999 年），中国航空工业第一集团公司、中国航空工业第二集团公司（1999—2008 年，分修）的行业史。为完整反映中国航空工业发展历程，对从 1910 年中国航空工业萌芽时期起到 1949 年这一段的中国航空工业史补充编修。

与此同时，分别纂修这几个历史阶段的大事记和总纂中国航空工业 60 年大事记。

二、**专业史部分**：在上次纂修部分专业史的基础上，续修航空工业各专业史，补修上次尚未纂修的一些专业史。

三、**专题史部分**：全面纂修以各历史时期航空工业重点型号为主要内容的专题史。

四、**企事业单位史部分**：在上次组织纂修部分企事业单位史的基础上，续修后 20 多年企事业单位史，同时组织上次未修史的单位进行补修。

五、**人物·史料资料部分**：作为修史工程的一项重要内容，续修航空工业人物传和回忆录，以及航空工业的各种史料资料，如《中国航空工业老照片》、《百年航空史话》等。

以上 5 个系列既各有侧重，独立成书，从不同方面反映航空工业的发展历程，同时又互相衔接，互为印证，形成《中国航空工业史丛书》。

编修航空工业历史中所揭示出的规律和规律性认识，可以使我们看到中国航空工业前进的身影，听到它"咚咚"作响的脚步声，更会使我们善用前人留下的财富，增长推动新发展的智慧。当然，在更新的历史环境与更重大的历史使命下，我们也不可能从既往的历史中找到全部答案，这就需要我们奋力去进行新的开拓，在建设航空强国的征途中去创造新的历史。

中国航空工业史编修领导小组

目　　录

李秋娥 1978 年全国三八红旗手

李秋娥（1935.11—　），辽宁沈阳人，1978 年全国三八红旗手，第三机械工业部第六研究院第 612 研究所（现中航工业空空导弹研究院，简称中航工业导弹院）高级工程师。1963 年北京工业学院毕业，分配到国防科委第六研究院第五研究所（现中航工业导弹院）工作，1992 年 12 月退休。

李秋娥一直工作在导弹院科研一线，长期从事空空导弹专业设计、开发和研制工作。先后参加了多个型号空空导弹的研制和相关课题的研究，做出了突出贡献。1990 年 8 月，被航空工业部授予某工程二等奖。1978 年被全国妇联授予"全国三八红旗手"称号。

李秋娥工作照

彭祝玲

1979 年、1982 年全国三八红旗手
1986 年全国五一劳动奖章获得者

彭祝玲（1938.8—　），湖南湘潭人，1979 年、1982 年全国三八红旗手，1986 年全国五一劳动奖章获得者，国营南方机械动力公司（现中国南方航空工业（集团）有限责任公司，简称中航工业南方）车工。1958 年 7 月来到国营湘江机械厂（现中航工业南方），先后干清沙工、车工；1986 年 11 月调公司工会任干事。彭祝玲在车工岗位上刻苦钻研、努力拼搏，1979 年、1982 年两次被全国妇联授予"全国三八红旗手"称号；1986 年被中华全国总工会授予"全国五一劳动奖章"；1982 年、1986 年获"省劳动模范"称号。1994 年 12 月退休。

　　1958 年，彭祝玲来到国营湘江机械厂，当领导把她带进厂房，分配她干车工时，她格外高兴。这个在农村长大，受过艰苦磨炼，具有一种积极向上、不甘落后性格的女青年，当即向领导和师傅表示："我一定好好学，好好干！"三个月后，她就开始单独操作，车间开展生产竞赛，她也能争到名次。彭祝玲和全国劳动模范李临庄同在一个车间，她羡慕老李的荣誉，更加佩服老李的干劲。她心里想："老李能为国家做出那么大的贡献，我虽是个女同志，不缺胳膊不少腿，就不能像他那样一年干几年的活吗？"从这以后，她就学着李临庄的样子大干起来。她每年给自己制订一个大干计划，规定每天完成多少任务，不完成任务不下班。后来，她又制订了一个要用 15 年时间完成 50 年工作量的奋斗目标，从此，她坚持本职岗位，紧握手中摇把，每天不停息地工作着。

　　彭祝玲为了实现 15 年完成 50 年工作量的奋斗目标，10 多年来总是争分夺秒地忘我工作。为了多干活，她每天总是提前上班，别人刚刚走进厂房，她早已干得热气腾腾；中晚餐同志们都回家吃饭，而她常常是带饭到机床边吃，或由爱人送饭到车间，每天总是干到晚上 10 点或 11 点钟以后才回家，有时外出开会，她坚持白天占去的时间晚上补回来，开会前抓紧干，回来拼命干。为了抢时间多完成任务，彭祝玲几乎每天

近12小时在车床上工作。多少次由于在主轴上使劲的扭动，右手虎口振裂；多少次零件的搬上搬下双手磨起了殷红血泡，但她不叫一声苦。彭祝玲就是用这么一股拼搏精神，战斗在车床旁。同志们看到她这么大干的劲头，都亲切地称她为"拼命大嫂"。

彭祝玲在朝着大目标苦干实干的同时，也十分注意在"巧"干上做文章，从巧干中争高速、夺高产。如：加工锥体螺纹，车工有3道工序，为了节省时间，她把两道工序合并，一次加工，提高了工效。一种锥体螺纹加工很麻烦，要先车锥体后车螺纹，每次来回变速，挂轮很费时间，她从一刀一刀上想办法，磨了一把成形车刀，一刀成形既保证了质量，又提高了工效，零件由原来班产70多件增加到100多件。在干梅花柄零件时，她将3把刀改用1把刀，零件的多种几何型面，只需一次加工成形。为了节省劳力，加快工作速度，她还充分利用机床自动走刀时间穿插使用两台机床，交叉作业，每年完成3～5年工作量。

在彭祝玲前进的道路上，困难与挫折也经常折磨着她，然而困难再大也没有改变她为四化奋力拼搏、不断进取的坚强信念。

1981年元月，正当彭祝玲满怀信心朝着自己制定的"一年干满五年活"的目标努力时，她的爱人突然被心肌梗死夺去了生命。这个意外的打击，使她手足无措，一家的重担全落到了她一个人身上。从那以后，彭祝玲起得更早，安排好家务就提前上班；中午和下午回家吃饭，手脚麻利点，多争取一些时间到车间干活；晚上干得更晚一点回家。就在那年3月6日，她以2000个定额工时，胜利跨年了。

1981年7月，彭祝玲患急性阑尾炎，住院做了手术。第9天，伤口一拆线，她就要求出院，把医生开的半个月休假条往口袋里一塞，当天就到车间干活去了。那时天气热，伤口疼痛，她咬着牙坚持上班，一天也没有休息，到9月夺得了全分厂竞赛第五名。9月底左手不幸受伤，食指和中指缝了七针，她咬着牙坚持大干，一天也没休息，到年底终于战胜了一个又一个困难，创造了她自己进厂来第一次最高纪录，完成了五年零三天工作量。1982年，株洲市妇联授予她"三八红旗手标兵"荣誉称号。

1986年上半年，彭祝玲在外出开会和住院占去20多天的情况下，仅用5个多月时间，完成工时7442个小时，相当于3个7个月工作量，同时，夺得了全公司5000多名女职工参加的"为公司腾飞争贡献"生产竞赛第一名。

党的工作重点转移以后，工厂实行了奖金制度，然而彭祝玲想到的不是金钱的多少，报酬的多少，而是贡献的大小，在对待奖金问题上她从不伸手。早在1979年5月，她将第一次拿到的25.35元的奖金，全部缴了党费，车间支部书记开始不肯收，几次对她说："多劳多得是社会主义的分配原则，也是党的政策，你多干活多拿奖是应该的。"但彭祝玲说："我的一切是党给的，多缴点党费是应该的。"从那以后她每月都要多几倍、十几倍来缴党费。

彭祝玲工作照

　　彭祝玲自己的生活是俭朴的，而在对待同志的援助上总是无私的。她经常关心周围有困难的同志，还主动向所在市儿童福利基金会、向灾区人民捐款。人们赞扬说："这不是普普通通的钱，这是一位老工人，老劳动模范一片赤诚的心。"

宋正宝 1979 年、1983 年全国三八红旗手

宋正宝（1925.2—　），福建莆田人，1979 年、1983 年全国三八红旗手，国营伟建机器厂（现中航工业哈尔滨飞机工业（集团）有限责任公司，简称中航工业哈飞）研究员级高级工程师。1947 年 9 月，考取福建华南女子文理学院（后改名为福州大学）生物化学系。1951 年 9 月毕业，分配到航空工业局第 121 厂（现中航工业哈飞）技术科化验室任见习技术员，1953 年起先后任车间电镀工艺员、工艺组组长、经济核算组组长、工艺室主任、表面处理助理工程师、中心试验室主管工艺员、防锈组组长、表面处理工程师、综合技术科工艺组主管工艺员，1979 年担任冶金科工程师。宋正宝先后被选为哈尔滨市第十三届妇联委员和政协委员、哈尔滨市平房区人民代表大会常委。曾多次被评为"厂级先进生产工作者"和"先进工作者标兵"，以及"厂工业学大庆先进工作者标兵"；1978 年被评为省、市"先进科技工作者"；1979 年被评选为黑龙江省国防工业系统质量标兵和先进科技工作者；1978—1986 年，连续五届当选为"哈尔滨市劳动模范"；1984 年 9 月被评为"黑龙江省劳动模范"，次年被授予"黑龙江省女能人"称号；1979 年和 1983 年两次被全国妇联授予"全国三八红旗手"称号。1986 年 6 月退休。

　　宋正宝 1951 年福建华南女子文理学院生物化学系毕业后，主动申请到艰苦的岗位上去，随后，她被分配到了航空工业局。1951 年，年仅 26 岁的她只身一人来到北国边城——哈尔滨，怀着建设新中国的梦想，开始了她不平凡的一生。

　　宋正宝虽然学的是生物化学，但是为了建设需要，毅然选择改行。当时工厂还没有热表面处理设备，只有苏联专家带来的两节卫国战争时期使用的战地流动列车，她主动向苏联专家和其他同志学习，近 3 个月的时间几乎都是在列车上度过的，最终掌握了镀锌、镀铬等表面处理技术。实习结束后，她和其他同志被调去筹建工厂第一个热处理车间，做电镀工艺员。由于她出色的表现，在 1963 年担任了冶金科表面处理副工程师。在工作中，她认真学习、顽强拼搏，从不输给男子。她每天都是早起晚睡，加班加点，力求在最短的时间内将工作做到最好，不论是在什么岗位上，她都能刻苦

钻研，认真负责，努力克服困难，完成各项工作。

"文化大革命"中，宋正宝一方面承担着来自各方面的压力，一方面不忘记搞好生产和工作，无论遇到什么困难，对待工作，她依旧是那样的严格和认真。1974年，她的爱人患了脑出血，生活不能自理，在困难面前，宋正宝没有向组织提出过任何要求，也没有埋怨生活的艰辛，而是勇敢地挑起了工作和照顾病人的两副重担。

宋正宝爱人病重时也正是她工作最忙的时候，当时宋正宝正进行运12飞机主体油箱和油箱内表面喷SF-9漆料的研制试验，这是工厂重点攻关项目。这项任务对表面处理工作要求非常严格，必须在24小时之内完成，若超时，就会造成漆层与油箱基体结合力降低，甚至有机毁人亡的危险。她参照上海的经验，组织了20多人参加的大型工艺试验组，拟订了10个项目试验方案，指导技术人员配合设计，改进工艺，先后进行了两轮长达半年的试验，试验数据达300多个。这项复杂的试验完成后，可以用SF-9底漆涂层代替XM-28密封胶，从而使油箱重量减轻15千克，使用性能符合设计标准，这是运12飞机制造技术上的一大突破。

1981年，宋正宝被派到法国马赛马利安飞机厂实习，她倍加珍惜这次机会，力争多学习一些知识回来。在法国的6周时间里，她没有时间去欣赏马赛的风光，一面在现场实习，一面摘抄要点，回到住所，把白天看到和学到的都记录下来，并将其译成中文。为了不影响室友的休息，她经常带着老花镜在卫生间里工作到深夜。在实习中，宋正宝一丝不苟，曾发现了一份法方的工艺单中细小的问题，经证实后，得到及时改正，从此以后，法方对宋正宝更加的敬佩。6周的实习结束后，宋正宝整理了近10万字的学习笔记和106页的技术资料，并毫无保留地把有关技术资料传授给中国的其他同行。

宋正宝工作照

　　无论是在大的技术研究项目上，还是在细小的工作上，宋正宝都尽心尽力，亲历亲为，从不顾及自己的身体，始终坚持在第一线上解决生产中存在的问题。"全机洗涤"由于标准不一，经常出现几个车间责任不清、互相扯皮的现象，严重地影响了生产进度和产品质量。为了解决这个问题，她与同志们多次进行洗涤试验，并与各主管部门共同协商，以一架机为实例，制定了洗涤标准，统一了认识，保证了这项工作的顺利进行；在农林机的喷漆技术改造工作中，她通过反复试验，克服了资料不全和农药超低容量（浓度高）毒性大等困难，最终解决了运 11 农林型飞机因喷洒农药，机身后下部大面积丙烯酸漆层剥落的难题；在进行复合材料喷漆试验中，她在没有任何借鉴的情况下，大胆选用国产低价的材料代替国外材料，经反复试验，终于取得了可喜的成果。另外，她还充分发挥自己掌握法语的专长，对法方说明书进行逐字的校对和改正，避免了因原译文出现差错而影响飞机质量问题；在 1984 年、1985 年两年中，她带领小组的同志们一起解决了多项生产、科研关键新课题，攻克了直 9 直升机尼龙喷涂、球铰硬质阳极化、球铰喷涂特氟隆等关键技术；在运 12 飞机工艺评审工作中，她带领化工组的同志，编写生产说明书 20 本，并亲自反复校对说明书底稿，为运 12 飞机评审工作做出了贡献。

　　1984 年，宋正宝担任哈尔滨市涂饰学会副理事长、航空航天腐蚀学会委员、全国涂漆前金属表面处理及涂漆工艺标准分技术委员会委员。工作之余，她一直勤奋学习和工作，完成了许多有重要意义的技术总结、论文和报告，如："国内外水上飞机的腐蚀控制与飞行安全""直 9 直升机表面处理工艺分析报告""国外直升机喷漆前表面准备、涂料材料及喷涂工艺考察报告"等，她的工作得到领导和同事的高度赞誉。

李志国 1979 年全国新长征突击手

李志国（1953.8— ），山东蓬莱人，1979 年全国新长征突击手，国营枫阳机械厂（现中航工业贵州枫阳液压有限责任公司，简称中航工业枫阳）计划调度员。1971 年 12 月分配到国营枫阳机械厂，六车间当工人，先后在厂团委、厂工会、节电器车间、纪委办、厂公安科、机动设备部工作，先后任党支部副书记、副主任、干事、干警、计划调度员、室主任等职务。曾多次被评为厂级优秀共产党员、先进工作者、公司级优秀员工称号，1978、1979 连续两年被贵州省第三机械工业局评为年度工业学大庆先进生产（工作）者，1979 年荣获贵州省"新长征突击手"称号，同年被共青团中央授予"全国新长征突击手"荣誉称号。

李志国 1971 年到国营枫阳机械厂工作后，干一行、爱一行，尤其在担任计划调度员期间，做到科学管理，生产作业计划下达规范化，有布置、有检查，对任务进度逐项跟踪，发现问题及时处理，保证生产需要和供给。他经常深入现场，服务一线，积极

主动完成领导交给的各项任务。在机动部，动力维修和安装也是一项很繁重任务，尤其是锅炉的维修、水暖管线的大修，他都能深入现场与同志们一道保证任务的完成，不辞辛苦、不计较个人的得失。同时组织制订和协调各种大修、非标、备件制造计划，并组织实施，充分发挥了共产党员先锋模范作用。

高　扬　1983 年全国三八红旗手

高扬（1938.3—　），辽宁锦州人，1983 年全国三八红旗手，航空工业部北京航空材料研究所（现中航工业北京航空材料研究院，简称中航工业航材院）工程师。1963年毕业于北京航空学院航空材料系，1963 年 9 月空军 34师地勤兵，1964 年 9 月北京航空材料研究所从事变形钛合金研究工作，曾任 15 室党支部书记。自 1980 年起连续当选第七至第十二届北京市海淀区人大代表，1993 年任北京市海淀区人大第十一届常委会委员。1993—2012 年，连续当选第十至第十三届北京市人大代表。1983—1988 年，任全国妇联第五届中央执行委员。1983 年被航空工业部授予"先进工作者"称号，同年被全国妇联授予"全国三八红旗手"称号。1994 年 4 月退休。

高扬 1963 年毕业于北京航空学院，到北京航空材料研究所后一直从事钛合金应用研究工作，先后参与了八线示波器、电阻应变仪的维修使用，真空悬浮炉和真空电极对焊箱设计，参与了建立了振动试验台；参加了防弹衣研制、TC11 盘研制和高温钛合金研究与应用等多个科研课题工作。

航空钛合金的研制与应用工作需要在实践中不断探索；因受到设备条件的限制，课题组大部分试验工作要在工厂进行。在"文化大革命"10 年动荡的年代里，为了抢时间，高扬和课题组同志有时要连续奔走于几个省市的工厂之间，火车卧铺票买不到，就背着几十公斤试验料坐硬座两三天赶到工厂，夜以继日的工作。为了掌握进度和随时解决试验中出现的问题，高扬与课题组的同事深入车间一线，与工厂的技术人员、工人共商操作规范，工人一身油，高扬一身汗，与男同志干一样的活，突破了一个个技术难题。

党的十一届三中全会以后，科学的春天来临了。高扬觉得时间太宝贵了。她抓紧点滴时间钻研业务、做课题研究。她感慨地说："我已 40 多岁了，已经走过人生一半的路程，争取再为钛合金的研制做两个周期的工作。"20 世纪 80—90 年代，高扬参加了数个重点课题的研制工作，以顽强的毅力和惊人的工作效率弥补了做人民代表工作被占去的时间。她参加了"TC11 钛合金材料在涡喷 13 发动机模锻件的应用研究"

"TC11 钛合金在涡喷 7 甲上的应用研究"研制工作，并负责"TC11 钛合金叶片振动疲劳和组织关系"分课题的工作。一段时期，课题组内由原来的 5 个人减少到 3 个人，其中一位同志身体不太好，高扬就主动承担起组内大部分具体工作。时间不够用就加班，有时下午临近下班确定的方案，第二天早上她已经把十几个制备完毕的金相试样准备好。从实验室配料计算、熔炼、锻造轧制、拉丝，到工厂生产跟班熔、锻、检验、故障分析，并运用金相、TEM、SEM、X 射线等方法，对显微结构、位错形貌和断裂机制进行分析研究，在课题组同事们的共同努力下，"TC11 钛合金材料、盘模锻件的工艺研究"课题获得成功，研制的 TC11 钛合金材料具有良好的综合性能，研制的航空发动机压气机盘模锻件，经长期试车考验工艺稳定，用于多种型号飞机的新型发动机，不仅满足了新机的急需，为空军装备更新换代做出贡献，而且为国家节省了大量外汇和投资，促进了钛在航空工业中的应用。该课题 1987 年获国家科学技术进步奖一等奖。

高扬作为主要参加人完成的两个科研成果——"TC11 钛合金 β 急冷三重热处理工艺""α + β 钛合金高温形变强韧化工艺"于 1993 年获国家发明三等奖。她还参加了涡喷 6、910、波音 707 用 DT3D、涡喷 7 甲、涡喷 13 和 14 号机发动机压气机盘和部分叶片等的生产检验工作。

高扬不仅有高度的事业心，而且有着崇高的科学道德，只要是钛合金能够用在航空工业上，什么奖金、名誉，她从不去计较。多年来研制钛合金工作实践，使她早已具备了独立的工作能力，可一旦工作需要她当"配角""助手"时，她甘当绿叶。她不仅主动地把许多繁琐的具体工作承担下来，例如整理试验数据、图片等，而且在研究方案、结果分析等方面都积极提出自己的建议。如在进行 AHLT 新工艺的小型试验中，由于采纳了铸锭与废试样连接后进行轧制的方案，不但节省了资金，还大大加快了试验进度。有时课题负责人出差，她不仅承担课题组内工作，还主动把负责人出差可能用的数据、图片整理好，托人带走或寄出，使出差人员更好地完成任务。

高扬自 1980 年当选北京市海淀区人大代表，连任了六届区人大代表和四届市人大代表。32 年的人大代表生涯，她将履行代表义务、发挥代表作用，上升到密切党与人民群众之间的关系，尽一个党员的义务的高度，以极高的政治热情、丰富参政议政经验，调查研究，积极反映民意，履职尽责，用自己的行动践行着"做一名人民信任的人大代表"的信念。

高扬工作照

刘兰若 1983 年全国三八红旗手

刘兰若（1936.2— ），山东威海人，1983 年全国三八红旗手，松陵机械公司（现中航工业沈阳飞机工业集团公司，简称中航工业沈飞）厂工会女工主任。1954 年 7 月由 242 技校毕业分配到国营第 112 厂（现中航工业沈飞），钣金工、液压组组长；1966—1971 年担任 5 车间党支部书记；1971—1973 年任 4 分厂办事组副组长；1973—1983 年任厂工会女工主任。刘兰若在担任厂工会女工主任期间，积极为厂 4000 多名女工办实事，为 300 余人解决了各种困难。1981—1982 年，刘兰若被评为省、市"三八红旗手"；1983 年被评为"市少儿工作先进个人"；1983 年 9 月出席全国妇女第五次代表大会，同时被全国妇联授予"全国三八红旗手"称号。1984 年 1 月退休。

刘兰若从 1954 年入厂以来，从一名普通工人到车间党支部书记，1973 年起担任厂工会女工主任，刘兰若一心想着为全厂 4000 多名女职工办实事，组织女工检查身体、讲妇女卫生课、开办"婚姻介绍所"、宣传计划生育政策，为 300 余人解决了各种困难，同时耐心接待女职工来访，做她们的贴心人，大家无论在工作中、家庭上有什么难题都愿意找她倾述，女工们都称赞她为"知心大姐"。

1978 年，为了解决工厂女职工的福利问题，刘兰若和兄弟厂的女工主任们联手，多次找上级领导反映情况，历经波折，终于使问题得到妥善解决。

刘兰若还组织车间女工主任去幼儿园走访，发现幼儿园没有大型玩具，她积极协调有生产手段的分厂和车间，帮助幼儿园做了部分大型玩具，解决了幼儿园的急需。

20 世纪 80 年代，由于交通不方便，家在市内的女职工抱着孩子上下班确实困难，刘兰若通过调查走访，给厂领导写了一份调研报告，及时反映了问题，最后工厂决定发给女职工母子通勤费，使带孩子上班的女职工很受感动。

在刘兰若身上还有一股不服输的精神。她鼓励女职工和男职工一样多为公司发展作贡献。她紧密结合公司科研生产实际，深入开展三八红旗手、红旗集体竞赛等活动，组织大家参加各种技术比武，生产立功夺旗竞赛，进一步调动了广大女职工的生产积极性，提高了女职工的技术业务水平。

刘兰若工作照

刘兰若在 1981—1983 年间，组织了 76 个"女工业务政治学习小组"，70 余个"三八"业余回收队，常年活跃在工厂各个角落，回收废旧物资价值达 20 余万元，并组织开展文明家庭"六个一百"和单项"十好"活动，受到了省、市主管部门的赞扬。

刘兰若于 1984 年 1 月退休。

鲁 霞 1983年全国三八红旗手

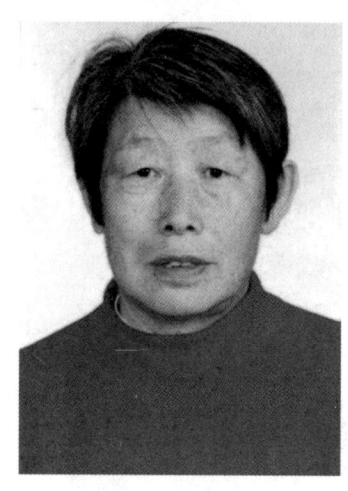

鲁霞（1937.2—2010.8），吉林省吉林市人，1983年全国三八红旗手，中国航空精密机械研究所（现中航工业北京航空精密机械研究所，简称中航工业精密所）电子技术工程师。1963年8月毕业于长春光学精密机械学院电子技术专业，1963年9月分配到第三机械工业部精密机械研究所（现中航工业精密所）工作。鲁霞在多年工作中，参加了多项课题的研究，并获得了国家、部级多项成果奖，为我国的航空事业做出了自己的贡献。1992年退休，2010年8月去世。

鲁霞1963年毕业于长春光学精密机械学院的电子技术专业，她专业基础知识扎实，对电子线路具有丰富的调试经验，能独立解决科研中的技术关键和科研工作中难度大的问题，具有独立承担大型课题研究的能力和水平。她热爱本职工作，努力钻研业务，工作积极肯干、踏实负责，关心同志，待人诚恳，团队协作性好。

鲁霞在1978年以前参加高速摄影机中时标电路课题，线路中用的元件少、简单、成本低、便于操作和维护；在粗光栅读数器课题中，负责制作同步可逆计数器。这两项科研成果均转给电子工段，进行小批量生产，其中粗光栅读数器获部级科技成果三等奖。

1978年后，鲁霞参加QXT－01数字倾斜台课题。在该课题中，她在控制系统中负责逻辑控制，设计出的电路，经加工、安装、调试后，实现了所要求的各项功能。在粗光栅测角中，她设计出了细分电路，并绘制出印刷线路板图，通过加工制作，完成了装调工作。鲁霞还参加了光栅测角的总调工作，提高了光栅测角等的精度，使之精度处于国内领先地位。该课题1982年结束，获部科技成果二等奖，1983年获国家发明三等奖。

1985—1986年鲁霞参加了可倾速率转台课题，主要负责设计线路面板和标牌，以及部分安装和调试工作。此课题获所级科技成果二等奖。

1986年鲁霞参加了激光比仪课题。通过同事间的合作，设计出总电路，该电路包括有：同步、整形、自校、连同、控制逻辑、计数器、寄存器等。并独立完成了外协加工、安装调试等工作。

1987 年鲁霞参加了 87B313 课题，工作中采用中规模集成电路，用 LED 数码管显示，完成了分频器、计数器、显示器的设计、安装、调试工作，并通过同事的配合，已于 1988 年 2 月交付使用。

鲁霞从 1982—1992 年退休前还完成了 4 项重要技术报告，包括内计数器及相应逻辑电路、光栅测角调研报告、激光比仪数显电路等。

鲁霞在精密所工作的 30 中还参加并完成了多项重要科研任务和课题的研究工作，为国防工业和我国的航空工业建设做出了重要贡献。

沈又玲 1983 年全国三八红旗手

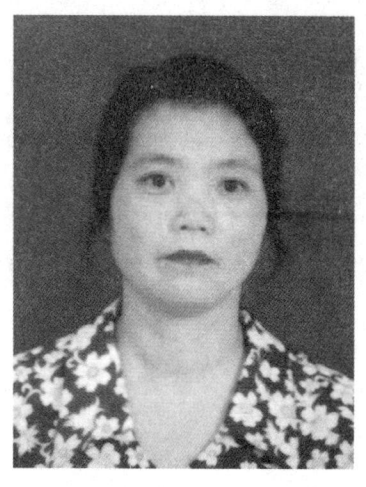

沈又玲（1949.2— ），湖南长沙人，1983 年全国三八红旗手，国营峨嵋机械厂（现中航工业成都飞机工业（集团）有限责任公司，简称中航工业成飞）数控加工中心分工会主席、行政助理员。1969 年 6 月毕业于成飞技校，分配到 83 车间工作，先后任 83 车间钳工、副组长；1984 年 1 月—1985 年 1 月任 83 车间分工会主席；1985 年 1 月—1991 年 5 月任数控机加厂二分部机关分工会主席、二分部分工会主席；1991 年 6 月—2004 年 2 月任数控加工中心分工会主席、行政助理员。1981 年被四川省三机局评为"质量能手"，1983 年被中华全国妇女联合会授予"全国三八红旗手"称号。2004 年 2 月退休。

沈又玲技校毕业进厂当打磨钳工，她干一行，爱一行，专一行，晚睡早起，一心扑在工作上。从 1981 年 1 月—1983 年 4 月的两年零四个月的时间里，总共完成工时 11940 小时，相当于五年零六个月的工作量，人们称赞她"是走在时间前面的人"。

1982 年在夺取某批次零件配套的奋战中，沈又玲两个多月没有休息过星期天。她每天是最早开工的一个，每天晚上都是加班工作到 10 点多才回家。在不到两个月的时间里，她完成了一批隔板零件的加工任务，还协助加工了一批垫板零件的任务，还把由于毛坯来得晚的 100 多件支臂零件承担下来按期完成。这三项零件都是打磨工作，量大、易变形、型面复杂的零件，隔板的打磨还要在夹具上面进行检验，男同志打磨一天都感到吃力，沉重的卡板一天要搬动上百次。支臂零件的打磨更为复杂，虽然零件不大，但精度要求高，稍不注意就会造成零件报废。这三项零件打磨后都需要刮削光滑、平整，这也是一件很累人的工作，一天下来腰酸背痛，胳膊都抬不起来。那时已是初冬，早晚寒气袭人，沈又玲却干得汗流浃背。两个月过去了，她完成了近 5 个月的工作量，日夜拼搏，使得她消瘦了，眼睛都凹下去了，领导和同志们都心疼地劝她休息几天，但她回答说："没关系，掉几斤肉算不了什么，只要完成了任务，我就高兴，就有使不完的劲。"于是，她一天也没有休息，又投入到新的生产工作中去。

沈又玲工作中一丝不苟，严把产品质量关，是"质量信得过的人"。在长期的工作实践中，沈又玲深深懂得军工产品质量第一的重要意义，牢固树立了质量第一的思想。她严格遵守各项规章制度，刻苦钻研新技术，对待产品质量一丝不苟。自 1978 年以来，没有出现一件废品，没有出现一件超差品。凡是自己没有加工过的零件，就认真消化图样资料，虚心请教加工过这种零件的师傅，请教检验员，弄清楚这项零件哪些地方容易出问题，哪些地方出过哪些问题，采用什么样的工艺方法加工才理想，做到心中有数，防患于未然。对曾经加工过的零件也要重新消化图样资料，看清了再干，不凭经验办事。在工作中她坚持做到首件三检，经常自检，多请老师傅抽检，每一道工序一定要完全达到工艺要求才往下加工，这样她就有效保证了每一件产品都符合工艺要求。

沈又玲为了做到既高产又高质量，积极动脑筋，想办法，开展小改小革。在隔板零件的加工中，四周都要钻一百多个铆钉导孔，为提高工作效率，她自制了几个简单可靠的钻模，既保证了产品质量，又提高加工效率 5 倍以上。她加工的某支臂零件，按以前的做法是加工前用高度尺划算，这需要反复计算，既费时间又不容易保证质量，她自制了一个画线工具，一次找正，就把要画的线全部都画出来了，提高工作效率 3 倍以上。1982 年一年中，她改革了 11 个项目，促进了产品质量的不断升级创优，大大提高了工作效率。

沈又玲不仅是生产模范，质量能手，同时也是思想政治工作骨干，工会工作的积极分子。她热心社会工作，关心群众疾苦，任劳任怨，牺牲大量休息时间为同志们排忧解难。她担任车间的女工委员会主任期间，更是像老大姐一样，关心女工疾苦。青年女工敬素华同志在厂里没有亲人，1981 年回老家绵阳生小孩，沈又玲不怕麻烦，帮她办理各种手续，及时为其小孩办理好了户口，分到了住房，领好了各种票证。

在女工工作中，沈又玲把实行计划生育这一基本国策作为中心工作来抓。她和车间领导一起做好职工的思想工作，积极宣传计划生育的意义。每逢车间的单身职工回家探亲，她都及时提醒大家注意搞好计划生育工作。她所在车间没有发生一次违反计划生育政策的情况。沈又玲不仅对女职工体贴入微，对男职工也处处关心照顾。哪位同志在生活上有困难，她都及时向车间领导、工会组织反映，给予一定的困难补助，千方百计为他人排忧解难。

沈又玲以厂为家的主人翁意识，干一行、爱一行的敬业精神，精湛的技术水平，关心同事的古道热肠，得到了干部职工的广泛认可和尊重。

温春莲 1983 年全国三八红旗手

温春莲（1951.1—　），江西萍乡人，1983 年全国三八红旗手，国营洪都机械厂（现中航工业江西洪都航空工业集团有限责任公司，简称中航工业洪都）车工。1969 年 12 月招工到国营洪都机械厂 81 车间当车工，1988 年 5 月任车间统计员。温春莲勤勤恳恳，任劳任怨，在车工工作中注意改进工装、刀具，提高工作效率，连续七年被评为"厂先进生产者"，1983 年被全国妇联授予"全国三八红旗手"称号。1983—1985 年连续三年被评为"厂劳动模范"，并先后被评为 1984 年、1985 年"南昌市劳动模范"，南昌市第八届人大代表。2006 年 1 月退休。

1969 年 12 月，温春莲从萍乡农村进入国营洪都机械厂，分配在机械加工车间当车工。当她第一次抚摸这陌生的机器时，激动、新奇又胆怯。此时，一些"过来人"对她说："趁现在刚分配，快要求领导换个工种吧！"面对这些好言相劝，温春莲笑笑说："对工作怎能挑挑拣拣呢？人家能干的，我也可以干。"她下决心当好一名车工。

车工，在机械加工工种中，属于一个难度较大、技术要求较高而又比较辛苦的工种。几十斤重的夹头搬上机床，对于温春莲这样一个身材纤细、体质较弱的女同志来说，确实不容易。但她总是咬紧牙关，搬上搬下从不叫苦。为了学习磨好车刀，她细心观察，勤学苦练。功夫不负有心人，不多久，她也能磨出各种形状的车刀了。

几年以后，许多同志因种种原因调离车工岗位。温春莲何尝不想换换工种，可是当她看到车间 1958 年进厂的几位师傅，仍在车床上兢兢业业，毫无怨言地工作时，她的脸红了。"作为主人，就是要把工厂当作自己的家，干一行，爱一行，不能朝三暮四"。她决心朝自己认定的目标，坚持到底，再苦再累也要干出个样子来。

温春莲干的是中型车床，零件属中小型，工时定额比较低，一天要干上百件零件才能完成工时定额，光装卸零件板紧夹头就要一二百次，要想超额，必须付出相当大的努力。

她所在工段，原有一种叫铜塞的零件，技术要求高、加工难度大，装夹起来也比较复杂，但定额工时只有 4 分钟，一天要做 120 件才能完成 8 小时的工作量。还有一种零件也是如此，公差只允许两丝，前面还要车一个圆球，单件定额只有 5 分钟。这两种零件批量相当大，一做就是 2～3 个月。组里有些同志对这两种零件感到厌烦，不愿接手加工。温春莲接过这两份零件后，工作起来，一开动机床就是半天不停地干，定额工时这样紧，她却大大超额完成任务，实现班产 200 件，同志们称赞她"干活真像个机器人"！

高压软管是一个批量很大的产品，每年要组织生产突击。温春莲是当然的突击队员，而且每次都能出色地完成任务。记得有一次突击高压软管，采取流水作业的方式，上道工序要保证下道工序的进度，不巧的是那段时间供电不正常。温春莲除了抓紧有电的分分秒秒外，还坚持早上班，晚下班，特别是在突击期限的最后一天，她一直干到深夜两点，第二天早晨六点钟又赶到车间，抢在停电之前干完了剩余的一些零件。

温春莲的工作不是按 8 小时计算的。她常说："只要多干点工作，即使掉几斤肉也值得。"她经常主动加班，有时遇上开会，更是想方设法要把占去的时间补回来。1985 年由于车间搬迁和参加各种会议占去了她近两个月的时间，但她全年仍完成工时 5070 小时。后由于降低产品成本，工时不断缩减，而温春莲完成的全年生产工时却一年比一年增长。

温春莲在工作实践中勤于动脑，注意改进工装刀具，以提高工作效率。曾经有一份特急件交给她干，当她接到任务后，仔细消化图样，想办法刃磨了一把既能车外圆，又能车槽和切断的多用车刀，提高工效一倍半。

温春莲是工作中的强者，也是生活中的强者。她是两个孩子的妈妈，一切凡人小事在她身上毫无例外地存在。她正确处理好工作与家务关系，从没有因家务事影响工作。她经常加

温春莲生活照

班，但从没让工长开过加班条，也没有要过加班费。她就是这样在平凡的工作岗位上默默地做着贡献。

张迈若 1983年全国三八红旗手

张迈若（1936.9— ），湖南长沙人，1983年全国三八红旗手，国营枫阳机械厂（现中航工业贵州枫阳液压有限责任公司，简称中航工业枫阳）供应科非金属机电库主任。1956年8月毕业于株洲248技校，1956年9月—1958年3月在国营洪都机械厂（现中航工业洪都）实习车工，1958年4月—1970年8月在国营陇西铸造厂（现中航工业制动）车工、器材检验，1970年8月—1991年10月在国营枫阳机械厂任供应科非金属机电库主任。张迈若曾多次被评为工厂优秀共产党员、先进个人、五好职工，1978年、1979年连续两年被贵州省第三机械工业局评为年度"工业学大庆先进生产（工作）者"，1983年被全国妇联授予"全国三八红旗手"。1991年10月退休。

张迈若自参加工作以来，能严格要求自己，工作认真负责，不计较个人得失。她身体一直不好，长期带病坚持工作。张迈若为了保证物资发放不影响工厂工作，在人手少、女同志多的情况下，经常一人代发几个库房的物资。在发放过程中，她严格执行工厂物资管理制度，在仓库收旧利废，以及物资处理过程中，她坚持原则，严格分类管理，不谋私利。在企业升级检查中，受到好评。张迈若在工作中团结同志，关心群众生活，有事和群众商量，经常深入职工家庭，坚持走访，并做好同志们的思想工作，起到了党员先锋模范带头作用。

张迈若工作照

张祥凤　1983 年全国三八红旗手

张祥凤（1953.7— ）江苏南京人，1983 年全国三八红旗手，国营宏光机械厂（现中航工业宏光空降装备有限公司，简称中航工业宏光）服装公司副总经理。1970 年 7 月 21 日进入国营宏光机械厂，分配在 204 车间，先后担任班长、工艺员，后调入服装公司任副总经理。张祥凤先后获得 1979 年、1980 年、1981 年"南京市劳动模范"称号；1980 年、1981 年被江苏省授予"劳动模范"称号；1983 年被江苏省妇联授予"江苏省三八红旗手"，同年，被全国妇联授予"全国三八红旗手"称号。2008 年 7 月退休。

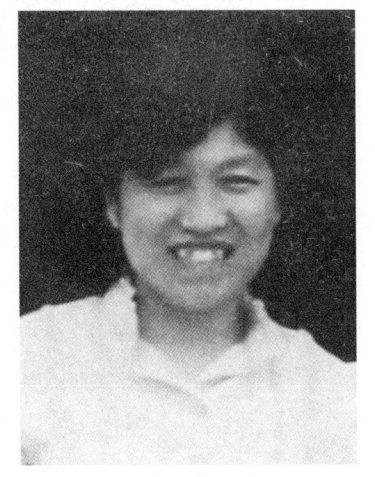

1970 年，年仅 16 岁的张祥凤被招到国营宏光机械厂当学徒工，学习缝制降落伞。在缝制降落伞的六七年中，张祥凤主要干了两道既容易出错、一般人又不太愿干的"关键工序"，一道是"拉大带"，另一道是"辐射状"，两道工序张祥凤干得井井有条、一丝不苟。

20 世纪 70 年代，因"文化大革命"的影响，降落伞制造工作几近停止。相反，各种行业制服和校服的订单如雪片般飞来，分厂立即成立了两个服装制造班组，张祥凤开始从事服装制作工作。随着服装行业的崛起，工厂成立了服装公司，张祥凤随即调入服装公司工作。

张祥凤在服装公司时经历了公司辉煌时期，那时订单多如牛毛，市场红红火火，公司所有员工长年加班，那时张祥凤年轻，浑身有使不完的劲，从不知疲倦，在生产服装的 20 年里，从她手中经过的服装达数十万件。每天，张祥凤都提前半个多小时上班，为小组做好生产准备工作，午休时间，坚持干活。班组生产紧张时，她常常顾不上吃饭，白班连着夜班干，一干就是十三四个小时。记得有一次，她连续在缝纫机台上 24 小时没走开过一步！"我这人，就是不服输，干一件事一定要干得最好最完美，如果没完成哪怕不吃饭也要把它完成！"张祥凤如是说。

张祥凤在怀孕期间反应大，两脚都肿了，但她仍坚持生产。在临产前 20 多天，由于航空产品急需出厂，她依然加班到深夜，一直在机台上生产到羊水破了！生产时，难产大出血，她没按医生"一定要好好休息"的嘱咐，休完产假就来到了岗位。哺乳

张祥凤工作照

期间，每天有一小时法定喂奶时间，她一分钟也没用过。还有一次意外怀孕，她悄悄做完手术后，没跟任何人讲，没休息一天假。

张祥凤不图名、不图利。不论对谁，她都说："工作是全班同志干的，成绩和荣誉属于集体。"她得的奖品很少拿回家，大都留给小组公用，她还把获奖的奖金赠给群众。

无论生活多么艰难，张祥凤从不向命运低头、从不向组织伸手、从不叹息抱怨，在退休办组织的党员活动中，积极带头，用一颗感恩的心回报社会，多次向抗震捐款、西南旱灾捐款，起到了一名航空老党员的先锋模范作用。

彭元喜 　1985 年全国五一劳动奖章获得者

彭元喜（1947.7— ），湖南安乡人，1985 年全国五一劳动奖章获得者，国营南方机械动力公司（现中国南方航空工业（集团）有限责任公司，简称中航工业南方）铣工。1969 年 12 月—1993 年 8 月国营红湘江机械厂（现中航工业南方）铣工；1993 年 8 月—1993 年 11 月 101 车间党委副书记；1993 年 11 月—1997 年 10 月劳动服务公司党办主任；1997 年 11 月—2001 年 11 月劳动服务公司一厂党支部书记兼工会主席。

彭元喜在从事铣工工作时，1984—1987 年完成工作量在 8 年以上，创工业产值 10 万元以上。由于他的突出表现，1985 年荣获"湖南省劳动模范"，并荣立湖南省特等功，同年被中华全国总工会授予"全国五一劳动奖章"与"全国生产能手"称号。2007 年 9 月退休。

谈丽莉 1985年全国新长征突击手

谈丽莉（1960.10— ），陕西长武人，1985年全国新长征突击手，国营秦岭电气公司（现中航工业陕西航空电气有限责任公司，简称中航工业电源）炊事员。1980年参加工作，在国营秦岭电工厂（现中航工业电源）生活福利科当炊事员，1987年担任第二职工食堂主任，2000年担任三产服务中心综合服务部副部长，主管单身宿舍和托儿所。谈丽莉参加工作后，多次被评为厂级标兵、优秀共产党员、质量标兵；1982年被评为"陕西航空工业系统质量先进个人"；1983年被评为"航空工业部双文明先进个人"；1984年被评为"陕西国防系统最佳青年"；1985年被评为"陕西省新长征突击手标兵"；1985年5月，被共青团中央授予"全国新长征突击手"。2002年退休。

1980年，谈丽莉参加工作成为秦岭电工厂生活福利科的一名炊事员，谈丽莉愉快服从组织分配，她向组织表示："食堂工作也需要年轻人，领导叫干啥就干啥，干什么工作都一样。"

谈丽莉是这样说的，也是这样做的。每次上班，她都提前做好准备工作，干起活来不怕脏和累，踏实、泼辣、利索。1981年夏天，谈丽莉老是流鼻血，常常头昏，老师傅劝她去看看病，可她却不肯丢下工作，只要鼻血止住，便马上干起活来。食堂每次搞卫生，她总是抢先打扫那些死角和难清扫的地方。抽风机的盖子离房顶两米多高，她抢先上去打扫灰尘。"你这样不觉得累吗？"当领导和同志们这样问她的时候，她总是乐呵呵地回答："我也觉得累，但年轻人不要紧，睡一觉就过去了。"

谈丽莉对本职工作的热爱，还表现在她刻苦学习烹饪技术上。为了学好烹饪技术，她从图书馆借来烹调书籍认真学习。在平时的工作中，对老师傅的一点一滴经验，她都认真观察、仔细琢磨，并在工作中认真实践。练习炒瓢技术时，她多次请教老师傅，反复练习；炒糖色时，为了掌握好火候、色度，她仔细观察，认真总结经验教训，同时掌握了娴熟的刀工技术。由于她的刻苦努力，在学徒工转正考核中名列第一。1980年底，谈丽莉去咸阳地区招待所食堂学习烹饪，她刻苦学习技术，以第一名的成绩向组织上作了汇报。她做的饭菜，南北风味各异，得到陕西航空工业局后勤系统总结评比检查团的高度评价。

1981 年夏天，经民主选举，谈丽莉担任了食堂小卖部的班长。从此，她对自己要求更加严格，处处以身作则，事事抢在先，干在前。为使就餐职工吃得可口，小卖部班主食花样保持有十几个品种，夏季有凉面、蒸面、面皮、饺子、包子、小菜、中炒等，冬季还增加羊肉泡等花样，很受职工欢迎，她们班的饭菜票回笼额增长了 60%，售出主食量翻了一番。

改革的春风吹进了食堂后，谈丽莉首先在自己负责的小卖部班实行承包责任制，这是生活福利科所属系统内第一个实行改革的班组。面对改革这样的新生事物，谈丽莉事先做了大量的调查研究，从人员分组、定额规定、花样品种搭配等方面进行了周密的准备。谈丽莉把全班分为三个组，她让其他两个组长先挑人，余下的归自己小组。这些举动深深地感动了大家。

实行经济责任制之后，经济效益明显提高，从 1983 年 9 月—1984 年 12 月，这个班一直是全科各个班组中收入最高、经济效益最好的单位，各项工作任务的完成也是名列前茅。

对于工作谈丽莉抢着干，但在名利和荣誉面前却一再推让，她总是说："成绩是大家努力的结果，自己只是做了一点应该做的工作。"每次在评比先进时，她都一再对领导说："请不要评我，这样我的工作好做。"

食堂工作整天和吃的东西打交道，品尝自己喜欢吃的东西是非常有条件的，可谈丽莉却从未做过。一次在检查食堂工作时，食堂主任让她品尝一下饼的质量，事后她主动补交了钱；小卖部品种多、花样全，科里规定任何人不准吃，她教育全班同志要遵守规定，坚持吃大灶。有一次她不慎打坏了食堂一个杯子，便自己买了一个补上。在平时工作中，她加班不要换休，一次因病休了半天，还主动找考勤员扣了自己半天病假工资。她就是在这些平凡、细小的事情上严格要求自己，给大家做出了榜样。

谈丽莉工作照

陈国忠 1986 年全国五一劳动奖章获得者

陈国忠（1943.7—2002.3），黑龙江五常人，1986 年全国五一劳动奖章获得者，哈尔滨飞机制造公司（现中航工业哈尔滨飞机工业（集团）有限责任公司，简称中航工业哈飞）车工。1962 年 7 月毕业于哈尔滨市伟建机器厂技校分配到国营伟建机器厂（现中航工业哈飞）13 车间车工，后担任车工二班班长，1987 年 1 月任技校实习教师，1990 年 1 月任 13 车间保管员。1986 年 9 月在中华全国总工会和国家经委在北京召开的全国首次班组长工作会议上，哈飞公司 13 车间二工段车工二班被命名为"全国先进班组"，荣获"五一劳动奖状"，班长陈国忠被授予"全国先进班组长"称号，并荣获"全国五一劳动奖章"。1993 年 12 月因病退休，2002 年 3 月去世。

陈国忠在中航工业哈飞工作几十年，他兢兢业业、任劳任怨。为了应对工厂各种产品急件，陈国忠经常加班加点的工作。1983 年，一年完成工时 5200 多小时，技术革新、小改小革 32 项，被评为生产快手、公司级质量能手，荣立一等功一次；1984 年，共完成工时 7500 多小时，解决大小生产关键 20 多项，创造产值 13.5 万元。

1984 年 11 月，公司下达两项紧急任务，并由公司一名副总工程师坐镇指挥，如果不能按期交付，将直接影响直 9 直升机的交付进度。这两种零件是直 9 直升机和试验设备的关键部件，结构复杂，要求精度非常高，加工难度大，在这时间紧、任务重的不利条件下，陈国忠不畏困难，想方设法，大胆改进加工方法和加工刀具，使这两项需要两个半月才能完成的产品，仅用 10 天就全部完成了。

还有一次，有两个特殊零部件需要加工，零件形状复杂、加工难度大，而且个头又大，一个足有 180 多斤，外形两端是方形，中间是槽，内孔两端螺纹和中部三个孔要求同心。按常规，应在组合夹具上加工，但由于产品分量重，组合夹具配重轻，加工起来既不安全，又不能保证产品质量。陈国忠迎难而上，带领同志们有针对性地开展工艺技术攻关，大胆提出改变加工办法的建议，努力优化加工参数。他先在大型车床上进行内外粗加工，然后改变刀具角度在小型车床上进行精加工，不仅使这两个部件保质保量地完成，而且提高劳动效率 6.5 倍。为此，车间额外奖励他 120 元钱，但他分文没留，全部交给了车间。陈国忠对别人丰厚报酬的"邀请"都婉言谢绝，他说"不管到什么时候，我都不能为了金钱而放弃国家利益"。

陈国忠在技术上是个尖兵，几十年来，他刻苦钻研、大胆实践，不断把理论知识与实践经验相结合，攻破了一道道难关，取得了丰硕的成果。车间承担的一些急件、关键件和工时少、别人难以完成的复杂件，他总是主动承担。同时，他还把自身过硬的技术本领毫无保留地传授给其他同志。在全厂车工技术比武活动中，作为班组长，他带领小组成员取得了优异的成绩。面对公司每次下达的大批紧急任务，他都会召开班组骨干会，让大家献计献策，提出各种具体解决办法。在生产过程中，他严格恪守"承包分工不分家、责任分工不分心"的原则，努力发挥集体的力量和智慧。在班长陈国忠的带领下，全班组人心齐、干劲足，学员基本都荣立过一等功，经常在规定时间内超额几倍完成生产任务。

为了工作，陈国忠总是不顾及自己的身体健康。一次，他眼睛旁边长了一个疖子，由于四周红肿，使一只眼睛视力受到影响，他不顾领导和同志们的劝阻，忍着疼痛，依然坚持在岗位上抢任务。由于长年累月的坚持在机床旁，陈国忠的双腿患上静脉曲张，由于生产任务繁重，他没有和任何人提起，而是默默地、顽强地坚持在工作岗位上。

陈国忠每天都会提前一个多小时来到车间，几十年如一日。当别人还在忙碌着1978 年的工作的时候，他就已经开始着手做 1998 年的工作了，被同志们誉为"走在时间前面的人"。据统计，仅 1984 年和 1985 年两年，他就完成工时 13721 小时，相当于

陈国忠工作照

27

别人五年半的工作量。在保证数量的同时，他对产品质量要求也很严格，他生产出的产品交检合格率一直达到100%。

陈国忠及其所在班组，肩扛红旗十余载，月月有新成绩、年年有新贡献。1983年完成计划任务的143%；1984年完成计划任务的269%；1985年完成计划任务的231%；仅从1979—1985年的7年间，就完成了13年的工作量，全班有工时考核的8名同志先后分别被公司授予生产快手、质量能手、立功个人等光荣称号。有人问过陈国忠抓班组建设的诀窍，他回答说："要说诀窍只有一个爱字，我爱这个班组，爱班里的同志，有了这个爱字，才能把班组抓好。"

黄道芳　1986 年全国五一劳动奖章获得者

黄道芳（1936.9—　　），四川隆昌人，1986 年全国五一劳动奖章获得者，国营南方动力机械公司（现中国南方航空工业（集团）有限责任公司，简称中航工业南方）教师。1954年 8 月—1958 年 8 月国营 331 厂（现中航工业南方）车工、钳工，1958 年"反右"时受冲击回乡务农，1979 年 10 月平反回厂任技校教师。黄道芳在极其艰难的条件下，经过 20 多年坚持不懈地对天象进行观测，把天象变化规律不断地用实验方法加以演示，创造性地研制出"宇宙星盘"，1985 年 10月获"首届全国发明奖"；1986 年被中华全国总工会授予"全国五一劳动奖章"；1986 年 4 月获"日内瓦国际发明与新技术展览银牌奖"；1986 年 10 月获"第二届全国发明展览银牌奖（与人合作）"，同年获"湖南省自学成才奖"，1987 年 1 月 10 日被选举为株洲市南区人大代表。1996 年 12 月退休。

黄道芳于 1954 年毕业于西南 249 技工学校，分配到国营第 331 厂工作。1958 年"反右"期间受到冲击，回到老家四川农村。在农村 10 多年的日子里，他一边用自己的手艺求生计，一边对天文产生强烈的兴趣，虽然一无所有，但他从没有放弃对宇宙进行探索。他用一根竹竿，对准北极星，然后测定这根射线与地平线的夹角，计算出当地在北半球的纬度数值。他又从这根射线向空中引出一条垂直线，所指的方位就是天赤道了。凡有星光的夜晚，不论严冬盛夏，他都要站到屋檐下，把零点时分那颗与屋檐和他的眼睛联成一条直线的星座记下。他知道，不论何日、何地、子夜零点时，太阳的位置总是处在观测者的脚下，即所谓"下中天"。这样利用"子夜观天，日地恒定、唯觉天行"的特定时刻观天，便逐步掌握了众星运行的规律以及它们同太阳之间的相对位置。

1979 年 10 月，黄道芳的错案终于得到纠正，他回到了国营南方动力机械公司，分配到技校任教。

在学校里，他一边担任较多的教学任务，一边用业余时间继续对宇宙的奥妙进行探索和搏击。他过着十分清贫的生活，全家六口人，除了自己，全是农转非，每月工资只有 60 余元，他仍潜心于对天文的研究。他每天晚上 12 点起床观天，总是站在室外一观就是两三个小时，凭着他这种坚持不懈地精神，终于研制成"宇宙星盘"。1984年11月6日，在北京天文馆建议湖南航空局举办的学术鉴定会上，技校教师黄道芳以主讲人身份指出：哥白尼对天文体运行的解释尽管在理论上无懈可击，然而，哥白尼的解释方法和演示手段与实际不相符合。他勇敢地向哥白尼学说发难。尽管来自全国各地的学者、教授在会上争论激烈，然而，最终还是以黄道芳发明"星盘"为统一标志。权威们一个个在鉴定书上签字。鉴定书上有这么一段文字："黄道芳在极其艰难的条件下，经过20多年坚持不懈地对天象进行观测，把天象变化规律不断地用实验方法加以演示，创造性地研制出'宇宙星盘'，为目前的观行活动星图所不及，也为前人所没有，是富有科学性、创造性和突破性的重要科研成果，建议申报国家科技发明奖。"

1985年4月29日起，株洲日报开始以头版头条的显著位置连续报道了黄道芳研制宇宙星盘的事迹。市委书记、市长专程看望黄道芳，省总工会、航空工业部对他所作的努力给予了高度赞扬和表彰。1985年7月，南方公司命名他为劳动模范和优秀教师。

黄道芳被评为劳模后，深深感到不安。虽然年过半百，他仍然以争分夺秒的精神，加快了研制"岁差星盘"的步伐。暑假期间，他筹借路费到四川大学求师切磋，8月中旬回校后他比往常更紧张地工作。根据调查、切磋的意见，废寝忘食地工作，他自己绘图，晚上撰写论文。在1985年9月用一个月的时间，他集中精力研究了公元440年何承天的《元嘉历》，1040年北京皇佑年间的实测天象和1628年明徐光启的一些天文著作，进一步验证了《岁差星盘》，并做了一些亮星的位置，使"岁差星盘"日臻完善。

当有人要出高价购买他的研究成果时，黄道芳想：没有党的十一届三中全会，就没有黄道芳的今天，也就不会有"宇宙星盘"。于是婉言拒绝。1985年10月4日，黄道芳携带他研制的"宇宙星盘"赴北京参加了10月9日开幕的首届全国发明展览会，获得中国发明协会发明奖。经国家科委评选，参加1986年第十四届日内瓦国际发明与新技术展览会，获得银牌奖。

姚志成　1986 年全国五一劳动奖章获得者

姚志成（1930.2—　），上海川沙人，1986 年全国五一劳动奖章获得者，沈阳飞机制造公司（现中航工业沈阳飞机工业集团有限公司，简称中航工业沈飞）技术员，研究员级高级工程师，享受国务院政府特殊津贴专家。1955 年 9 月毕业于浙江大学机械系铸造专业，同年分配到国营第 112 厂（现中航工业沈飞），成为冶金专业一名技术员。1974—1990 年，姚志成连续荣获沈飞公司劳动模范及优秀党员；1978 年获"沈阳市劳动模范"及"优秀党员"；1984 年荣获"辽宁省劳动模范"；1986 年被中华全国总工会授予"全国五一劳动奖章"；1986 年获"航空工业部劳动模范"；1992 年获"航空工业有突出贡献专家"称号；1990 年 2 月退休。

1955 年，姚志成大学毕业来到国营第 112 厂后，把所有能利用的时间全部用在学习和工作上，每天晚上都学习到八九点钟，节假日也如此，这个作息表他坚持了 59 年。1957 年夏天，姚志成作为"走白专道路上的典型"受到批判，但批判会后他继续学习和工作。在"文化大革命"中他不顾周围混乱的环境照样学习。

姚志成对技术精益求精，解决了许多飞机生产中的冶金材质难题。1964 年，由于车间生产的 27CrMnSiNi2 钢的随炉试棒，在做力学性能测试时断口呈冰糖块状，性能不合格，产品不能交付，严重影响生产。他查阅大量文献资料，反复验证，最终确认是由于铝加入过多，造成冰糖状断口的加剧。根据姚志成的分析，工人们在生产中严格控制铝的加入量，使这一问题得以解决。

1971 年，工厂出厂的 90 余架歼 6 飞机由于 GC－11 钢制成的九框零件有冷脆倾向，有关部门主张停止使用，要求工厂将其拆下，更换由原来材料 30CrMnSi 钢制造的九框。姚志成针对冷脆是否会危及九框使用安全问题，查阅了大量文献资料，做了相关试验。最后，他断定此框对使用安全是有保证的。他的这一意见在由周恩来总理主持的航空质量汇报会上做了汇报，周总理听取了中科院沈阳金属研究所所长李薰的意见后，同意了不拆换九框的意见。实践结果证明姚志成的分析结果是正确的。此项问题的解决，不仅使国家避免了巨大经济损失，而且为新材料的应用开辟了更加广阔的前景。

1979年，在对新机起落架锻件毛坯进行复验中，发现低倍试片出现一种"点状缺陷"。当时有人认为这种缺陷是标准中规定的"点状偏析"，在此钢材中是绝对不允许出现的。如按此结论，工厂不仅要损失几百万元，更重要的是生产进度将受到严重影响。姚志成本着实事求是的精神，对此缺陷做了大量的细致的调研、试验工作，并与北京航空材料研究所（现中航工业航材院）有关技术人员共同试验，得出了数据合乎标准，在合格范围内的结论。随后，他又和本组同志一起到车间，在一无设备，二无通风的条件下，用镊子夹着棉球，蘸着呛人的浓硫酸，一点一点的腐蚀零件。经过几天几夜的奋战，从上百零件中挑选出了57件符合标准的零件用于生产，既为科研生产解决了关键，又为国家节约了数十万元资金。此外，姚志成还完成了六型机机翼疲劳试验后主梁断裂分析工作，为六型机定寿提供了可靠的依据，填补了国产歼击机定寿的空白。

1990年初，钛合金板在装配线上先后发现裂纹，检验方面和军代表均认为是延迟裂纹，如这样定性分析，公司几十架飞机必须拆换。姚志成通过大量的试验和分析，认定是韧性断裂，是可检查和避免的。后经中科院金属研究所和北京航空材料研究所有关人员的现场分析，得出了和姚志成相同的结论，避免了大量拆换工作，为公司节约了大量的人力物力。

姚志成工作照

1956 年以来，姚志成先后为公司解决了上百项科研生产关键，其中 10 多项属于重大科研生产项目，为公司节约资金数百万元；他撰写的 200 多篇论文和技术总结，其中有的被中科院金属所选用，参加了国际断裂力学会议交流，有的被航空院校编入教材。他撰写的《铸钢中的冰糖断口及其原因分析》等学术论文，于 1984 年 9 月在印度举行的国际断裂力学会议上进行了宣读交流。

姚志成于 1990 年 2 月退休，但他主动向组织上提出继续留在工作岗位上，不计报酬，奉献自己的经验和力量。他每个工作日照样早来晚走，不计名利和报酬。有人劝他：你已经退休，凭你的技术和冶金方面的权威，找个挣大钱的机会是可以的，何必还每天到这来？可他却说：在我喜爱的工作岗位上工作就是我最大的幸福。退休之后，冶金科 10 多个专业组都曾找过他处理问题，经他帮助的试验不计其数，攻克的技术难关更是不胜枚举，仅经他手翻译的外文资料就有数十份，达 10 多万字。姚志成以他丰富的知识、精湛的技术和乐于助人的精神，把自己的知识、技术，热心地无偿地传授给青年人，帮助他们早日成才，作为航空冶金专家，航空事业已经融入他的血脉。

曲以万 1987年全国五一劳动奖章获得者

曲以万（1935.11—2006.2），山东蓬莱人，1987年全国五一劳动奖章获得者，松陵机械公司（现中航工业沈阳飞机工业（集团）公司，简称中航工业沈飞）17车间车工班长。1954年由国营第112厂（现中航工业沈飞）技校分配到112厂从事车工工作，在车工岗位连续工作41年。1978—1982年，连续5年被评为公司级先进生产者，公司和沈阳市技协优秀积极分子；1984年、1985年连续2年被评为公司优秀共产党员、公司先进生产者；1984年、1986年被评为"沈阳市劳动模范"、"沈阳市优秀共产党员"；1986年被评为"航空工业部先进生产者"；1987年被评为"沈阳市特等劳动模范"
"辽宁省劳动模范"，荣获"辽宁省五一劳动奖章"，同年被中华全国总工会授予"全国五一劳动奖章"。1995年11月退休，2006年2月因病去世。

曲以万是中航工业沈飞公司的"车工大拿"。在1954年进厂初期，他就刻苦钻研技术，虚心向老师傅学习，遇到加工技术要求较高的产品，他总是先查工艺资料，确定好最佳的加工方案，然后再加工产品。经过长时间工作实践的积累，他练就了高超过硬的本领。

在20世纪70年代后期，他已经成为厂里车加工技术方面的领军人物。遇到难加工和任务、要求紧急的产品，厂领导总会第一时间想到他，曲以万总会通过他的努力满足加工要求和交付进度。1978年以来他年年被评为公司先进生产者，公司和市技协优秀积极分子。在各种荣誉面前，他更加严格要求自己，平时工作早来晚走，遇到急件加班大干到深夜，第二天还照常上班。

1984年在新型飞机研制中，曲以万配合工艺研究所，研制双筒液压拉铆枪，荣获辽宁省技协优秀成果奖。在新型飞机主轮作动筒活塞杆毛料尺寸小的情况下，他大胆地改变加工工艺，利用超差毛坯16件，加工出优良的产品，节约经费1632元。他试制的一体单刃盲孔推镗刀，解决了新机的加工关键，为公司车床加工深孔提供了新的工具。1984年1—9月完成工时3446小时。平均每天完成标准工时15小时以上。

曲以万是走在时间前面的人。从1983—1985年3年间，曲以万3年完成了9年的工作量，并多次立功。之所以他的工时遥遥领先，并不是他有什么超人的本领，无非是别人早 8 点钟上班，曲以万早 6 点就来到岗位，开工干活，别人星期天休息，他照例上班。随着各种荣誉的取得，会议多了，活动频繁了，但他总是利用晚上和中午休息时间把任务抢出来。1985 年的上半年，他看到车间生产任务异常繁忙，心急如火，多次向领导提出建议，献计献策。他带头大干，发动大家抢时间、创利润，他所在的车工班全年人均创利达两万元。

曲以万是技术革新能手。1984 年曲以万担任公司的技协委员会副主任一职，他利用业余时间为技术协作工作做了大量的工作。1984 年他参与并组织技协积极分子为公司完成了洗衣机外筒输送线的制造、装配及调试任务，为公司节约资金 51 万元。1984 年底他又组织技协积极分子，协助供应处回收科装配粉碎机用于铝粉试生产，变废铝屑为铝粉，每吨可为公司盈利 1000 多元，他还先后完成了防波室、打磨机、综合试验机等较大项目，为公司技术协作活动开创新局面，发挥了积极的作用。民品任务不像军机生产有成熟的工艺方法，而且竞争激烈。这就要看谁交付的产品质量好，速度快，价钱低，才有市场竞争力。这无形之中给生产带来了新的挑战。仅 1981 年一年，曲以万就小改小革 4 项，其中一项产品加工偏轴钻孔的生产任务，要求钻深 400 毫米，直径6 毫米的孔，难度很大，车间没有一个人敢接这项任务。曲以万心想这项任务如果推出去，公司就会减少民品收入数十万元。他没有被困难所吓倒，认真研究加工方法，制作了一套工装夹具，只用 9 小时就可以加工出来，效率是原来的 3.5 倍。他还自制了测量工具，为公司总计创造民品产值 15 万元。

曲以万是开拓创新的闯将。1986 年 3 月，曲以万带领一班人，以开拓的精神，大胆承包了车间 70 多万元的民品利润指标。有人劝他不要冒这个险，领导也担心怕把这个劳模"砸"了，可是曲以万说："四平八稳的干，效益从哪来？改革怎么搞？如果为了保持个人的荣誉，我可以不干，可是为了集体的利益，我个人冒点风险没什么。"曲以万带领这个承包组，打破旧的生产模式，在班组内实行生产、工艺、检验、调度一体化，精简了不必要的环节，杜绝了扯皮现象，调动了工人的积极性，承包组创利润70 余万元，人均创利 4 万元。在完成任务的同时，曲以万还紧抓班组建设，注意节约、修旧利废，回收钢末节约材料费 3000 元，利用废料为车间加工工具箱节约 1200 元。

曲以万是雷锋式人物。他参加了大量的社会工作，他把自己得到的奖金有的缴纳了特殊党费，有的为学生夏令营、新建托儿所等项目捐款。曲以万所在车间一名工人得了精神病，家在外地，无人照料，他经常去看望，送该职工看病，为该职工取药，每当家里做了好吃的，他总是给该职工装上一饭盒送去，该职工见到别人非打即骂，唯独看见曲以万总是笑，该职工的父亲给儿子接走的时候，给他写了满满 5 页的感谢信，而曲以万把信压在箱底，笑呵呵对家里人说"踏实做人"。

曲以万工作照

　　1995年曲以万退休后闲暇的时间多了，但他并没闲下来，只要他知道谁家有困难他都主动去帮忙，社区的哪个地方路面损坏了，他主动去平整；下雪了，他和老伴第一个下楼去扫雪，每当这时有老同事路过，都纷纷竖起大拇指："真是老劳模啊！"

　　2006年2月，曲以万因病去世。

李万亭 1988 年全国五一劳动奖章获得者

　　李万亭（1936.12—　　），辽宁沈阳人，1988 年全国五一劳动奖章获得者，沈阳飞机制造公司（现中航工业沈阳飞机工业（集团）公司，简称中航工业沈飞）工会干事。1955 年李万亭毕业于 242 技校，同年分配至国营第 112 厂（现中航工业沈飞）34 车间装配铆工，后历任班长、工段长、支部书记、民品主任，1981 年调公司工会任干事兼任沈飞公司职工物价监督站副站长，1992 年任公司工会生活部部长，1994 年任公司工会职工商社经理，1996 年 12 月退休。李万亭 1986 年被评为沈飞公司先进工作者；1987、1988 连续两年被评为"公司级劳动模范"；1982—1988 连续 7 年被评为"沈阳市先进职工物价监督员"，多次被省总工会物价局评为职工物价监督标兵；1986 年荣获"辽宁省五一劳动奖章"；1987 年荣获"全国优秀职工物价监督员"称号；1988 年被中华全国总工会授予"全国五一劳动奖章"。

　　李万亭 1955 年进厂就一直勤奋好学、任劳任怨。他在 34 车间当学徒工期间，每天早来晚走，刻苦学习，仅用 1 个月的时间就掌握了铆工技术，能够独立操作。

　　歼 8 飞机研制时，正处于"文化大革命"时期，一次歼 8 飞机静力试验中，后机身下壁加力到 90%时，就损坏了。为此，工厂召开了工人、设计员、干部研讨会，研究改进方案，当时设计员提出要重新设计，而李万亭经过深思熟虑、结合自己的工作经验提出了将飞机蒙皮、框板分别加厚 0.2 毫米的建议，经过大家的认真讨论和计算，一致同意李万亭的方案，飞机经过再次静力试验，加力到 100%时，顺利通过验收，既节省了时间，又节省了原材料。

　　1982 年以来，李万亭在做好本职工作的同时，兼任了沈阳市第 31 职工物价监督站副站长。他把与人民群众生活息息相关的商品作为监督检查的重点。1982—1984 年期间，李万亭组织职工物价监督员不厌其烦地坚持巡查日用品价格，共检查了 542 次，17446 笔，查出违规问题 1437 笔，处理违纪案件 687 件，其中千元以上的 64 件，万元以上 10 件，共罚没款 535400 元。

　　1987 年 11 月 16—19 日，李万亭根据群众举报，带领几名物价员对北市副食蔬菜部进行了全面的检查，一开始没发现什么问题，经过大家碰头研究，发现了疑点：蔬菜进货没有单据。李万亭追根溯源，冒着严寒骑车百余里，调查了周边4个蔬菜站，从4万多张发票单据中把批发给北市副食的单据一张张找出来，然后用调查的第一手材料与蔬菜台账进行对照，发现在36笔批发中，有26笔提高了批发价格，仅一个月就获非法收入达1189.27元。《沈阳晚报》连续三次报道了这件事。时任辽宁省省长的李长春看了报道后做了批示，沈阳市副市长组织专门力量，对违规案件进行处罚，沈阳市政府领导也称赞沈飞公司物价站对稳定沈阳市物价又立了新功。

李万亭认真研究商品生产经营的形势和特点。他认为厂家偷工减料、粗制滥造是扰乱物价的重要原因。因此，他和物价员又把物价监督检查工作从零售商店扩大到批发部门，从流通领域扩大到生产领域，不断捕捉带有倾向性的问题，开拓监督检查的新领域。

李万亭还注重研究商品市场的规律，努力发现和遵循规律，变被动检查为主动预防。一是搞好季节性的超前检查工作。夏季是清凉饮料销售的旺季，为了保证产品质量，从1984年以来，每到3月，李万亭就组织采取提前监督检查。1989年1月，李万亭组织物价督查队对沈阳市罐头厂、饼干厂生产的饮料和冷饮制品进行督查，通过检查发现，从1988年1—6月间，工厂通过少投原材料、重量不足等手段，偷工减料非法所得15余万元。二是搞好节日商品的超前监督检查。他与物价监督员根据不同节令重点检查元宵节元宵、端午节粽子、中秋节月饼，保证了沈飞公司地区职工的切身利益，收到较好的效果。三是搞好喜庆宴会的超前监督检查。每年"五一""十一"前后是结婚旺季，李万亭提前组织力量加强对饭店包席质量进行检查，保证了餐饮包席的质量。

李万亭工作照

　　李万亭在检查过程中，注意宣传党的物价政策，用政策教育经营者，他主动帮助影响较大的国营商店进行价格整改，经过他耐心细致的宣传，两家物价不合格的蓝牌单位换上了信得过的红牌。

　　在从事物价监督员岗位期间，李万亭义务奉献了 400 多个小时的业余时间和 60 多个星期日，有效地维护了国家的物价政策，维护了广大消费者利益，受到了职工的好评。

　　1988 年，李万亭荣获中华全国总工会授予的"全国五一劳动奖章"。

刘正文 1988 年全国五一劳动奖章获得者

刘正文（1938.11— ），四川宜宾人，1988 年全国五一劳动奖章获得者，航空工业部成都飞机公司（现中航工业成都飞机工业（集团）有限责任公司，简称中航工业成飞）工会主席。1959 年 7 月到国营峨嵋机械厂（现中航工业成飞）工作，1959—1970 年任动力公司技术员、工艺员；1971—1981 年任动力公司 104 车间副指导员、党支部书记、车间主任；1981—1983 年北京航空学院干修部学习，获大专文凭；1983 年 1 月—1985 年 10 月任公司工会副主席；1985 年 10月—1993 年 1 月任公司工会主席；1993 年 1 月—1999 年 11月任成飞实业开发总公司总经理。

刘正文在国营峨嵋机械厂工作 40 年时间，在工会工作近十年时间里，他健全完善工会组织和职代会，为成飞工会维权职能的发挥和落实职代会制度，强化工会组织职能，做出了贡献，有力地推动了公司科研生产和各项改革措施的实施。多次荣获公司先进个人称号，1979 年荣获"第三机械工业部先进生产者"称号，1987 年荣获四川省总工会"模范职工之友"，1988 年被中华全国总工会授予"全国五一劳动奖章"。1999 年 11 月退休。

阮子宏　1988 年全国五一劳动奖章获得者

阮子宏（1953.11—　），浙江绍兴人，1988 年全国五一劳动奖章获得者，航空工业部南昌飞机制造公司（现中航工业江西洪都航空工业集团有限责任公司，简称中航工业洪都）铣工、高级技师。1970 年 12 月招工入国营洪都机械厂（现中航工业洪都）83 车间铣工。1993 年 9 月调到 88 车间当数控铣工。1997 年 9 月调到纺机公司任 03 车间副主任，2001 年 9 月任纺机公司制造部副部长，2011 年 9 月在洪都数控公司负责专项工作。阮子宏 1976—1984 年连续被评为公司先进生产者；1985—1990 年连续 6 年被评为公司劳动模范；1986 年获 "江西省自学成才先进青年"；1988 年被中华全国

总工会授予 "全国五一劳动奖章"；1989 年评为 "江西省有突出贡献工人" 和 "南昌市特等劳动模范"；1991 年成为洪都首批高级技师，1995 年获 "全国技术能手" 称号。2002 年被国防科工委录为高级技能人才。2013 年 11 月退休。

　　1970 年 12 月，初中刚毕业的阮子宏幸运地跨进了国营洪都机械厂大门，成为一名令人羡慕的航空工业工人。来到机加厂房，马达轰鸣，机器飞旋，一切都那么新鲜，他看得入神。对于图样、工艺单、公差一窍不通的他，白天跟着师傅转，晚上又重新背上书包上夜校。酷暑严寒，从未间断，5 年下来，他较为系统地学习了机械制造、公差与配合、电工等技术基础知识。1975 年，洪都厂购进了数控机床，刻苦钻研技术的 "优秀徒工" 阮子宏被选拔操作数控铣床，成了洪都厂第一代数控工人，同年又被推荐到西北工业大学进修计算机数字控制专业进修。血气方刚的阮子宏正值风华正茂之时，求知若渴的他如鱼得水，在知识的海洋里吸吮各种养料。进修一年之后，他又迈进了公司业余大学之门。一年的进修、三年的业余大学使他进一步掌握了数控机床的专业技能。有着强烈求知欲的阮子宏并不满足，文化知识书籍、生产工具书刊、计算绘图仪器仍是他朝夕相处的 "忠实朋友"。在干好本职工作的前提下，他还相继掌握了钳、钻、镗、电等工种中级以上的技能。

　　随着理论知识的不断丰富，实践经验的不断积累，阮子宏如虎添翼，工作得心应手。1985—1988 年的 4 年中，他干了相当于 13 年零 2 个月的工作量，实现技术革新 20

多项，创经济价值近 10 万元。这期间，他还参与两台数控铣床的改造工作，把晶体管分离元件数控（第二代）改装成微机数控系统（第四代），使闲置 10 年之久，价值 56 万余元的两台设备复苏重新用于生产，并增加了椭圆抛物线、双曲线与角度旋转等功能，扩大了加工范围。这一技术改造受到专家们的高度评价，并获江西省科技成果二等奖。1987 年，他以名列榜首的优异成绩被聘为工人技师。

1989 年，阮子宏实现了他梦寐以求的夙愿，光荣地加入了中国共产党，阮子宏在人生的道路上走得更实，奔得更欢了。作为一名共产党员，他率先垂范，吃苦在前；作为一名技术骨干，他排难而进，勇挑大梁。

"动员全国职工广泛开展合理化建议和发明创造活动"，这是来自中华全国总工会的呼声，一项项服务生产的革新创造应运而生，一批批根植一线的革新能手脱颖而出。为了技术革新，阮子宏不知熬过多少不眠之夜，小改小革伴随他度过不知多少个奋战之日，无休止的探路，不倦的攻关，结下累累硕果——他自行设计并制造的"八工位循环式联板铣切装置"，用于摩托车上下联板零件生产，将原来单件装夹加工改为运转循环装夹加工；将一次装夹加工一面改为三个面一次装夹加工完成，提高工效 14 倍，解决了联板生产"卡脖子"的难题，并获得江西省技术革新成果奖。经他设计制造的摩托车刹车轴铣切装置也提高工效 10 倍。

从国外引进的烟机墙板零件是烟机的一大关键，墙板孔距 0.02 毫米，孔径公差只有 0.11 毫米，先后有 3 个单位加工生产都未能达到要求，损失高达 10 万余元。阮子宏接受任务之后，认真消化图样资料，反复推敲，自制标准模板，以铣床代替坐标镗床精心加工获得成功，被昆明、常德、许昌 3 家烟厂誉为信得过的免检产品。精度极高的另一关键，烟机风室整体零件也被他所攻克。

阮子宏生活照

　　K 8 飞机座舱整体骨架，技术部门的意见必须在卧式数控铣床上加工才能达到设计要求。当时洪都公司还没有数控卧铣，经工厂研究需送往上海加工。人员出差费、模夹具等运输费不说，仅两架份的加工费用就达 2 万余元。阮子宏与工友们一合计决定自己干。他利用小万能铣床轻便灵活的特点，加上自行设计制造的辅助装夹具，把铣头"钻"到零件里面去加工，终于获得成功，既节约了外出加工的费用，又缩短了生产周期，确保了 K8 飞机按时首飞上天，对此，航空工业总公司为他记了个人一等功。在协作国家某重点型号制造中，他作为项目的总负责人，组织完成了 400 多项几千件零部件的数控加工，为公司创造了上千万元的收益。

　　具有精湛技艺和丰富实践经验的阮子宏，已担当起了培育洪都公司第二代、第三代数控工人的重任。他毫无保留地把自己的"专利""绝招"传授给年轻人。如今，他的许多学员已成为生产中的技术骨干。

王必元 1989年全国三八红旗手

王必元（1941.6— ），湖南湘潭人，1989年全国三八红旗手，国营燎原机械厂（现中航工业飞机起落架有限责任公司，简称中航工业起落架）环保工程师，研究员级高级工程师，享受国务院政府特殊津贴专家。1965年8月从湖南大学毕业后分配到西安高压电瓷研究所任技术员。1970年12月调入国营燎原机械厂任21车间技术员，1975年3月任技安环保科环保监测员，1982年10月任环保站站长，1985年6月—1996年6月，先后任环保室主任兼技术员、质管员、标准化员。在长期的环保监测和科研工作中先后六次荣获国家、部、省和基地环保成果奖，拥有一项发明专利，多次被评为厂级、基地、陕西航空工业系统优秀共产党员和先进工作者。1985年荣获"陕西省先进环保工作者"；1989年被评为"航空航天工业部劳动模范"，同年被全国妇联授予"全国三八红旗手"称号；1992年荣获中华全国总工会"全国先进女职工"称号，1989年王必元第一批晋升为研究员级高级工程师。1996年7月退休。

王必元1965年毕业于湖南大学化学系，是国营燎原机械厂环保工程师，从业30多年从未脱离所学的化学专业。她具有较高的专业理论知识和专业技术知识，具有独立承担重要研究课题和主持重大科技项目的实际能力。她经常深入生产一线，获取丰富的第一手资料，积累了丰富的实践经验，她的研究成果在实践中得到了应用，取得了较好的经济及社会效益。

1975—1980年，王必元主持"含铬污水处理及铬泥形制催化剂"课题，获全国环保成果证书及陕西省科技成果三等奖；

1980—1982年，王必元完成"双氧水处理含镉废水试验"课题，荣获012基地科技成果三等奖，项目总结报告被选为环保学会交流论文，工厂将其试验成果应用实施，取得了良好的经济和社会效益。

1984年，王必元组织完成了航空工业部工业污染源调查工程，荣获部优质工程奖。

1985—1986年，王必元组织完成了"化学破孔法处理废乳化液含油废水"项目，获得012基地科技成果二等奖。

王必元工作照

　　1986 年王必元主持"全国污染源调查工程"任企业调查组组长，荣获国家污染源调查先进企业。她组织编写了 012 基地第一份污染源调查总结报告，受到了上级部门的好评。

　　王必元平均每两年完成一项环境保护研究课题，在多个刊物上发表了 10 多份论文，她的代表论文有《双氧水处理含氰，含镉废水工艺》《全国工业污染源调查报告》《含铬废水处理及铬泥研制催化》等 10 余篇，1989 年还取得发明专利一项，即"含菌水的消毒方法"。并多次荣获省部级科学技术成果奖。

邓秋泉 1991年全国五一劳动奖章获得者

邓秋泉（1957.08— ），河南光山人，1991年全国五一劳动奖章获得者，四川航空液压机械厂（现中航工业四川凌峰航空液压机械有限公司，简称中航工业凌峰）钳工，高级技师。1977年分配到国营雨城机械厂（现中航工业凌峰）从事钳工工作。他工作认真，努力提高自身技术水平，先后取得技师、高级技师资格证书，是公司的技术骨干。邓秋泉先后多次被评为公司先进工作者、劳动模范和优秀共产党员。1991年被中华全国总工会授予"全国优秀生产能手"和"全国五一劳动奖章"、1992年被航空航天工业部授予"航空优秀青年"称号、2003年被评为"广汉市首届十佳文明市民"、德阳市人民政府授予"德阳市技术能手"称号、2011年被中航工业集团公司评为"优秀共产党员"。

邓秋泉跟随父母支援三线建设来到四川，1977年分配到国营雨城机械厂，他30年如一日，勤勤恳恳、任劳任怨，出色地完成了工厂交给的各项任务。作为新一代的知识型技术工人，他始终坚持学习，一方面在工作中与工友们互相交流提高技艺，一方面自学了钳工工艺学、机械、公差、材料等有关技术书籍，掌握了相关的理论知识，在平时的生产实践中检验和提高自己的技术水平，并通过考核获得高级技师资格。

邓秋泉作为公司的技术带头人，参加了多个型号飞机助力器的研制和加工，帮助解决在钳工加工过程中遇到的各种困难，在工艺革新和技术攻关上也有较大突破，先后取得了多项技术创新成果，为公司创造了明显的经济效益，先后有6项革新技术应用于国家重点型号工程的研制和生产。

20世纪80年代中期，在某项技术攻关中，为了保证粗糙度达到工艺要求，他与公司科技攻关小组成员通力合作，结合他多年的操作经验，经认真琢磨，反复试验，最后将加工难点集中在扩钻、铰刀和润滑方法上。经过大家的努力，终于找出修磨铰刀、切削刃与刃带角度的方法，使钻、锪、铰一次完成，把废品率由原来的49%左右降到1%以下。

邓秋泉工作照

邓秋泉是一个技术过硬的骨干工人，先后参与了多型飞机助力器产品铝件超长孔精铰孔，安全阀套精铰孔的直线度，主、副转阀保持架，助力器外筒超细小深孔的加工和某型机作动器不锈钢活塞超长精铰孔，筒体内孔对内孔的同轴度、内孔对外孔的对称度、螺纹对孔的同轴度、外筒 $\phi4$ 孔深 295 毫米超长超细小孔的深加工等多项重点、难点的攻关。在这些技术攻关中，他始终带头做试验加工，与设计、工艺人员共同探讨攻克技术难题的办法，为新品的研制，不计较个人工时的得失，确保了国家重点型号工程的研制和生产。

在某重点型号的加工中，遇到钛合金 DCM6 螺纹和精铰小孔的加工，加工材料不但硬而且粘刀子，加工难度大，公司技术人员在多次研究探讨加工工艺后，仍然不能解决问题。邓秋泉主动加入研制队伍，运用自己多年的钳工经验，采用 HR - 15 金属切削液和加大公差底孔的方法解决加工难题。

多年来，邓秋泉在刻苦钻研钳工技术的同时，在技术上与同事相互沟通提高。在新员工的技术训练上，运用"六步渐进法"让徒弟们由浅入深，由简到繁，循序渐进掌握岗位技能知识，在思想教育上，以自己的进步和成功实例对徒弟们言传身教，从而激发他们热爱本职，努力学习的决心和信心。他所带的徒弟，操作技能水平得到全面提高，有的已成为技术骨干，个别优秀的员工已成为公司青年人才库的人员，并在关键岗位上挑起了技术大梁。在邓秋泉的模范带领下，经过班组全体员工的努力，年年出色地完成了公司的各项任务，所带领的班组被评为"部先进班组"，并于 2005 年被中国航空工业第二集团公司命名为"邓秋泉班组"。

姜玉玺 1991 年全国五一劳动奖章获得者

姜玉玺（1938.3— ），黑龙江勃利人，1991 年全国五一劳动奖章获得者，航空航天工业部成都发动机公司（现中航工业成都发动机（集团）有限公司，简称中航工业成发）工会主席。1958 年 7 月毕业于哈尔滨航空工业学校，1958 年 8 月—1959 年 4 月任沈阳 111 厂 38 车间技术员，1959 年调国营新都机械厂（现中航工业成发）任 38 车间工艺员，1961 年 6 月起任厂党委办公室秘书、科长、副主任、党委宣传部部长。1984 年 11 月起任厂工会主席。姜玉玺是成都市第九、第十届总工会委员，四川省第六、第七届政协委员。姜玉玺担任厂工会主席以来，在党委领导下，团结带领工会干部，努力工作，厂工会工作开创了新局面。1991 年 4 月被中华全国总工会授予"全国五一劳动奖章"和"全国优秀工会工作者"称号。

1984 年，姜玉玺担任厂工会主席以来，坚持党的领导，服务工厂大局，服务职工群众，履行工会职能，突出维护职能，当好党委的助手、行政的帮手，做工厂发展的服务者和推动者，做职工合法权益的表达者和维护者，为厂工会工作开创了新局面。

在工会主席岗位上，姜玉玺贯彻上级精神，履行维护、建设、参与、教育四项社会职能，不断创新工作方式，认真为职工服务，接受群众监督，充分发挥工会组织作用。在他的组织领导下，厂工会充分发挥引导教育作用，建立了工会活动日，定期组织全体职工学习工会章程和《工会法》，让职工结合各单位工会的具体情况充分发表意见；广泛发动群众监督工会履职情况。此举不但提高了职工认识水平，把工会的组织建设落到了最基层，还为工会打下了良好的群众基础，为工会工作的深入开展创造非常有利的条件。

姜玉玺在担任厂工会主席期间建立了以职代会为主体的民主管理体系，通过不懈努力提高工会管理、民主管理、科学决策、民主决策水平。这套体系包括各级领导定期会见职工代表、由工会牵头对各单位进行厂务公开检查、定期召开全体职工代表大会、重大决策必须经职代会表决等，这些措施使全体职工对工厂的发展有了全面的了解，并且能够以民主管理体系为平台参与到工厂管理和决策中来，同时也使工厂的各项

姜玉玺工作照

重大决策得到职工最广泛的支持，有力地保障了工厂的生产经营。

对于工厂的一些困难职工，姜玉玺深入了解他们所面临的困难，坚持开展"送温暖"活动，建立了各级分工会"五必访"标准。为困难职工解决实际问题，他带头慰问公司重病职工，努力创造良好的劳动保护环境，同时，对于一些涉及职工权益的事情，他充分了解事情细节，帮助职工正确认识事情的原委，对于侵犯职工权益的行为，他总是站出来维护职工的合法权益。在工厂内部建立了一套完整的职工疗养模式，让全体职工按照一定的比例轮流进行疗养，使全体职工都能够享受到工厂的福利。每年中秋节，他都要组织工厂单身职工联欢，并通过各种形式帮助工厂单身职工解决个人问题。每年年三十，他还要组织不能回家的单身职工吃年夜饭、谈心，以缓解单身职工的思乡之情。

为了进一步丰富职工业余文化生活，姜玉玺申请经费盖起了职工俱乐部，解决了长期困扰公司职工的硬件设施。并以职工俱乐部为主体，组建了管乐团、文工团和体育代表队，并为管乐团购置了大量的乐器，在成都颇具影响力。在姜玉玺的关心下，厂文工团也得到了长足的发展。厂里通过各种渠道引进了大量的艺术专业人才，提高了文工团的水平。此外，姜玉玺还大力推广体育活动，在工厂的各个生产车间旁边都建起了篮球场，并为职工提供了大量的运动器材，充分地丰富了厂内的业余生活。厂篮球队、足球队、乒乓球队、羽毛球队在成都市的各项比赛中长期蝉联冠军。这些队伍长期活跃在地方和航空系统的舞台上，为工厂树立起了良好的形象，同时极大地丰富了职工文化娱乐生活。

李阳仁 1991年全国五一劳动奖章获得者

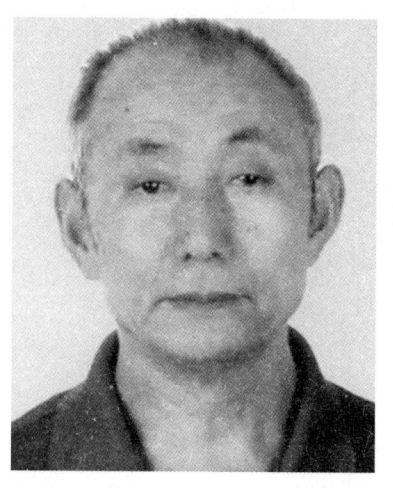

李阳仁（1941.1— ），四川云阳人，1991年全国五一劳动奖章获得者，航空工业部南昌飞机制造公司（现中航工业江西洪都航空工业集团有限责任公司，简称中航工业洪都）喷漆工，高级技师。1960年8月招工进入长江机械厂，先后从事铸造工、生产准备工、喷漆工。1979年1月，长江机械厂并入国营洪都机械厂，李阳仁在52车间干喷漆工，1996年4月退休。几十年来，他一心扑在喷漆岗位上，勤勤恳恳地工作，默默无闻地奉献。1988—1991年4年就完成了19年的工作量，直至1996年退休前共完成工时67000小时，即多干了15年的工作。

1988—1991年连续4年被评为公司劳模；公司党委两次授予他优秀共产党员称号；1991年中华全国总工会授予"全国五一劳动奖章"和"全国生产能手"称号，还同时获得了"南昌市优秀共产党员""江西省优秀共产党员""航空航天工业部先进生产者"等荣誉称号；1992年荣获"江西省劳动模"称号；1993年被评为公司质量信得过最佳个人和质量能手。

20世纪90年代，在洪都公司摩托车喷漆线上，有一个响亮的名字——李阳仁。这位在喷漆线上奋战了近40个春秋的共产党员、高级技师，退休前是洪都摩托车联营公司六分厂大车零件喷漆工段的一线生产工人。几十年来，他一心扑在喷漆岗位上，勤勤恳恳地工作，默默无闻地奉献。他像是与喷漆有缘，特别钟爱这个岗位。有一次，车间领导要他当工长，可他觉得当工长反而不能发挥自己的特长，有劲使不上，几个月后便再次要求下到一线，继续干他的老本行。别看他年纪大，可干起喷漆活来，小伙子们自叹不如。凡是喷漆件，他样样都能干，样样干得好，是名副其实的喷漆状元。

李阳仁大部分时间从事大车零件的喷漆，这种喷漆环境条件差，任务繁重，工件复杂多样，难度较大，可他毫无怨言。为了完成好任务，他总是干了晚班又干白班，不管分内分外都抢着干。

1991年底，洪都125摩托车油箱喷漆吃紧，工厂为缓解这一矛盾，决定要原52车间承担一部分任务。这种油箱质量要求高，定额工时紧，返工量大，谁都不愿意接这一工作。当领导分配李阳仁承担这项任务并担任班长时，他二话没说，带着大家就干起来。在 52 车间承担油箱生产的那几个月中，他几乎每月完成油箱喷漆 100 多只，最多达 140 多只，月完成定额工时 1000 多小时。

1992 年 9 月，由于油漆材料问题，影响了半个多月的生产，造成摩托车边斗跟不上装车需要。鉴于当时油箱任务不多的状况，车间决定抽调油箱喷漆的工人帮助边斗工段。李阳仁首当其冲地承担了这一任务。边斗生产周期长，消耗体力多，并且要连续作战。这对于李阳仁等这些长期从事中小零件喷漆的同志来说，难度非常大。按车间的要求 10 个人在 10 天之内要完成 500 只边斗。李阳仁这位 50 多岁的老工人带领临时抽调的同志硬是在 10 天之内把这些边斗拿出来了。李阳仁这段时间正患感冒，他一声不吭，白天夜晚连续作战，只见他消瘦了，变黑了，可并没有掩盖住他完成任务后喜悦的心情。

近 7 年来，李阳仁共完成工时近 67000 小时，相当于 26 年又 10 个月的工作量，其中 1988—1991 年 4 年就完成了 19 年的工作量。

1991 年 8 月 25 日上午，是李阳仁参加晋升高级技师理论考试的日子。可是 8 月 22 日他突然接到突击喷漆装潢三辆摩托车样车的任务。怎么办？他的答卷很干脆，以大局为重，突击三辆样车。他连续三天从白天干到第二天凌晨 2 点，考试那天，凌晨 2 点才离开车间工作现场。李阳仁就是这样的性格，为了工作，他可以忘记晋升职称，可以忘记家庭孩子，甚至可以忘记自己的一切……

李阳仁是洪都公司喷漆线仅有的高级技师，他不仅有高超的喷漆技术，而且能刻一手漂亮的漏字模，因此，只要是技术要求较高的攻关和质量要求较高的产品都安排李师傅为首或单独操作。只要领导安排了，他从不推托，哪怕有再大的困难也能克服，每次都能顺利地完成任务。李阳仁在这方面付出的心血是一般人难以想象的。

李阳仁生活照

1990 年 3 月，公司有一批出口法国的外销车急需喷漆装潢。按合同要求，这批外销车中有 10 辆要在摩托车油箱、边斗和三块挡泥板这五大件的边缘上喷制两条平行的铝色装饰线条，两条装饰线的间隔只有 2 毫米。在这种双曲面的型面上喷制两条平行线条，首先画线就是个难题，即使是画好了线，也无法用胶带纸贴出 2 毫米的间隔。许多人看了图样后束手无策，可李阳仁却满怀信心。经过 10 多天的紧张工作，他准确地按合同的要求做了出来，工人们交口称赞："做得好，为洪都人争气！"外商也感到满意。

1993 年，公司为打开洪都摩托车的销路和使摩托车的产品质量上一个新台阶，决定由原摩托车厂做 10 辆优质样车。这 10 辆车的喷漆装潢任务又落到了李阳仁身上。经过近一个月的日夜奋战，10 辆外观漂亮的摩托车摆在了大家面前。经各级领导和专家参观评议，一致认为达到了质量目标，特别是油漆质量，受到一致好评。

李阳仁平时总是喜欢动脑筋搞点小改小革，提些合理化建议。他自制样板，解决了外销车零件的画线问题；自制挂具，解决了边挡板进烘箱加温的问题。过去摩托车坐垫支架，靠背，骨架等都是采用喷漆的方法，他提出将喷漆改为浸漆的合理化建议，得到了技术部门认可，不仅提高了工效，还大大地提高了产品质量。几年来，他提出的 10 多个革新项目，共创价值 6 万余元。

刘仁海 1991 年全国五一劳动奖章获得者

刘仁海（1938.2—2007.10），黑龙江双城人，1991 年全国五一劳动奖章获得者，哈尔滨飞机制造公司（现中航工业哈尔滨飞机工业（集团）有限责任公司，简称中航工业哈飞）车工、高级技师。1953 年 6 月参加工作，来到第 45807 厂（现中航工业哈飞），一直在车工岗位上工作，1987 年晋升为车工技师，1993 年 3 月晋升为高级技师。由于他刻苦钻研，1985 年成为全厂机械加工系统质量信得过"免检"钢印唯一获得者；1986 年全厂夹固式刀具比赛第一名。工作期间，荣获厂级一等功四次、二等功五次、三等功五次；自 1974 年起，连续十四届获得厂级先进生产工作者称号；1978 年荣获哈尔滨市革新能手称号；1979 年荣获哈尔滨市技能积极分子。1979—1996 年，连续十届当选为哈尔滨市劳动模范。1979 年和 1982 年，两次荣获黑龙江省国防工业系统质量标兵称号。连续十几年被评为黑龙江省劳动模范。1991 年被中华全国总工会授予"全国五一劳动奖章"。1997 年 5 月退休，2007 年 10 月去世。

刘仁海 1953 年 6 月分配到第 45807 厂 16 车间干车工。他对产品质量一丝不苟的精神，对工作认真务实、精益求精的态度，逐渐得到了大家的赞同和认可。多年来，他所加工的产品一直保持全优，没有出现过废品，被评为黑龙江省国防系统和公司质量标兵，是工厂机械加工车间信得过的"免检"钢印唯一获得者。虽然手中有免检钢印，但他却从不放过一件差品，严格遵守检验制度，合格率达百分之百，被称为是质量信得过的职工。

20 世纪 60 年代，刘仁海是工厂仅有的几位技术革新能手之一，他创造的一刀 14 刃、无心滚花刀，均出过专册介绍。每年都会有人专门来车间参观他技术表演。他有一个秘密大铁箱，里面有近 40 种各式卡盘和专用刀架，还有各种用途的刀具六七十把。他研究出的折叠椅钢管收口、圆球体、海绵胎具、胶管切削等高、难加工的方法，解决了许多生产关键，提高了生产效率。

刘仁海虚心好学，刻苦钻研，在车工岗位上，练就了一身过硬的功夫。同志们都称呼他为"车工的巧将"。他加工许多大、难、精、高的产品，从一种一件到几种上万件，几乎种种零件有革新、批批零件有小改。厂内他是技术能手，厂外他是技术革新协作积极分子，他在刀、刃夹具的革新上狠下功夫，不到两年的时间他就先后革新了24种刀具，平均每年攻克技术关键几十项，不仅节约了大量的原材料，还创造了惊人的价值，为国家节约上万的财产，被誉为"刀具大王"。他平均每年完成几千个工时，相当于别人几年的工作量。他革新的刀具传播使用的范围，近到厂区内外，远到江西、贵阳等地。其中，加工细长轴组合刀具，最小可加工外径3.3毫米，长220毫米细长原料，还可加工外径6~18毫米，长0.75~1.2米的原料。他自制的多种组合刀、成形刀、深孔钻头，加工两通、三通、四通、五通的两爪卡盘等先进刀具，先后被省技术交流馆展览推广采用。

刘仁海看到车床在加工铸铁零件某小壳体时，粉尘比较大，影响操作者的身体健康，并会对机床造成一定危害，就主动利用业余时间，自行设计研制了可调试吸尘器，解决了环境污染的问题，受到了职工的好评。

刘仁海是厂里有名的能工巧匠，善于巧干夺高产。在大家心里，他干活善于动脑筋、想办法，无论什么活到他手里他都能完成得又快又好。1979年，有一份拖拉机悬挂架上的零件，外形是个圆球，通常加工是把车刀磨成R形，一刀一刀车削，干几件就得磨一次刀，既慢又费刀，他做了一个可以旋转的可调小刀具，用它可以高速车削，用起来非常灵活，提高效率十几倍，还保证了质量，仅此一项全年可为国家创造价值2700元。还有一份列为工厂关键产品的"长筒"零件，开始准备在钣金车间加工，由于产品壁薄、太长，未能试验成功。后来刘仁海接受了这项任务，经过反复的钻研和多次的试验，终于想出了用胀胎进行加工的办法，突破了这项生产关键，还节省了一套扩孔模具。

刘仁海工作照

1990 年初，刘仁海接受一批钢厂的分流阀 600 件，内孔有六条花键槽。加工这种产品需要用 57 车间的插床，但当时插床任务繁重。见到这种情况，刘仁海主动要求想办法解决。经多次的试验，他最终采用卡盘不转，单刀插入代替插床，提高工效一倍多。年终，又有 600 件分流阀下到车间，进度要求急，即便是采用车床代替插床的方法也难以完成。刘仁海急中生智，自制带引导双层冲刀，改车床为冲床加工，仅需一分钟，六条花键槽就全部加工完毕，提高工效 60 倍。

刘仁海是公司刀具协作队队长，不但热心搞技术工作，还经常帮助兄弟单位解决生产关键。在接受生产任务时，他总将最难、最累和工时低的活留给自己，把批量大、容易加工的活给他人。为提高青年职工的技术素质，身为高级技师的他，为在退休前尽快地把掌握的技术专长和积累了几十年的经验传授给年轻人，主动担任实际课讲师，毫不保留，言传身教，不厌其烦地指导他人。

毛仕富 1991 年全国五一劳动奖章获得者

毛仕富（1938.10— ），四川泸州人，1991 年全国五一劳动奖章获得者，成都飞机工业公司（现中航工业成都飞机工业（集团）有限责任公司，简称中航工业成飞）高级钣金工。1960 年参加中国人民解放军，1965 年转业到国营峨嵋机械厂（现中航工业成飞）钣金厂干钣金工，直到退休。毛仕富始终保持苦干、实干的精神，兢兢业业，年年超额完成工作任务。从 1975—1997 年，连续 23 年被评为公司生产标兵、劳动模范、优秀共产党员。1975 年以来多次被评为"成都市先进个人""劳动模范"和"优秀共产党员"，1984 年被评为四川省和航空工业部"劳动模范"，1991 年被中华全国总工会授予"全国五一劳动奖章"。1998 年 10 月退休。

毛仕富 1965 年从部队转业进厂，一直坚守在生产第一线。钣金工岗位劳动强度大，工作任务繁重，要求掌握的技术难度高，但他几十年如一日，兢兢业业，任劳任怨，以满腔的热情，一心扑在工作上，无论是天晴下雨，还是酷暑寒冬，他总是提前半小时到车间，晚上八九点钟最后一个离开车间，节假日和星期天从来不休息，自觉到车间加班干活。仅 1979—1994 年完成工时 100702 小时，15 年干了 48 年的活，提前进入 21 世纪。

毛仕富凭着高度的事业心和主人翁责任感，以苦干实干的精神影响和带动周围的同志。1988 年一季度，公司歼 7 Ⅲ 型机试制进入装配阶段，由于在试制装配过程中，许多零件没有技术定型，需要车间派人配合现场。这项工作费工费时，而且要求技术熟练，一般人都不愿意干。毛仕富顾全大局，主动参加现场配合工作。在零件装配过程中，经常发生需要修正甚至需要按装配要求重新制作。他总是不厌其烦，为了保证进度，白天干了一天活，晚上接着干直到深夜，满足了装配的需要，保证了生产进度。

毛仕富不仅在生产上是把好手，跑在时间的前面，是生产的排头兵，而且在对待产品质量方面更是精益求精，一丝不苟。经他加工的零件，都是一次交检合格，从未发生超差、报废等质量问题，而且他加工的零件尽可能地达到最大程度的完美，因此他被人们称为"钣金艺术家"。有很多次，眼看就要报废的产品，经过他的打磨，又起死回生。

1991 年，车间一项歼 7 Ⅱ型飞机的急件，34 件不锈钢件的筋槽出现质量问题，面对即将报废的零件，毛仕富主动进行返修。他绞尽脑汁，凭着几十年练就的过硬本领，精工细做，一榔头一榔头地敲打，一木尖一木尖地排放，一道一道地滚压，一遍遍地拉光打磨，经过 12 天超负荷的工作，这批零件全部符合交检要求，而且按期保质保量地完成了任务。一次车间在加工某型旅游车的不锈钢门框滑轨时，由于工装不完备，成形很困难，质量难以保证。毛仕富动脑筋，想办法，自制简易工装，改用机床预成形。为了保证质量，他不怕工序复杂，工作量大，加工出 U 字型材，再加温弯成 60 度弧形，结果不仅保证了质量，而且提高了工效。

随着市场经济的发展，有人劝他，趁现在身体好，有技术，早点退休到外面挣钱时，他总是说"是党和国家培养了我，我要对得起我所热爱的航空事业，我要将我的余热洒在成飞的这片热土上"。

毛仕富工作认真负责，却从不计较名利。他加班加点工作，却不拿加班费。他对待同事充满热情。同事得传染病住进医院，他守候在医院；同事生病住院，他带上水果去看望；同事家中被盗，他在工段中带头捐款捐物，帮助同事渡过难关，确无暇照顾及生病住院的妻子，在他身上表现出了一名共产党员的好思想、好作风，得到了职工的称赞。

杨乃适 1991 年全国五一劳动奖章获得者

杨乃适（1936.3—　），黑龙江宾县人，1991 年全国五一劳动奖章获得者，西安航空发动机公司总经理。1960 年 9 月哈尔滨军事工程学院航空发动机设计专业毕业，留校任 102 教研室教师；1971 年调入国营东安机械厂（现中航工业东安）设计所工作，先后任设计所副所长、国营东安机械厂厂长；1986 年 8 月调西安航空发动机公司任总经理。1991 年调中航工业上海浦东办事处。在西航面临生存发展的关键时刻，杨乃适带领西航走出低谷，为西航成为"中国大中型航空发动机研制和生产基地"奠定坚实基础。杨乃适先后荣获哈尔滨市、黑龙江省劳动模范，陕西航空工业管理局"双文明个人""优秀共产党员""先进工作者"，陕西省国防工办"优秀思想政治工作者"，1990 年荣获"陕西省优秀企业家"，航空航天部"振兴航空工业标兵"称号，1991 年被中华全国总工会授予"全国五一劳动奖章"，1993 荣获"航空航天工业部劳动模范称号"。

1986 年 8 月，杨乃适奉调来到西安航空发动机公司任总经理。1986 年，西航的生存发展面临着前所未有的困难，军品任务不足上年的 15%，跌入"谷底"，经济形势十分严峻。杨乃适认真贯彻党的基本路线和改革开放政策，坚持"航空为本、军民结合、军工第一、民品为主、走向世界"方针，将深化企业改革和产品开发紧密融合，依靠广大干部职工，变革公司经营管理体制机制，投身国民经济建设主战场。

杨乃适集思广益，建立"统一领导、集中决策、分层经营、分灶吃饭"的经营管理体制，按照集权与分权相结合原则，将公司各单位按照业务特点组建成 14 个分厂、分公司，建立和完善以承包制为主的经营方式，逐步完成联产承包——连利承包——抵押承包的转变；对职能科处实行经营方针目标管理，形成了公司适应市场规律的经济责任制；不断探索和丰富承包内容，实现从产量为主的大项考核向产量、产值、质量、效益综合考核转变。以经济效益为主，增加上缴利润和企业管理费、经营外支出考核指标；增加新产品开发和技术进步指标，考核支柱、定向产品在民品中的比重、技术改造进度优质产品产值率；完善经济责任制体系，增加企业升级内容，克服短期行为，加强对承包单位的行为约束，不断提升管理水平。

为确保责、权、利相结合的企业经营体系正常运转，杨乃适启动对公司劳动人事制度、计划财务制度、分配制度、经营管理等方面一系列配套改革。实施劳动合同制和干部聘任制，根据经营管理需要下放部分干部管理权限，把车间、科级干部任免、管理权下放给分厂、业务处，体现了管事、管人相一致的原则；将干部聘任与签订承包合同相结合，坚持干部平时考核和年终考核相结合，强化对干部的考核奖惩，每年对中层领导干部进行民主评议和全面考核；打破"大锅饭"的局面，实行变通灵活的多种分配形式，贯彻落实按劳分配原则，政策向生产一线倾斜，对脏累差工种实行岗位津贴，调动干部职工的生产积极性。

杨乃适重视企业技术进步，提出"坚持技术高起点，保持西航在发动机行业制造工艺领先地位；坚持科研与外贸相结合，把新机研制与转包生产技术改造同步进行；坚持以产品为牵引，缩短科技成果工程化进程，使科技成果成为现实生产力"。

杨乃适在公司资金十分紧张情况下，筹措技改投资 4000 多万元，坚持发展企业优势内涵为主的原则，坚持边改造边生产逐步扩大批量的原则，坚持发挥自力更生精神突破技术难关的原则，按照建设军民结合型企业需要，浓缩军品生产线，腾出设备 400 余台，生产面积两万多平方米，建成剑轩织机、转包生产、食品机械、精锻、压力容器、铝合金车架、铝门窗、煤气成套设备等 8 条生产线，形成了批量生产能力。利用浓缩军品线腾出的厂房和设备，仅花 1100 多万元，建成具有国际先进水平的新型剑杆织机生产线；在建设外贸生产线中，组织领导干部、工程技术人员和工人组建攻关组，自制水浸探伤设备，完成镁合金低温化技术改造，为国家节约外汇投资 30 多万美元。浓缩精化军品生产线，建成外贸生产线和 8 条支柱民品生产线，使西航完成了由单一的军品科研产品向军品科研、外贸转包、民品和三产服务"三足鼎立"产品架构的重大转型。

杨乃适工作照

西航在杨乃适的领导下，攻坚克难，高速度、高质量完成"中推核心机"研制，彰显了强大的科研实力，为西航成为"中国大中型航空发动机研制和生产基地"奠定了坚实的基础。公司外贸创汇取得了突破性进展，年创汇额从"六五"期间的 60 万美元跃升到 450 多万美元，成为国家外贸出口基地企业。公司形成纺织机械、食品机械、石化设备、冶金配件、医疗机械、煤气成套设备、电感量仪、铝门窗等产品的民品群，六大每年产值千万元级的定向支柱民品，"七五"期间民品收入达总产值的 85% 以上。公司 1987 年、1988 年发展速度达到 30%，1989 年、1990 年在国民经济调整中仍保持在 10% 以上，利税总额从 1986 年的 221 万元提高到 1990 年的 1483.8 万元，成为陕西省利税大户之一。公司新建职工住宅面积 73800 米^2，1000 余户职工乔迁新居，4031 个职工家庭告别煤炉用上了煤气灶，职工人均年收入比"六五"末翻了近一番。

王　俊 1992 年全国五一劳动奖章获得者

王俊（1956.11—　），江西玉山人，1992 年全国五一
劳动奖章获得者，陕西飞机制造公司（现中航工业陕西飞
机工业（集团）有限公司，简称中航工业陕飞）车工。
1971—1973 年在 012 基地 3044 厂工作；1973—1994 年总装
试飞厂（现中航工业陕飞）51 车间车工；1994—2002 年陕
飞公司汉江汽车工程保证部部长；2002—2006 年陕飞公司
汉江汽车副总经理；2006—2009 年陕飞公司技术装备公司
副总经理；2010 年起任技术装备公司专务。王俊 1984 年荣
获 012 基地和陕西省航空工业局青工比赛第一名，陕西省

车工比赛实际操作第五名、理论考试第一名，同年获"陕
西技术能手"称号。1986 年被中国机械工程学会破格收为该会会员（当时唯一的青年工人
会员）。1987 年荣获"陕西省劳动模范""陕西省总工会技术改造奖""航空航天工业部十
佳青年"等荣誉，1992 年被中华全国总工会授予"全国五一劳动奖章"并荣获"全国技术
革新能手"称号。

在陕飞公司提到王俊的名字，人人皆知，让人佩服的是王俊精湛的技术和过人的
本领。王俊 1973 年在陕飞公司从事车工工作，在实践中他刻苦钻研、勇于创新，对技
术孜孜以求，有知难而进，锲而不舍的精神，在陕飞公司同行中是佼佼者，被称为
"车工技术大拿"。

在从事车工 20 多年来，王俊不断学习新知识，掌握新技术，不仅解决了许多加工
难题也为企业创造了更多的经济效益。他善于动脑筋，在技术上精益求精，为完成复
杂的加工任务，积极进行技术革新，小革小改，先后完成多项加工难度极大的加工任
务。据统计，在车工工作 20 多年时间里，他完成技术革新、小改小革 47 项，解决技术
关键近百项，为公司节约技术改造资金 170 多万元。1985 年他攻克了双螺杆挤出机的
相割深孔加工工艺，当时尚属国内空白，只有日本，意大利等少数国家能够生产。他
发明的"车床强力衔磨装置"，其改造费只有几百元，可代替几十万元的专用衔磨机，
而且产品质量也高出了一个等级。他研制的"内喷吸麻花钻"可用于普通车床加工高
强度合金钢材料的深孔，代替了专用深孔镗床并提高工效 15 倍。在普通车床上他改制

王俊（右一）与无人机专家交流

了一套车、铣和缓进给磨制曲线螺纹装置，可代替数控车床和专用螺纹磨床，把全国切削加工锥管螺纹的最快纪录从 4 分钟降到 1 分钟，他和有关技术人员共同申请了国家专利，还和原核工业部的工程技术人员一起攻克了许多超薄零件的加工工艺。

他不满足于自己掌握的知识，不停地学习，不断地充实自己，先后自学了《车工技术》《车工制造工艺》，并将所学的知识用于工作之中。1990 年，王俊根据自己的工作实践撰写了《相割深孔加工精度的控制》论文，获汉中地区二等奖、省机械学会首届青工 B 类优秀奖、中国机械工程青年论文 A 类奖。

1996 年，在主持汉江汽车生产线建线和产品开发及生产工作中，被国家质量监督检验检疫总局质量管理司特聘为"全国设备监理技术委员会委员"。2006—2009 年担任陕飞技装公司副总经理的他，不断拓展开发市场，实现雷诺摇臂轴批量化生产、西门子核磁共振封头产品开发并通过欧盟有关认证，并以实现批量生产，为陕飞公司实现产品外扩做出了积极贡献。

杨系维 1993 年全国五一劳动奖章获得者

　　杨系维（1936.1—　），山东高唐人，1993 年全国五一劳动奖章获得者，北京长空机械公司（现中航工业北京长空机械有限责任公司，简称中航工业长空机械）总经理，享受国务院政府特殊津贴专家。1956 年考入北京航空工业学校，毕业后留校，任团委宣传部长、团委副书记。1969 年学校改厂后，先后任北京长空机械厂党委宣传科科长、政治部主任、党委副书记、党委书记、厂长、总经理等职。杨系维先后荣获 1960 年"北京市文教战线积极分子"；1986 年、1989 年"北京市工业企业优秀厂长"；1988 年、1992 年、1993 年"北京市国防工业先进个人"；1989 年"北京市劳动模范"；1990 年"北京市优秀企业管理厂长"；1991 年"首都劳动奖章"；1993 年"航空工业军转民优秀企业家"；1993 年"全国优秀企业经营管理者"；1993 年被中华全国总工会授予"全国五一劳动奖章"；1995 年荣获"北京市双十佳厂长（经理）"；1996 年荣获"航空工业劳动模范"；2011 年荣获中航工业"航空报国突出贡献奖"。曾被选为北京市朝阳区第八、九、十届人大代表和北京市第十届人大代表。1996 年退休。

　　杨系维 1984 年担任厂长之时，北京长空机械公司正处军转民的起步阶段，又赶上军品调整，将近 2000 人的工厂，年销售收入只有 60 多万元，人均利税 800 元，职工的年平均工资为 799 元。军品少，民品又一时上不来，怎么办？杨系维带领全体干部职工发扬"自力更生、艰苦奋斗"的精神，在加速民品开发的同时，利用改革开放的好政策和工厂的现有条件，实行收入分成的办法，广泛发动群众，大干外协，号召各单位各自为战，自己养活自己，团结一致，共渡难关。全厂上下有大活的干大活，没大活就干小活。如有的单位，给商店组装自行车、糊地球仪，甚至磨剪子磨刀，挣钱虽然有限，但却充分体现了有一分热，发一分光的精神。一年干下来，完成销售收入 1096 万元，不仅扭转了亏损局面，还实现利润 76 万元。职工收入也有所增加。同时，也使广大干部职工受到了一次深刻的教育和很好的锻炼。

　　紧接着，杨系维抓住改革开放的大好时机，紧盯市场，加大民品开发力度，对已有的加油机，加大技术改造的投入，上规模上水平，同时也抓紧了其他民品的开发，液体吹沙机，压铆机，食品保鲜包装片材，铝门窗等也都相继形成了一定的生产能力。先后独立或联合开发出年产值在千万元以上的民品项目6个，特别是加油机，年销售收入达到了两亿元以上，成为国内名牌，并打入了国际市场。民品产值在总产值中的比例达到了95%以上，这不仅完成了企业向"军民结合"型的转变，而且使企业的实力大为增强，净资产增加了9倍。到1993年，在职工人数基本未变的情况下，总产值达2.9亿元，为1983年的29倍；利润达到2900万元，为1983年的30多倍，职工个人收入也比1983年增加了7倍，各项经济指标在本地区和同行业均名列前茅。并先后组建了7家中外合资企业，引进外资2.6亿元，形成了一批新的经济增长点，使企业的实力大为增强。

在民品发展形成一定市场后，杨系维始终没有忘记自己的社会责任，他说："我们是干军工的，必须不折不扣地把关乎国家安危的军工任务摆在首位，这是我们一贯的指导思想。"他是这样说的，也是这样做的。就是在军品任务锐减，大力发展民品和"三产"时，他也没有放松对军品的保护和推动。杨系维提出"确保军品、开发民品、强化管理、科技兴企，发展'三产'、增强实力"的经营方针，始终保证有一个军品生产、科研、管理的健全体系，并不断发展壮大；始终保持相对较高的军品从业人员待遇，以吸引留住人才；积极公关，不讲条件，自筹投入，强天机，保任务，赢得信誉，确保军品部门的建制不变，制度不乱，人员不散，把以民养军落到实处。如1992年，一次拨出860万元，给军品生产线添置了三台急需的数控设备，以保证军品科研生产任务的顺利完成。在每年国家科研经费不多的情况下，积极争取军品科研项目，并保质保量完成。10年中，先后完成了14项新品试制任务，从根本上改变了"后继无机"的被动局面，为企业的进一步发展打下了基础。

通过不断的努力，公司成为国防科工委确认的"重点保军单位"以及中国航空工业第二集团公司批准的"小发科研、生产基地"，担负起各型直升机发动机燃油调节系统的科研和批生产任务。经过10年的艰苦奋斗，到1993年，在职工人数基本没变的情况下，年收入增长了40多倍；利税增长25倍；人均利税增长24倍；职工年人均收入增长9倍，综合效益指数跃居航空工业第一名。

为了适应市场经济的发展，杨系维带领领导班子，深入推进企业各项改革，坚持按

杨系维生活照

照 "三化（企业公司化、基层实体化、生活后勤化）、两试点（劳动、人事、分配制度改革试点和股份制试点）、一推进（积极推进中外合资企业建立）" 思路改造企业、建设企业，取得了可喜的成绩。工厂加强内部管理，实行两级核算，组建了 11 个独资或合资的分公司；撤销了原来的行政科处，精化了管理队伍，成立了四部一办，促使内部的机构体制发生了根本性的变化；在组成了多个中外合资企业同时，引进了国外的先进技术和先进的管理经验，为转换机制，奠定了良好的基础。1989 年 5 月，企业晋升为 "国家二级企业"。1991 年北京市经委授予 "北京市 1990 年工业系统优秀企业" 称号，1994 年被中国专利信息中心、国家技术监督管理研究所评为 "中国明星企业"。

张来鑫 1993 年全国五一劳动奖章获得者

张来鑫（1951.8—　），江西乐平人，1993 年全国五一劳动奖章获得者，航空工业部南昌飞机制造公司（现中航工业江西洪都航空工业集团有限责任公司，简称中航工业洪都）焊工。1970 年 10 月招工进入国营洪都机械厂（现中航工业洪都）17 车间焊工。从事焊工 40 多年，他不断地提出合理化建议和开展技术革新，尤其是创造性地提出铅锑管焊接法，解决了焊接上的一大技术难题，并一直沿用到至今，取得了显著的经济效益。张来鑫连续多年被评为公司劳动模范，荣获"南昌市优秀共产党员""江西省劳动模范"等称号，1991 年被航空工业部授予"献身航空工业先进个人"，1993 年被中华全国总工会授予"全国五一劳动奖章"。2011 年 8 月退休。

1970 年，张来鑫一进厂就爱上了焊工这一行，认定焊工岗位就是他实现人生价值的舞台，他所在的 17 车间主要担负非标设备的制造与维修，切割、焊接任务重，而且没有定标准，全根据磨损、断裂情况而定，大部分任务都是新课题、新难题。张来鑫在工作中，不但吃苦耐劳、还善于动脑筋，苦干加巧干，大搞技术革新。他克服文化低的困难，虚心请教，坚持认真学习焊接工艺学，反复琢磨原理，改进方法，积极投入到技术革新的小改小革的活动中去。从 1987—1995 年的 8 年，他实现的革新项目合理化建议共有 30 多条，实现价值 214276 元，不仅为企业提高了经济效益，更重要的是在不断的学习，实践中，提高了自己的科学文化素质，使劳动从体力型向智力型转化中迈出新的步伐。

张来鑫在长期的实践中练就了一身过硬的本领，完成了许多质量、工艺上有特殊要求的焊接生产任务。

1991 年一季度，52 车间有 5 排铅排管被损坏，影响了生产，原计划报废重做。张来鑫接受修复任务后，仔细检查排管的损坏程度，从节约资金和时间出发，思考挽救措施，提出采用补焊的建议，经技术部门论证，被采纳。经他补焊后的排管，完全达到了技术要求。不仅节约了费用开支，而且减少了停工，很快恢复了生产。一次，张来鑫接受两只表面积约 40 米²的大型真空喷雾干燥罐的焊接任务，此罐加工焊接质量要求高，表面焊缝又要求漂亮美观，且时间紧，针对这些问题，张来鑫动脑筋想办法，自制翻身支架，效率大大提高，工作中又一丝不苟，争分夺秒，连续加班加点，出色完成了任务。

在 17 车间，焊工属于"配角"，但张来鑫工作作风踏实、事业心强，从不把自己放在配角的位置上，总是以主人翁的姿态投入工作，不管配合哪个工种工作，他都积极主动。配合钳工时，他既当焊工，又当钳工；配合冷作工时，他既当焊工，又当冷作工……为了多做贡献，他 8 小时内拼命干，8 小时外加班干，从 1987—1995 年，完成工时 68612 小时，相当于 9 年完成 27 年的工作量。

1991 年元月，张来鑫承担了 701 号厂房抛光间两台抛光机的制造安装任务，这是公司生产的关键项目。这项工作全是露天作业，时值隆冬，张来鑫带领同志们，开展了紧张的工作。每天他最早上班，最晚下班，他一会儿切割，一会儿焊接，一会儿趴在地上，一会儿登高作业，一旦有空就帮着其他同志，虽然天气寒冷，但他仍然干得满头大汗，最终抢在时间的前面，圆满完成了任务。

南京汽车制造厂从意大利引进的喷涂自动生产线的制造安装，是公司的外协项目，其质量关系公司的社会声誉。张来鑫带领 14 名同志挑起了这副重担，其中喷漆室是工程的关键和主体，单其框架就有 100 多吨，由各种型钢、槽钢组焊而成，下料和焊接工作十分艰巨繁重。张来鑫拣重担挑，连续奋战 8 个月，严格按意大利专家的技术要求，攻克了许多技术操作上的难关，克服了在各种复杂条件下的立焊、仰焊、卧焊、侧焊等困难，

张来鑫工作照

实现工程全优交付，被南京汽车制造厂总工程师授予质量免检工程，在众多的施工队中首屈一指，为公司赢得了极好的声誉。

在社会生活中，他同样以实际行动体现了一个共产党员的高尚情操。每当工会、共青团组织"走向街头，为您服务""学雷锋为民服务"时，他主动积极参加，每次补焊数量都达 100 多件。纪念建党 70 周年活动，他正在南京工地，他积极带头响应南京市委号召，组织临时党小组党员为周总理纪念馆捐款，当江苏发生洪涝灾害时，他又组织党员和职工捐款，南京汽车制造厂党委以红榜公布他们的名字，《南汽报》多次刊登他们的事迹，号召党员和职工向张来鑫等同志学习，并专门致函公司党委，给予高度的赞扬。

李国华 1996 年全国五一劳动奖章获得者

李国华（1949.8—2003.6），辽宁锦西人，1996 年全国五一劳动奖章获得者，哈尔滨飞机制造公司（现中航工业哈尔滨飞机工业（集团）有限责任公司，简称中航工业哈飞）铣工、高级技师。1968 年哈尔滨伟建机器厂技校毕业，1968 年 12 月—1998 年 2 月，国营伟建机器厂（现中航工业哈飞）52 车间铣工；1998 年 2 月起先后任房产管理处、物业公司分工会主席。李国华连续七年被评为公司双文明建设先进个人标兵；连续被评为哈尔滨市第 22 届、23 届、24 届、25 届"劳动模范"以及第 26 届"特等劳动模范"；1991 年和 1997 年，先后被评为"黑龙江省第七届劳动模范""第八届特等劳动模范"；1991 年 5 月，被授予"航空航天工业部劳动模范"称号；1996 年被中华全国总工会授予"全国五一劳动奖章"。2003 年 6 月 24 日，因意外事故去世。

1968 年 12 月，19 岁的李国华从技校毕业分配到国营伟建机器厂 52 车间当了一名铣工。他被分配到刀具工段，操作一台小型立式铣床，专门加工刀具。从此，一有空闲时间，他就翻阅资料、虚心请教，并利用边角废料，一遍又一遍在铣床上进行加工练习，很快，他就熟练地掌握了铣床加工技术。

1980 年车间准备调李国华当调度员，正赶上新进一台"万能铣"机床，当车间决定让技术精湛、勤奋敬业的李国华来操作这一机床时，他毫无怨言，毅然接受。他心里十分清楚，万能铣再"万能"，你摆弄不好也瞎扯。李国华抱着从头学起，练就一身过硬本领的决心走上了万能铣机床。

万能铣机床是厂里最关键的设备，不但要加工量具而且还要加工各种其他工具。连续不断的加工任务把李国华压在了这台铣床上。但李国华认为，正是这些繁重的加工任务，使他有了施展自己才华的平台。对于铣床而言，刀具就是速度和效率。加工任务的种类多了，不是所有成形的刀具都能满足不同加工特点的需要，为提高工作效率、缩短生产周期，他通常都是自己磨刀。通过加工零件，李国华对加工过程和刀具的特点进行细心琢磨，摸透规律。功夫不负有心人，对于万能铣机床最常用的钻头，他用起来得心应手。用铣刀加工下来的金属屑，他一看形状、颜色，就能准确的判断出对刀具需要怎么改进，改进后工作效率成倍的提高，而且加工质量也在免检行列。凭着这一本事，他成了公司技协刀具队伍唯一的铣工，从此，"有铣工活就找国华，他'万能'"，李国华在公司技协队伍中开始有了名气。

1984年，他自制螺纹去半扣夹具，夹具的螺距和需去扣螺杆一样，加工件放在夹具上，夹具转半圈正好去半扣，活干得巧妙，一次成功。1988年，他开始加工生产胶囊分装机支架，上面有12个直径3毫米的孔，公差都为0.01毫米，机床本身精度不够，他就用百分表代替机床上的刻度牌，在他的精心加工下，产品达到了技术要求，用户非常满意。

1990年加工压缩剪切件，零件有指甲大小，又薄又脆，铣刀一下去就起毛边，他把剪切件镶进了自己制作的模胎里，不用压就保质保量地加工出来。1994年，公司承揽纺织机零部件加工任务，其中一个部件需采用冷挤压方法成形，由于是单件，加工速度慢，而且质量也不过关，这时，他采用自己琢磨的新办法进行加工，一次可加工15件，不仅大大提高了工作效率，而且质量也全部达标。在一次加工滑阀齿形的攻关中，他施展出自己的聪明才智，克服了铣床加工范围小、精度低的困难，在阀的四个侧面上加工出76个60度的齿形，使这项任务顺利闯关。由此，过去在工友们眼里，李国华是属于"万能铣"的，而现在，"万能铣"是属于他的，是他给予这台铣床赋予了"万能的生命"。

李国华工作起来没个黑白天，没有星期天、节假日，他把整个身心都投到了工作上。仅1985年就有45个星期天是在车间里度过的，并完成工时10020小时，相当于别人4年干的活。工厂有时停电，为了完成车间的急件，当人们已进入梦乡时，他却来到车间，一干就是一个通宵。凭着这样的干劲，别人几年才能完成的工作，他只需一年的时间。凡是看过他干活的人，都被他精湛的技术所折服。

李国华善于动脑筋、巧琢磨，千方百计小改小革，先后进行各种技术革新372项，攻克各种关键项目142项。在公司举办的岗位练兵竞赛中荣获铣工第一名，在哈尔滨市第四届职工技术质量运动会上荣获"技术能手"的称号。1995年被评为哈尔滨市百名"于明祥式的好工人"。

李国华工作照

李国华虽然没有闪光的语言，没有惊天动地的壮举，但他深知"一人红、红一点；大家红、红一片"的含义，经常在思想上、工作上、生活上帮助周围的同志，和同志们共同进步。一个青工一度不安心本职工作，李国华多次找他谈话，耐心做思想工作，终于解开了这个青工的思想疙瘩，使这位青年重新焕发了大干的激情，工作有了新的起色，不但工时完成得好，而且还利用业余时间参加社会活动。

李国华在 52 车间一干就是 30 年，在岗位上奉献了自己的才智和力量。走出了作为一个工人最辉煌的道路——从一个普通工人成长为高级技师，从公司级劳模成长为"全国五一劳动奖章"获得者，无愧为一名当代工人的楷模。

商洪钧　1996 年全国五一劳动奖章获得者

商洪钧（1937.3—　），辽宁铁岭人，1996 年全国五一劳动奖章获得者，沈阳飞机工业集团公司（现中航工业沈阳飞机工业集团公司，简称中航工业沈飞）钳工，高级技师。1955 年 9 月国营第 112 厂（现中航工业沈飞）技校毕业后分配到国营第 112 厂，一直工作在磨具钳工岗位上。他干起活来，爱动脑筋、还有一股钻劲。靠着这种精神，他练就了一身过硬的本领。由于技术高超，他所承担的任务大多是公司的关键项目，进度急，工作量大、且精度要求高，但他总能圆满完成任务。40 多年中，他爱岗敬业、甘于奉献，为沈飞公司的振兴和中国航空工业的发展贡献了自己的聪明才智。

商洪钧曾荣获"沈阳市劳动模范""辽宁省劳动模范"，1996 年被中华全国总工会授予"全国五一劳动奖章"。商洪钧于 1997 年 3 月退休。

商洪钧从事模具钳工工作，基本靠手工操作，劳动强度大、工作环境艰苦，但他 40 多年如一日，拼搏在生产一线，年年超额完成生产任务。商洪钧由于多年高强度工作患上较重的腱鞘炎，但他总能克服困难，出色地完成任务。1989 年，商洪钧几乎月月承担着急件和关键项目。3 月，商洪钧在大干吉普车门的弯曲模具中，早来晚走，出色地完成了生产任务。11 月，他带领 1 名徒弟，加工了 20 套洛克希德工装夹具，提前 10 天保质保量地完成任务。

1994 年初，商洪钧所在单位接受一项奥迪 – 10 的切边冲孔模的加工任务和奥迪 – 9 的校正模加工任务。两项模具零部件多达 300 余个，重量达 9 吨，技术上的复杂程度都是前所未有的。部分工友因此打了"退堂鼓"，组织上找到商洪钧，希望他能接下任务。他二话没说，带领 3 名徒弟组成突击队，每天都和他们一起研究加工方法，晚上回家仍然不停地琢磨第二天的工作。在加工中，模具有个别地方靠机械加工解决不了，他就用锯一点点的锯、用锉刀一点一点的磨。就这样，凭着一股不服输的精神，他和徒弟们圆满完成了加工任务。

商洪钧干起活来有"四不"：不休息、不喝水、不抽烟、不闲聊，就连借工具往返都小跑。他每天都把工作安排得满满的。从 1992—1996 年以来，商洪钧共完成 26000

多工时。1993年，在加工一项民品件大型冲切模时，为确保交付周期，他每天早6点上班，晚8点以后下班，每天比别人多工作5个小时，而且边干边动脑，想出最佳解决方案，仅用半个月就保质保量地完成任务，比计划提前半个月。

1995年，为某汽车厂生产的大型模具中，有8套需要到厂家协调返修。他带领两名青工，克服许多困难，在没有设计、工艺和领导的情况下，根据自己多年的经验，大胆创新，合理优化，仅用39天就解决大小问题20多个，受到厂家好评。

1996年1月，商洪钧接受了吉普车冲孔模的加工任务。此模具形状复杂，技术要求高，周期为1个月。他抓紧一切时间，早来晚走。自己周转工序，自己领标准件，自己跑热处理，大胆改进加工方法，克服种种困难，仅用20天就完成任务。商洪钧爱动脑筋，搞革新，想方设法提高工作效率。

商洪钧工作照

1996年，在加工一件两米长军品件敲检模时，公司定额为364小时，工艺上规定先加工切面点，后刨余量；商洪钧优化工艺流程，改为先刨余量，后加工切面点，这样可借助刨面为基准，结果加工快，质量好，大大提高了工作效率，只用了64小时。

1992年以来，他每年平均实现小改小革20余项，为公司节约价值近10万元。

1984—1996年间，商洪钧连续13年被沈飞公司评为劳动模范。1991年当选沈阳市劳动模范。1995年当选辽宁省劳动模范。1996年4月，商洪钧荣获全国五一劳动奖章。

温殿忠　1997 年全国五一劳动奖章获得者

温殿忠（1941.3—　），吉林省吉林市人，1997 年全国五一劳动奖章获得者，株洲航空动力机械研究所（现中航工业航空动力机械研究所，简称中航工业动研所）副总设计师，享受国务院政府特殊津贴专家。1965 年 6 月中国科学技术大学工程热物理专业毕业后分配到国营东安机械厂（现中航工业东安）工作，1968 年调至中国人民解放军第 608 研究所（现中航工业动研所）从事航空发动机设计研究，先后担任专业组组长、主任工程师、研究室主任、型号副总设计师、型号总设计师、项目总经理等技术行政职务。是中国航空预研发动机技术专家组成员，研究生导师。温殿忠组织多项发动机重大关键技术攻关项目，取得了一系列科研成果，发表论文 30 余篇，荣获国家科学技术进步奖特等奖 1 项、二等奖 1 项、三等奖 1 项，荣获省部级一等奖 4 项、二等奖 2 项、三等奖 1 项，理论成果奖 2 项和铁道部产品定型奖 1 项，荣获"湖南省劳动模范""株洲市劳动模范""湖南省国防优秀科技工作者"等荣誉称号。1997 年被中华全国总工会授予"全国五一劳动奖章"。

40 多年来，温殿忠刻苦钻研，不断创新，在航空发动机气动设计、结构设计、传热冷却系统设计、压气机和涡轮设计、计算机辅助设计和计算机辅助制造、发动机引射、风机设计、发电机冷却系统设计等技术领域都做过大量工作，完成了多种航空发动机设计试验和多项国家航空重大关键技术项目研究，为我国航空事业发展做出了重要贡献。

1965—1972 年，温殿忠参加国内自行研制的第一台直升机燃气涡轮轴发动机设计。特别是在 1970 年直 6 直升机遇到滑油温度过高无法试飞问题，第三机械工业部为解决此问题成立了联合攻关组，温殿忠提出了利用发动机排气能量引射空气来冷却滑油散热器，完成了引射求解计算方法，并完成引射排气系统设计与加工。该方案经过试验验证取得了成功，达到预期效果，解决了滑油温度过高重大技术难题，使直 6 直升机顺利完成了试飞定型。1978 年，直 6 直升机发动机荣获全国科技大会特等奖。

温殿忠根据多年压气机设计工作经验，在国内首次建立了中小型轴流压气机和离心压气机设计软件集成系统。该系统以自己创立的二维气动计算求解方法和任意回转面造型为核心，集成 CFD 数值模拟软件及强度计算软件，构成了一个先进压气机设计系统。该系统的建立，使我国压气机设计水平步入世界先进行列。

温殿忠在国内首次成功完成了某先进离心压气机研究，该离心压气机性能达到国际同类压气机先进水平。该项目研制成功，突破了中小航空发动机重大关键技术，为我国成功完成具有先进水平的武装直升机动力装置奠定了坚实的技术基础。该项目荣获国家科学技术进步奖二等奖、部级一等奖。

温殿忠用两年时间成功完成了某型导弹战车使用的燃气涡轮发动机研制（含试验台建设），并交付部队使用，这在我国发动机研制历史中创下了一个奇迹。温殿忠作为项目总经理，组织了 16 人的研制团队，采用项目制度管理运行模式，应用并行工程方法，快速高质量完成了设计、试制、试验。不仅解决了部队和二院急需，同时也为研究所创造了较好的经济效益。该项目荣获国防科学技术进步奖三等奖、省科学技术进步奖一等奖、省科技成果转化一等奖。

温殿忠完成了国防"七五""八五""九五"三个五年计划中小型航空发动机压气机重大关键技术研究。在国内首次完成了具有国际先进水平高性能单级压气机、双级压气机、四级高负荷轴流压气机、大轮毂比高性能离心压气机、压比为 17 轴流 – 离心组合式压气机。这些先进压气机的成功研制，使我国中小型航空发动机压气机设计水平跻身于世界先进行列，也得到了同行业其他国家专家的认可。俄罗斯莫斯科航空发动机研究院压气机专家伊万诺夫对温殿忠在中小型航空发动机压气机研制方面的成果给予了高度评价。

1988 年，温殿忠在国内率先采用计算机辅助制造技术，完成了钛合金离心叶轮五坐标数控加工。特别在解决加工回弹变形技术等方面应用力学计算技术，使加工精度达到国际先进水平。该项目研制成功，填补了国内空白，解决了我国高性能离心压气机研制中多年遇到的加工困难。该项目获省部级成果奖。

温殿忠在国内首次采用低成本方法构建了发动机高温试验车台。通过巧妙构思，满足了试验要求。该项目的完成，为国家节省了千万元资金，同时使导弹战车

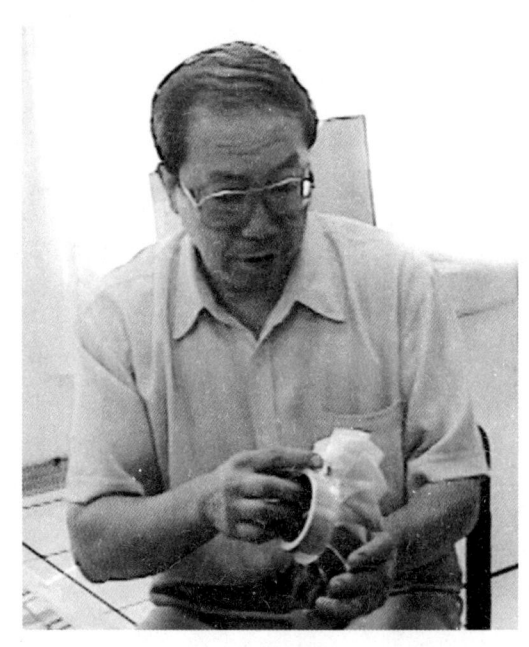

温殿忠工作照

燃气轮机顺利完成一系列定型试验。该项目获部级成果奖。

多年来，温殿忠为航空事业培养了一大批航空技术骨干人才，动研所现任多个型号总师、副总师，发动机三大部件，压气机、燃烧室、涡轮部的主要领导和技术骨干，大多数是他亲自培养出来的。他无论走到哪，都努力培养青年航空发动机技术骨干人才，而这也是他引以自豪和骄傲的地方。

张 林 1997年全国五一劳动奖章获得者

张林（1960.1— ），四川双流人，1997年全国五一劳动奖章获得者，成都飞机工业集团（现中航工业成都飞机工业（集团）有限责任公司，简称中航工业成飞）液压件厂工长，车工首席操作技师。1981年8月毕业于国营峨嵋机械厂（现中航工业成飞）技校，分配到8车间当车工，从1982年起，张林连续数年被评为公司先进生产者、优秀共产党员，连续5年被评为公司劳动模范，被授予成飞公司终身荣誉劳动模范；1990年起，连续7年被评为成都市优秀共产党员、新长征突击手标兵。1991年被评为航空航天工业部劳动模范；1992年荣获中国航空工业总公司第二届"十佳青年"；1995年被评为"中国航空工业总公司劳动模范标兵""四川省技术能手"，被团中央、劳动部授予十大"全国青年（杰出）岗位能手"；1997年被中华全国总工会授予"全国五一劳动奖章"；1998年荣获"成都市'爱岗敬业、无私奉献'十佳标兵"；2001年荣获中航一集团"航空报国技术能手"称号；2004年获中华全国总工会授予的"全国职工创新能手"称号；2005年被评选为国防科技工业"511人才工程"高级技能人才；2011年荣获中航工业创建60周年"航空报国突出贡献奖"，被聘为"首批中航工业首席技能专家"；2012年被评为成都市首届"金牌工人"。1998年当选为第九届全国人大代表。

张林1981年从技校毕业进入国营峨嵋机械厂当了一名车工。为了使自己成为一名名副其实的车工，他不怕苦、不怕脏、不怕累。在8车间，20多公斤重的起落架作动筒，一天干数十件，上下装夹就要抱八九十次，一天干下来，腰酸腿痛，车间很多人不愿干，张林主动接下了这个担子，而且一干就是十几年。1986年11月，一批歼7飞机活塞杆急需装配，由于该零件生产周期长，零件到了张林加工的工序已接近月底，眼看任务无法完成，他二话不说，硬是在机床上连续奋战了一天一夜，干了6天的工作量，把零件按时干了出来。

为了更好地掌握车工技术，张林坚持每天写工作日记，强记有关机加工艺规程、操作规范和加工技术要求，在业余时间不断学习有关技术书刊，进厂第二年，张林便能独立操作机床，成为生产上的一名技术骨干。1987 年，在公司青工技术比赛中，张林夺得车工比赛第一名，同年秋天，张林在成都市军工系统车工比武赛中，以精湛的技艺获得一等奖。随后的几年里，张林又多次参加部、省、市和公司举办的车工技术比武赛，次次均载誉而归，被人们誉为"成飞车工第一刀"。

在生产上，张林注重苦干与巧干相结合，根据不同的零件，改进不同角度的刀具，提高生产工效。在加工歼 7 某型飞机的一个铜衬时，零件精度要求高，公差又小，按原来一把刀车外圆，一把刀光端面和制倒角，一把刀切断，至少得用三把刀，而且要不停地转刀架，加工既不方便，又容易改变刻度，保证不了零件加工精度。张林不愿按老办法干，他开始琢磨，如果一把刀能同时作外圆切削，并能光端面制倒角就好了。他研究着图样，拿着一把高速钢刀，经过琢磨和不断改进，一把成形车刀终于制造成功了。这种成形刀一刀多用，不仅提高了工效，而且确保了零件的加工精度。此项革新在生产中推广运用，为公司创造了大量经济效益。张林还自行设计制造夹具，在加工一项弯嘴零件时，由于夹具使用时间长，设计不够合理，加工出来的零件不符合技术标准。张林翻阅有关技术工艺书籍，请教有经验的老师傅，根据零件的特长自制夹具，并反复试验，终于攻克了技术难关，保质保量地完成了加工任务。

张林还参与了多种机型的研制生产，承担了许多攻关项目和关键件、重要件的研制生产任务。1993 年，某重点型号的研制生产在成飞公司展开，8 车间担负着该项目起落架的研制生产任务。张林是单位车工骨干，又是课题攻关组成员，他与南京航空航天大学的专家一起，对普通车床进行改装，使之成为深孔内外磨削双键磨削的多用车床，并且采用国内现有的车床设备，成功地完成了挤压螺纹的加工。在某型飞机研制生产中，前起落架某零件加工中出现问题，张林主动承担起攻坚克难的重任。他亲自上机床，反复推敲，认真琢磨，终于发现问题出在装夹时的"过定位"上。张林提议利用六点定位原理采用两套中心架来定位，结果零件在加工过程中二次磨削复位性好，精度完全达到了设计要求。在国内首台"移动电视采访车"的开发和研制中，作为副总指挥，他敢于打破常规，注重创新，用科学的方法加工出了天线柱，并且亲自安装，解决了天线柱升降速度不稳定、呈螺旋升降等关键技术问题，保证了发射车天线的各项性能指标。由于在工作中注重创新，1998 年，张林荣获了中国航空工业总公司颁发的科学技术进步奖。

张林还和工艺技术人员一起共同解决了许多飞机研制生产中的新材料、新工艺、新技术难题，其中一项成果获得国家科学技术进步奖三等奖。某型飞机双键槽精加工，是研制中的高难度技术问题，其材料强度高，加工难度非常大，用传统方法无法满足设计要求，经过他多方面的实践，不断的改进，解决了这一加工难题。同时，张林结合现有机床设备，研制生产了 5 项专用切削装置以及测量检具，保障了零件的加工和测量，使该零件的加工周期大大缩短，零件精度及质量符合设计要求。

张林担任 8 车间工长后，他爱岗奉献、勤奋踏实的精神品质深深影响和带动着他身边的人。2005 年 6 月，张林带领的承担着起落架大件数控加工技术的核心班组，被中国一航命名为"张林班组"。长期以来，"张林班组"在各型飞机起落架研制中发挥着重要作用，实现了从知识传授型向知识应用型、从技术灌输型向自主创新型的转变。2007 年，张林作为"张林班组"的带头人，被中国一航评为"优秀班组长"，"张林班组"被评为"创争"示范班组。

随着张林技术水平的提高，一些私人老板要高薪请他，他拒绝了。他说："是成飞培养了我，我舍不得离开她。"他把他的技术无私地传授给了年轻的学员。300M 钢深孔双键槽精加工、车大螺纹杆是张林的拿手绝活，他毫无保留地传授给了另一位师傅，他还经常向青工传授技术，手把手地教他们刃磨专用成形刀。他还举办专场先进操作方法演示会，上百名青工观摩学习他的操作技术，使他们深受启发。如今，张林带出的学员、实习生已达 100 余人，培养了 2 名高级技师，多名技师，他们都已在生产岗位中成了新生力量。

马连东　1998 年全国五一劳动奖章获得者

　　马连东（1942.4—　　），河南方城人，1998 年全国五一劳动奖章获得者，庆安集团有限公司（现中航工业庆安集团有限公司，简称中航工业庆安）磨工，高级技师。1961 年 10 月西安 249 技校毕业分配至庆安机械厂（现中航工业庆安）工作，从 1961 年 10 月开始一直在工模具厂当磨工。1995 年 4 月被评为高级技师。马连东 40 多年共搞技术革新、技术攻关及合理化建议 120 余项，为公司军、民品生产攻克了一个个刀具制造技术关键，解决了公司军品重大科研项目产品加工关键工序，为国家节约 1800 多万元。马连东曾多次荣获公司、陕航局先进生产者、质量先进个人、标兵、优秀共产党员、"双文明先进个人"等称号；1986 年被陕航局授予"先进个人"，所在班组被陕西省授予"先进班组"称号；1987 年被评为"陕西省劳动模范"；1996 年被评为"陕西省优秀技师"；1997 年被评为"全国技术能手"；1998 年被中华全国总工会授予"全国五一劳动奖章"。2002 年 4 月退休。

　　马连东在 40 多年工作中，始终严格要求自己，吃苦耐劳，勇挑重担。他所在的班组女同志多，大活、难活、脏活基本上都由他来承担，技术难度大，工时低的活他从不讲价钱，不计报酬，积极主动地完成。由于他干的工种是产品最后一道工序，年底需要加班加点，他总是以工作为重，做到服从分配，随叫随到。1983 年以后，每年完成工时都在 5000 小时以上，11 年完成了 22 年的工作量，被群众誉为"走在时间面前的人"。

　　马连东在生产过程中，对技术精益求精，练就了一身过硬的技术本领。他坚持质量第一的思想，严格把好质量关。加工中首先在消化图样上下功夫，在认真细心上做文章，发现质量问题及时找有关人员商量解决，因而多年来他加工的活，件件合格，无废品和超差品。车间曾给山东加工 40 多万元专用刀量具的加工任务，由于质量问题对方一直不付款，领导派马连东前往处理，他克服重重困难，仅用了 10 天时间，完成不合格品的返修，满足了对方的技术要求，为工厂挽回了损失，赢得了信誉，被评为公司质量标兵。

　　马连东在工作中勤于思考，善于动脑，搞技术革新 8 项，提高工效 6~8 倍。对于刀具加工的攻关项目，他总是勇于承担，攻关 20 多项，节约价值百万元以上 1 项，节约价值 10 万元以上 2 项。

　　1988 年公司从日本引进了旋转式空调压缩机生产技术，该技术加工工艺要求严，零件精度高，开始生产只能靠进口刀具来满足生产需要。加工气缸滑片槽所用的拉刀，全长 2.5 米，由 10 个拉刀片组合而成，刀片的刀面与足位面的对称度极其复杂，制造难度极大，国内专业刀具厂家不能制造，进口一个刀片价格昂贵，仅从日本进口了两把，生产中又断了一把，对生产威胁很大。1989 年公司给工模具厂下达了国产化技术攻关的任务，这项任务就落到了马连东的肩上。由于没有专用设备，马连东采用通用高精度机床与高速磨头，在工艺员的配合下，设计、制造了多种二级工具，反复试验、边摸索边完善工艺方案。终于加工出质量稳定、符合技术精度要求的拉刀片，每年节约外汇 28 万美元。该项目 1993 年荣获陕西省科学技术进步奖二等奖。

　　压缩机生产中的关键零件"上、下盖"加工用的螺旋拉刀是工装国产化的关键，此刀具导程大，几何形状复杂，精度高，导程要求与瑞士进口拉床协调一致，加大了难度，国内无厂家能生产，试制阶段全部用日本进口拉刀，成本高。马连东参加了公司成立的攻关小组。当时无任何技术资料和专用设备，试制过程中，他大胆提出了采用成形加工方案。自己动手设计并制作机床靠模及加工中所需的各种二级工具，不断改进和完善加工方法，两个多月时间里，一直加班加点，有时通宵达旦，仅用 3000 元成本，按产品性能要求加工出合格的螺旋拉刀，质量赶上日本拉刀片水平，使用寿命与进口螺旋拉刀相当，满足了公司压缩机生产的需要，每年为公司节约资金 10 多万元。该项目 1993 年荣获陕西省科学技术进步奖二等奖。

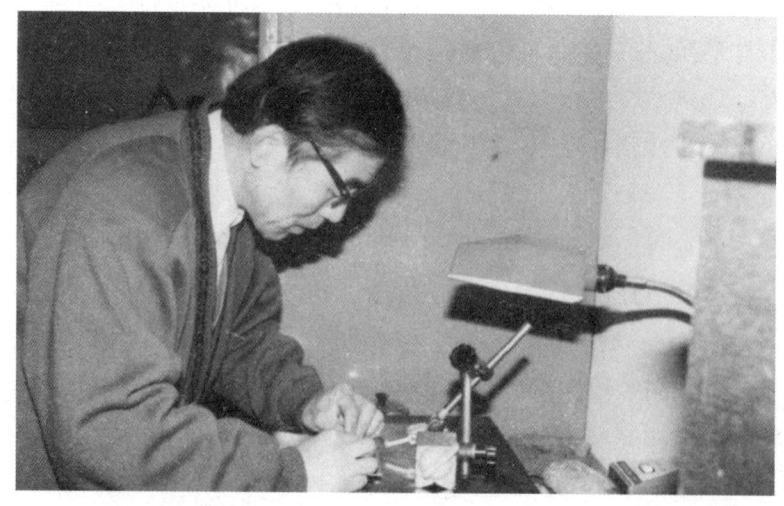

马连东工作照

公司生产的国家重大航空产品科研项目，加工用特殊深孔钻，过去全都是从德国进口。1991 年公司确定深孔钻进行攻关，马连东被确定为攻关组主要成员。这种刀具长径比大于 140 倍，加工难度本来就很大，又加上被加工产品材料为淬火不锈钢，属高韧性、高强度材料，对刀具加工参数要求十分特殊，马连东反复改变刀具角度、切削参数，终于选择出合格参数，经过多次试验，攻关成功。为国防建设做出了贡献，该技术 1992 年荣获航空部技术成果一等奖。

马连东坚持修旧利废，修理旧刀具 2000 多把，为工厂节约 4 万多元，为了攀登技术高峰，他钻研技术理论，学习刀磨、平磨、拉刀磨、车工技术，成为能操作 5 种机床的多面手的高级技师。

1978 年以来，马连东一直担任班组长，他以自己模范行动带领全组同志年年超额完成任务。为了把好质量关，他根据小组年轻人多的特点，开展了质量上一帮一，以老带新的活动，杜绝了小组成批报废和质量事故的发生。为了抓好班组建设，在工会帮助下，他到外单位学习先进经验，组织全组同志制定班组目标，重新落实"两长五大员"、明确职责，建立了小组考勤、会议、值班、质量制度，和《班组园地》。几年来，他所在的班组连续被评为车间、厂级先进班组、先进集体，1986 年被评为"陕西省先进班组"。

舒建明 1998年全国五一劳动奖章获得者

舒建明（1957.10—　），江西南昌人，1998年全国五一劳动奖章获得者，江西洪都航空工业集团有限责任公司（现中航工业江西洪都航空工业集团有限责任公司，简称中航工业洪都）车工。1976年6月参加工作，国营洪都机械厂（现中航工业洪都）起落架厂车工。在1980—1998年的18年时间，舒建明共完成有效产值工时141846小时，相当于55年零3个月的生产任务，即一年干了3年的活，被人们誉为"从事跨世纪生产的人"。从1980年起，舒建明连续14年被评为公司先进生产者，1985—1998年连续13年被评为公司劳动模范，同时还荣获"江西省五一劳动奖章""共青团江西省五四青年奖章""南昌市优秀共产党员"；1998年被中华全国总工会授予"全国五一劳动奖章"。

国营洪都机械厂起落架厂一车间每天来得最早的是舒建明，下班铃过，人们都陆续走了，而舒建明的机床仍然在轰鸣。曾有人私下里嘀咕：舒建明每个月都完成那么多的工时，里面是否有水分，譬如领导照顾他，工时定额高的任务全给他做。嘀咕的人也很细心，多次对照工艺单，他的定额与其他人的定额都一样，并没有什么特别的地方。会算的人也算了一笔账，舒建明每天早来晚走40分钟，一年下来就比人们多出了200多个小时，加上他的苦干巧干，便会成倍的翻番。事实面前，嘀咕的人心服口服了。

舒建明是个沉默寡言的人，也是一个专心、用心、细心的人。还在他学徒的时候，他几乎成为师傅的尾巴，师傅去磨刀，他跟着；师傅去技术室找技术员，他也在一旁谛听；师傅每加工一种零件，所用的刀具或夹具各有不同，他都一一铭记在心。当再生产这种零件的时候，他早已把所用工具准备齐全，配合得天衣无缝。

他刻苦钻研理论知识，受益很大。他在刚独立操作时，加工初教6前叉，一道很普通的工序，就是这么一个简单的零件，弄得他手忙脚乱，累得腰酸背痛。他虽然是按工艺单要求进行操作的，他觉得这样干不行，他停下来细细琢磨，利用他过去所学，发现刀具的角度没有选好，他依照平时所学到的理论知识，结合工艺要求，改进角度和切削量，以及走刀速度，进刀方向。经这么一改，提高工效2~3倍。

一车间是起落架厂生产军品的关键车间。飞机要直上蓝天，起落架便是上天的天梯，是飞机升降的守护神，生产者的责任重大，出不得半点差错。那年年底，别的车间都在整休，一车间却机床轰鸣，因为第二年 3 月，公司的 K8 飞机赴新加坡参加国际航展，分厂承担的起落架零件尚有一部分未完工。此刻的舒建明正在生病住院，得知任务紧急后，他从病房赶到厂房，只用 5 天时间拿下那批零件，使公司的 K8 飞机如期在新加坡展翅翱翔，拓展了国际市场。

1998 年 4 月中旬，舒建明即将去北京参加全国五一劳动奖章授奖大会，此时工厂接到一项紧急任务，要求农 5 飞机起落架在 5 月 10 日组装完工。舒建明又成了一枚"钉子"，站在机床前干了起来，4 月 27 日晚上 11 点完成了任务，4 月 28 日，舒建明赶到北京开会。他就是这么一种放不下工作的人。为了工作，他几乎可以割舍一切，公司每年安排劳模外出休养，他把指标让给别人；他爱人生病住院，他无暇陪伴在身边，而恋着他心爱的车床。

从 1980 年起，舒建明连续 14 年被评为公司先进生产者，1985—1998 年连续 13 年被评为公司劳动模范，同时获得江西省五一劳动奖章和全国五一劳动奖章。在京授奖时，他受到中央领导同志的接见。在成绩和荣誉面前，他从不把它当作炫耀自己的本钱，依然那样默默地工作，无私地奉献。有人笑他傻，傻到宁愿窝在这儿拿 3 毛钱一个小时，不出去挣大钱。他一笑了之。有好心人点拨他，凭借自己的资本，找领导要位置，为自己营造一个安乐窝。他把它当成耳边风，不予理睬。就是在领导准备让他退出一线，从事管理工作的情况下，他还说："车间技术工人青黄不接，生产还离不开我，让我再干几年吧。"他想到的是工厂，想到的是生产，唯独没有想到他自己。

舒建明工作照

蒋文兰 1999 年全国五一劳动奖章获得者

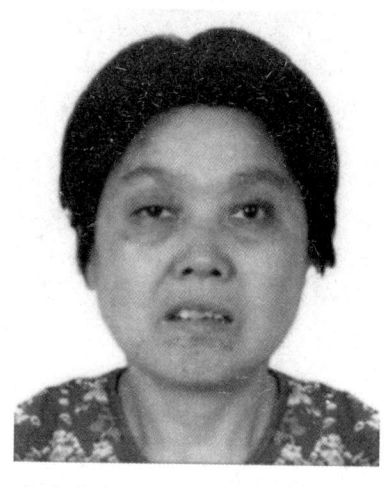

蒋文兰（1953.12— ），江西樟树人，1999 年全国五一劳动奖章获得者，江西洪都航空工业集团有限责任公司（现中航工业江西洪都航空工业集团有限责任公司，简称中航工业洪都）钳工。1969 年 10 月招工进入国营洪都机械厂（现中航工业洪都）83 车间当钳工。她在钳工岗位上一干就是 34 年。她勤勤恳恳、任劳任怨、把全部精力投入到科研生产中。1994—1998 年完成产值工时 63842 小时，她 5 年干了 26 年的工作，被誉为"走在时间前面的人"。她积极参加合理化建议和技术革新活动，共提出合理化建议和技术革新 42 条（项），为企业的技术改进和经济效益的提高作出了贡献。蒋文兰多次被评为公司先进生产者、"三八"红旗手、劳动模范；两次被授予"南昌市优秀共产党员"称号，两次获"南昌市五一劳动奖章"。并被选为南昌市青云谱区人大代表。1999 年被中华全国总工会授予"全国五一劳动奖章"。2003 年 12 月退休。

1969 年 10 月，蒋文兰怀着一颗为航空事业献身的心愿来到国营洪都机械厂，从报到那天起，就立志要做一名有作为的人。由于她虚心好学，工作勤奋，被评为优秀学员，而且很快就独立操作，成为车间生产上的主力。

蒋文兰所在工段生产的是飞机中的主梁、前梁、主梁根部等又大又重的零件，加工时完全靠行车吊着搬运，而且所有的零件几何尺寸复杂，技术要求高，属全厂的关键件、重要件。对此她从不畏惧，也不叫一声苦和累。零件经加工后须打光，这种活既脏又累，难度大，精度要求高，一般人都不愿干，蒋文兰不讲条件，主动上前接过脏活重活就干，每打光一批零件，她就变成了"灰毛女"，有人笑话她，说她傻，而她总是笑呵呵地说："任何工作总得有人去做，如果都避而不干，车间的生产任务怎么能完成？"一句简单又朴实的话语却真实地反映了蒋文兰可贵的精神面貌。

日复一日，年复一年，人们几乎天天看到最早来到车间又是最后一个离开工作场所的人就是她。由于她对事业的追求，舍了小家顾大家，把一片爱心全投到了工厂，投在自己的工作岗位上。因劳累所致，几次使她腰痛坚持不了工作而坐倒在摆满零件的地上，周围的同志扶她到医院看病，检查后才知患了肾结石和左肾积水，医生开了立即住院的通知单，当时，正是强 5 飞机配套最紧张的阶段，她毅然放弃了住院，用手撑着腰慢慢地步行到车间干活。1998 年夏天天气炎热，气温高达 38～39℃，持续时间又长，公司实行了半天工作制。当时恰逢车间军品生产紧急，如果不抓住战机，耽误了时间，既影响车间任务的完成，又会影响公司军品交付，蒋文兰想到这些，又主动承担了加工难度极大的教练 8 飞机大梁突击任务，从早上上班到晚上 11 点，每天工作 12 小时以上，连续奋战 20 多天，终于如期出色地完成了任务。

1999 年元旦过后不久，她白天赴区里参加区人大代表会，晚上回车间加班加点，从而保证了按节点交付零件，为车间完成计划任务做出了贡献。

蒋文兰深知军工产品的质量与人的生命一样重要，质量是企业的生命。因此，每项零件在加工前，她总是认真消化图样和工艺技术资料，分析加工中可能出现的质量问题，并千方百计动脑筋想办法提出解决问题的办法。如在加工教练 8 固定支架时发现实物与图样局部不符，她拿着图样找技术组的同志，请工艺员到现场，又经有关部门检查与协调，使问题得到了圆满解决，避免了一起质量事故。一次在接到强 5 第 80 次工序的加工任务时，发现腹板变形 2～3 毫米，她立即采取措施，预防了一起成批故障的发生……在产品质量上，她严于律己，从不含糊。对待别人，热情帮助，共同把关。组里年轻人多，技术上她言传身教，发现质量问题及时解决。一次，一位钳工在画制教练 8 零件加工线时画反 11 度，她发现后立即停下自己手中的活帮其纠错，预防了一起严重的质量事故，既挽回了近 2 万元的经济损失，又赢得了该产品的生产周期。她那一丝不苟对待产品质量的精神深得检验部门和广大职工的好评。

蒋文兰在长期工作实践中，深深地体会到光靠体力，难有作为，大胆技术革新，苦干加巧干，才能减轻劳动强度，提高工作效率。因此，在工作中她积极开展技术革新。如加工教练 8 某产品的第 215 次工序，外形复杂，几何尺寸多，极易产生质量问题，对此她动了不少脑筋，反复研究零件的外形及几何尺寸，草图画了一张又一张，数据算了一遍又一遍，终于自制出了一套夹具，保证了该产品质量，又提高了工效 5 倍多。教练 8 飞机的主梁是全厂的关键件之一，零件大、尺寸复杂、精度高，价值昂贵，责任重大，令不少人

蒋文兰生活照

望而生畏，蒋文兰主动请战，她根据零件特点，采用了整体联合装夹，只需转动方向，几道工序可以一次完成，使用新方法后，不仅达到了技术要求，而且还提高了工效5.6倍；强5零件是老产品，但她仍坚持挖潜革新，不断寻求提高劳动效率的机会。例如导弹挂梁上有几个很重要的孔，以前一直是从零件内腔打阳冲后利用好几种工具配套往外钻，众所周知，由于栓块处料厚，利用这种方法加工，容易出现偏心。要是换一种妙法该有多好，于是她就自己画图，自己计算，自己动手改进夹具，自制了模具，变向外钻为往里钻孔，经试加工一举成功，既简便了操作，又提高了工效，更重要的是确保了产品质量。对此大家赞不绝口。

林培明　2000 年全国三八红旗手

林培明（1944.7—　　），浙江宁波人，2000 年全国三八红旗手，昌河飞机工业（集团）有限责任公司（简称中航工业昌飞）副总工程师，研究员级高级工程师，享受国务院政府特殊津贴专家。1967 年毕业于西北工业大学航空系直升机设计与制造专业，分配到国营伟建机器厂（现中航工业哈飞）工作，1970 年支援三线来到江西景德镇国营昌河机械厂（现中航工业昌飞），历任车间工艺员，车间技术主任，科技科副科长、科长、科标处处长，副总工艺师，副总工程师。多次在型号研制中立功和获奖，在"直8 运输型直升机研制"中荣获航空工业部科学技术进步奖
一等奖；1994 年和 2000 年荣获"江西省三八红旗手"；1998 年 6 月任景德镇市珠山区第六届人大代表；1999 年荣获"景德镇市'巾帼创新业'十佳标兵"；2000 年荣获"江西省巾帼英豪"、第二届"江西省十大女杰"称号；2000 年被全国妇联授予"全国三八红旗手"称号。2000 年 12 月退休。

1967 年，林培明毕业于西北工业大学航空系直升机设计与制造专业，1970 年 5 月调入位于江西省景德镇的国营昌河机械厂，凭着对直升机事业的挚爱，她扎根三线，几十年如一日，从车间的工艺员干起，一步一个脚印，成为高级工程师、研究员级高级工程师，享受国务院政府特殊津贴专家。

凭着深厚、扎实的航空理论知识和直升机研制技术基础，1985 年，林培明和同事一道把直8 送上蓝天。她主管完成了《直8 主桨叶制造技术和应用研究》和《直8 主桨叶制造技术和应用研究》，科研成果达到国际同类先进水平，在国内处于领先水平，并分别于 1993 年和 1995 年获得部级科学技术进步奖二等奖；她参与完成了《直8 运输型直升机研制》课题荣获中国航空工业总公司科学技术进步奖一等奖。

1994 年直8 型机设计定型，林培明负责技术资料的整理和准备工作。我国从 20 世纪 70 年代开始该机的研制，距设计定型前后跨度近 20 年，时间长、难度大。她不顾年过半百，克服高血压带来的病痛，亲自动手，按新标准对工艺文件进行整理。整理中，她从不放过任何技术疑点。通过整理技术资料，使直8 型机工艺文件、资料齐全完整，顺利通过设计定型，为今后直 8 型飞机批生产打下了坚实的基础，提供了可靠的技术保证。林培明个人也因此荣立中国航空工业总公司一等功。

1997 年底，昌飞公司接到一架直 8 型机修理任务，该机修理难度大、周期短，林培明不顾体弱多病，白天召开技术协调会，晚上制定修理方案，经常加班加点到深夜。修理过程中遇到故障点和关键问题，她都亲自到现场处理，跟班作业，仔细掌握直升机修理的技术状态，确保按进度完成修理任务，按期交付试飞，得到了部队的肯定和赞扬。

1999 年，昌飞公司原主管直 8 陆军型机的副总工程师退休，直 8 和直 8 陆军型直升机技术主管的重担落到了林培明一人身上，林培明勇挑重担，把两型机工作安排得井井有条，顺利完成各项国家指令性科研任务，1999 年 12 月直 8 陆军型直升机通过技术鉴定，为直 8 大型运输直升机系列进一步扩大应用，早日服役部队打下了良好基础。

2000 年 12 月，林培明退休后继续协助现任主管型号总设计师搞好直 8 改型机及其他新机型号工作，经常作为评审专家参加直升机设计研究所立项论证、研制方案、总体方案、工程设计评审；参加公司工艺总方案、协调方案、技术鉴定等评审及新机型号的首件鉴定工作，起到审查、把关、避免重大失误等作用，使型号研制少走弯路，缩短研制、生产周期。短短几年内，由于用户需求增加，直 8 型机已从基本型 1 个型号改型发展到现有的 20 多个型号，已交付部队广泛使用。

2003 年，中国航空工业第二集团公司组织有关单位开始《中国直升机发展简史》编辑工作，林培明作为编委之一参加了此项工作。为了给研究直升机历史、规划未来提供一些参考资料，与编写团队一起努力，历时 3 年，挖掘和收集大量中国直升机原始资料和图片，经过多个回合的文稿撰写、修改、审阅，圆满完成了编辑任务，成为一本具有历史价值的"直升机史鉴"。

林培明工作照

林培明主管昌飞公司知识产权保护工作期间，昌飞公司荣获"全国知识产权保护工作宣传教育"先进单位。国家鼓励和支持大型企业和企业集团建立技术中心，2003 年昌飞公司启动技术中心的筹备工作，林培明被抽调到筹备办公室工作，参与制定技术中心组织机构等组建方案，协助制定技术中心运行一系列管理制度、规范和文件，做好技术中心的申报工作。在林培明和筹备办公室全体工作人员辛勤工作下，2003 年 12 月，昌飞公司技术中心通过了省级认定验收，被认定为江西省级技术中心，为昌飞公司顺利申报国家技术中心奠定了基础。3 年后，昌飞公司已被认定为国家级公司技术中心。

国产直升机事业要发展，要赶超世界一流，需要一大批直升机专业人才。林培明深深懂得这个道理，她不但自己勤奋努力地工作，还非常重视对年轻技术人才的培养，毫不保留地把自己的经验和理论知识传授给他们，在她和其他老同志的关心、影响和带动下，公司一批青年技术人员迅速成长，有的还走上关键技术领导岗位，昌飞公司也由直 8 这一单机种研制生产走上产品覆盖 1 吨级到 13 吨级，军机、民机和国际合作项目协调发展的新格局。

罗秋生 2001 年全国五一劳动奖章获得者

罗秋生（1944.9— ），江西南昌人，2001 年全国五一劳动奖章获得者，中国航空计算技术研究所（现中航工业西安航空计算技术研究所，简称中航工业计算所）所长，享受国务院政府特殊津贴专家。1963—1968 年就读于北京航空学院，1968 年 9 月分配到中国科学院西北计算技术研究所（现中航工业计算所），1985—1987 年，作为访问学者到日本进修。历任所第一研究室副主任、副总工程师、副所长，1996 年任所长。罗秋生是一位机载计算机系统结构研究领域的专家、学者，曾在多个研究项目中获奖和立功，1979 年"735 通用集成电路数字计算机"荣获第三机械工业部科学技术进步奖三等奖，1983 年"PD 雷达数据处理测角测距系统"荣获航空工业部科学技术进步奖三等奖，1991 年"脉冲多普勒雷达"项目荣获国防科工委重大贡献二等奖，1992 年"某型机载脉冲多普勒雷达数据处理机"荣获航空航天部科学技术进步奖一等奖、国防科工委国家科学技术进步奖二等奖，1993 年陕西省政府授予"有突出贡献专家"，1995 年荣获"国防科工委先进工作者"，1996 年"机载 32 位计算机"项目荣获中航工业总公司科学技术进步奖二等奖，1999 年某型软件分析工作荣获中国航空工业第一集团公司科学技术进步奖三等奖，2001 年被中华全国总工会授予"全国五一劳动奖章"。2006 年 11 月退休。

　　罗秋生是"七五""八五"和"九五"机载计算机预研的规划人。他正确规划了机载计算机预研的方向和内容，使我国机载计算机的研制水平和国际先进水平保持相近，并为国内的型号研制打下了良好的技术基础。

　　"八五"期间，罗秋生作为所预研项目总工程师重点主持了"机载可重构多处理机""机载高速计算机"及"机载 32 位标准计算机"项目的研制，在国内首次研制成功了机载 RISC 计算机，达到 20 世纪 90 年代初国际先进水平，对我国航空电子系统的研制和老机的改进和改型产生了巨大影响。

　　"九五"预研期间，罗秋生重点主持研制了"机载实时、容错、分布式计算机系统"和"综合信号处理机系统"，为我国战斗机机载计算机系统的发展奠定了坚实的基础，其研制成果已成功应用于数个重点型号任务中。

罗秋生重视技术创新，在某型任务研制中，他主持了多种机载计算机和开发环境的研制，特别是当国外对航电系统的大动脉 1553B 总线中关键芯片实行禁运时，他毅然决策进行 1553B 协议芯片的设计和研制。在他的亲自主持和精心领导下，我国第一个有自主知识产权的 1553B 协议芯片在研究所研制成功，该芯片广泛应用于重点型号任务航电系统中，不仅打破了国外的封锁和垄断，对我国机载航电系统的发展更有重大的现实意义。

在某型飞机任务中，罗秋生勇敢地决策承担了研制国外封锁的软件任务。这是打破国外技术封锁，全面掌握某型飞机系统关键技术的既有风险、又有难度的一项重要任务。他亲自主持制订技术方案，在短期内取得了突破性进展。加快了国产武器及某型飞机国产化进程，为此受到总装备部成立后的第一封贺电和上级领导的表扬。

罗秋生成功地将某工程中弹载计算机转到国内研制，显示了我国技术人员的高水平和高素质，为国增了光。他为中航工业计算所向弹载计算机领域拓展开辟了道路。

在某型任务中，罗秋生主持承担了当时国内机载计算机中处理速度最快、功率密度最大、技术最复杂的 PD 雷达综合处理计算机的研制。他主持进行方案设计并组织实施。该项任务的承担和完成，使我国的雷达处理机技术上了一个新台阶。

1996 年担任所长后，罗秋生怀着一颗"航空报国"的强烈事业心和高度责任感，带领计算所步入了历史上最辉煌的高速发展时期。为了研究所的发展罗秋生始终坚持以科研生产为中心，在任职期间，他主持并完成多项国家重点预研和型号任务，并取得了多项重大科研成果，研究所的综合实力大大增强，形成了一支稳定的高水平科研生产队伍。"八五""九五"预研取得了一系列重大成果：机载计算机研制和软件开发

罗秋生工作照

有了长足的进步，某些技术已达到国际 20 世纪 90 年代先进水平。技改有大幅度发展，为研究所向科研生产型发展打下坚实基础。"九五"期间，所产值平均每年以 25% 的速度递增，净资产 2000 年比 1995 年底增长近两倍。用工、分配、人才等管理有创新，职工经济收入大幅度提高。改革和结构调整不断深入，"精化航空一体两翼"格局已初步形成，加强了对干部的廉政教育和考核，积极倡导形成健康向上的研究所文化。这一切成就的取得，都是与他的领导、努力、拼搏、奉献分不开的。

王太华 2001 年全国五一劳动奖章获得者

王太华（1942—　），四川南充人，2001 年全国五一劳动奖章获得者，成都飞机工业集团（现中航工业成都飞机工业（集团）有限责任公司，简称中航工业成飞）高级技师。1959 年招工进国营峨嵋机械厂（现中航工业成飞），1961 年应征入伍，参加过保卫祖国边防的中印自卫反击战，1968 年转业回厂分到钣金厂 20 车间当了一名钳工，直至退休。40 年来，他把整个身心都放在生产上，年年工时名列车间前茅。1987—2000 年连续被评为公司劳动模范，1997—2000 年被评为公司优秀共产党员，1992 年和 1994 年被评为"成都市优秀共产党员"，1991 年荣获"航空航天工业部先进生产者"，

1993 年被评为"成都市劳动模范"，2001 年被中华全国总工会授予"全国五一劳动奖章"。2003 年退休。

王太华参加工作以来，兢兢业业，埋头苦干，哪里有急难重的活，他就出现在哪里。在车间他总是最先开工生产，加班加点已成家常便饭。他从不计较零件加工的难易和工时高低，只要是组织上交给他的任务，总是毫不推诿，积极承担。

1994 年车间接到一项突击加工某型机根部接头的任务，这项任务加工复杂、精度高，王太华凭着多年的加工经验，结合工艺图样要求，细心加工每道工序，加班加点突击，使这项根部接头零件按时保质保量完成。一次王太华硬是拖着 39℃高烧的身体坚持奋战两天，将一批零件保质保量按进度交付。

王太华从事军品生产多年，参与了歼教 5 和歼 7 系列飞机的新机研制、改进改型和批生产工作。由于他勤学苦练，潜心钻研，掌握了一整套黑色钣金加工的过硬技能，承担了大量的飞机重要零部件的生产。他工作认真细致、精益求精，既严格按程序办事，执行规范的工艺指令，又极具技术创新能力，经常在生产过程中小改小革、自制工装夹具。王太华经常向工艺人员提出零件加工新方法，多次挽救了即将报废的产品。1988 年，他承担了 MP 型产品反光镜架的加工任务，零件结构复杂，加工难度大。王太华没有急于求成，而是仔细琢磨有关工艺资料，寻求最佳加工方案。没有模夹具和样板，他就找来废旧料进行代替。他聚精会神地用锉刀一点一点的修锉零件，直到达

93

到要求为止。一次机加工段在加工歼 7 飞机一个模压零件时，由于生产工人加工方法不当，使得急等着交付的零件出现了问题。王太华拿起零件、图样、工艺单等仔细查看后，对愁眉不展的操作工说："没关系，还有办法补救。"他将零件搬到自己的钳工台上，凭借多年积累的钣金钳工技术，反复琢磨补救办法，经过他的修理，终于挽救了产品，确保了交付进度。

王太华特别重视产品质量，始终遵循"诚实守信，尽职尽责，精益求精"的原则。他常说："质量是企业的生命，没有质量等于无效劳动。我们干的每一个零件，都关系着飞行员的生命，来不得半点虚假。"他对工作从不马虎，每接受一项零件，都要仔细查阅工艺图样，发现问题及时找工艺技术人员一起解决，从不仓促上阵，以质量求进度，以质量保效益。由于他具有极强的工作责任心，经他手干出的产品交检合格率都达到 100%，受到质检人员的一致好评。1985 年、1986 年、1991 年他三次荣获公司质量先进个人，在 1997 年"一次交检合格率活动"中又被评为先进个人。

王太华还特别注重对青年工人的培养。他将自己一身过硬的钣金钳工本领毫无保留地传授给年轻职工，起到了"传、帮、带"的作用。在生产过程中，他经常做示范，手把手地讲要领，传授"绝活"；和青工一起分析事故原因，帮助解决技术上的难题。有些青工受外界环境影响，工作怕苦，不愿多接受任务，可王太华却带头抢在前、干在前，并利用零件周转空闲时间与青工交谈，用对比的方法讲述成飞发展史，使大家理解"成飞是我家，兴旺靠大家"的道理，从而使青年人树立信心和爱岗敬业精神。

随着王太华技术越来越精，手中的绝活越来越多，一些私人老板多次请他去帮忙，并开出了优厚的报酬，但他始终不为金钱所动，仍坚守在自己岗位上。工作 30 多年来，他不知放弃了多少个节假日和星期天，把整个身心都放在生产上，仅 2000 年他加班加点达 1000 多小时，年年完成任务工时都在 8000～10000 小时，一年要干 3～4 个人的工作量，年年在车间名列前茅，而且零件交付质量和一次交检合格率都达到 100%。

陈立志 　2002 年全国五一劳动奖章获得者

陈立志（1949.5—　　），湖南湘潭人，2002 年全国"五一"劳动奖章获得者，中国南方航空工业有限责任公司（现中国南方航空工业（集团）有限责任公司，简称中航工业南方）车工。1968 年 3 月—2003 年国营湘江机器制造公司（现中航工业南方）四分厂 406 车间车工，2003 年—2007 年 12 月 416 中心车工。陈立志参与的"涡扇 11 长拉紧螺栓"QC 小组的攻关获得了"全国优秀 QC 小组"称号；在涡轴 8A 发动机引进研制生产中成绩突出荣立二等功；他连续 15 次被评为公司先进生产者，11 次被授予质量标兵、质量信得过岗位，1999 年和 2000 年被评为南方公司"劳动模范"，2002 年"湖南省劳动模范""株洲市劳动模范"，并被中华全国总工会授予"全国五一劳动奖章"。2002 年当选为株洲市芦淞区第二届人大代表。2007 年 11 月退休。

陈立志参加工作近 40 年，一直工作在车工生产一线，为航空事业倾注了全部的心血。他将自己过硬的技术本领、精湛的操作技艺和良好的工作作风与科研生产有机地结合起来，先后参加过活塞 6、涡桨 6、涡轴 8、涡轴 9、涡扇 11 系列等三代航空发动机试制、加工。陈立志能娴熟地完成航空发动机盘类、轴类、薄壁件等多种高难零件的车削加工，对所加工的各种零件的力学性能、物理特性了如指掌。尤其是涡扇 11 发动机中长螺栓的复杂型面加工，目前国内尚无加工此类零件的专用设备，而他却能凭着高超的车工技术和经验，用普通车床完成，被职工誉为"扫雷专家"。

陈立志连续 10 年完成了相当于 50 年的工作量，废品率始终为零，创造了航空产品精车加工的奇迹。与此同时，他先后摸索出涡桨 6 分油衬套内孔多槽、涡扇 11 螺栓反车逆向分段的加工方法，为改进工艺，提高加工质量和经济效益闯出了新路子。

近几年来，陈立志凭着自己精湛的技术、过硬的本领、强烈的责任心，发现和挽救修理发动机上的故障零件 12 件，节省费用达 40 万元。修复许多发动机零件，其中

陈立志工作照

涡轴 8 轴承座支架组件支靠面变形大而进行成功修复一项就挽回 40 万元之多；参与科研攻关项目达 16 项，可计算的直接经济效益可达 80 万元以上。

黄正坤 2002 年全国五一劳动奖章获得者

黄正坤（1962.11—　），湖北随州人，2002 年全国五一劳动奖章获得者，中国航空救生研究所（现中航工业航宇救生装备有限公司，简称中航工业航宇）控股子公司中航精机科技股份有限公司副总经理，享受国务院政府特殊津贴专家。1983 年毕业于华中科技大学，1983 年 6 月起在航空工业部弹射救生设备研究所（现中航工业航宇）工作，历任锻造技术员、综合技术研究室工装设计员，嘉利分公司工艺设计员、座椅调节结构研发设计员，嘉利分公司技术部设计员、副经理，嘉利分公司副总工程师、技术部经理；2000 年 10 月任湖北中航精机科技股份有限公司副总经理；2013 年 3 月起任湖北中航精机科技有限公司副总经理，湖北省精密冲压工程技术研究中心主任，湖北省企业技术中心主任。黄正坤先后荣获 1996 年湖北省做出突出成绩的博士硕士奖；1999 年被授予湖北省五四青年奖章，被评为湖北省国防科技工业系统先进工作者；2001 年被评为国防科工委全国国防系统劳动模范；2002 年被中华全国总工会授予全国五一劳动奖章；2009 年享受襄阳市政府专项津贴；2010 年被评为中航工业集团民品优秀科技工作者；2010 年荣获"湖北省有突出贡献的中青年专家"称号。

黄正坤长期从事精冲技术的拓展与应用的研究，对中国精冲工艺技术、精冲模具设计技术的应用拓展及精冲基础产业发展起到促进作用，是行业知名专家之一。

20 世纪 90 年代初期，中国航空救生研究所不满足军品发展取得的成绩，在军民分线的大背景下，利用自身强大的研发实力，把目光瞄准了具有良好市场前景的汽车零部件——汽车座椅角度调节机构（简称调角器）的研制开发。当时中国汽车产业刚起步不久，很多关键零部件的制造技术都被国外垄断，调角器被国家经贸委列为 22 个关键零部件之一，其核心技术是精冲压技术。面对压力，毕业于华中科技大学锻压专业的研究生黄正坤受命担任了调角器的主任设计师，从此开始了他和调角器 20 年的不解之缘。

调角器研制涉及的核心技术有精冲技术、微变形焊接技术、微变形表面强化热处理技术、装配和检验技术。黄正坤凭着一种不唯上、不唯权威，只唯科学，一切用数据说话的求真、求实的精神，带领年轻的技术团队，在汽车座椅调节机构领域不畏艰难，大胆实践。从需要精密线切割加工才能达到的高精度高光洁度的细齿零件到在一块不足5毫米厚的钢板上以每分钟320件高速精冲的高效小齿精冲技术，从第一个双联齿精冲模设计的摸索到能独立开发多腔多工位大型复杂连续精冲模的精冲模设计制造技术，他们从开始测绘研发到主持制定国家标准。

在黄正坤的领导下，研发团队本着"在研一代，生产一代，储备一代"的原则，成为全国精冲技术的行业领头羊，技术优势成为公司立足于汽车座椅调角器市场的核心竞争力，为公司的发展提供强有力的技术支撑。面对汽车行业的多样化需求，黄正坤带领着这支有竞争力的科研队伍，组织推进新品研发，建立了调角器、高调器、滑道的完整产品链；研发了拥有自主知识产权的无间隙调角器，进而替代了引进国外某公司的调角器；研制了低成本调角器，以适应日益扩大的中低档轿车市场；研制的小调角器满足轻量化的需求，研制的多款提升舒适性的高性能调角器满足高性能的要求，研发的自主知识产权的增高器，填补了国内空白；研制的低成本滑轨，占领国内自主品牌市场并进军国际市场；研制DCT、CVT等动力系产品，进一步丰富公司产品结构。

湖北中航精机科技有限公司已从成立之初只有单一产品、销售收入不到3000万元的小公司，发展成为国内唯一拥有大型复杂精冲模具设计、研发、生产、制造能力为一体的科研生产单位，调角器占据中国乘用车市场半壁江山，产品远销东南亚、中东、日本、南美、澳大利亚等多个国家和地区，实现年销售收入超7亿元，出口创汇1000多万美元，拥有调角器、滑道、高调、拨叉、精冲件、精冲模具等多产品开发能力的湖北省首家在深圳证券交易所中小板上市的高新技术企业。

黄正坤工作照

　　在黄正坤的带领下，截至 2013 年 12 月底，公司共申请专利 113 项，有效授权专利 52 项，其中包括 16 项中国发明专利、4 项日本发明专利、4 项美国发明专利、1 项德国发明专利、3 项印度专利、3 项法国专利以及 21 项中国实用新型专利。其中，他个人获得的国际和国内实用新型、发明专利就达 31 项。

　　在产品知识产权保护方面，黄正坤有着前瞻性的品牌意识，公司注册的 "HAPM 中航精机" 品牌不仅在中国注册，在德国、美国、印度、日本等 6 个国家也申请注册，为公司产品在国际市场的竞争打响了中航精机的品牌。

韩宏春 2003 年全国五一劳动奖章获得者

韩宏春（1951.5— ），江西乐平人，2003 年全国五一劳动奖章获得者，江西洪都航空工业集团有限责任公司（现中航工业江西洪都航空工业集团有限责任公司，简称中航工业洪都）660 所副所长。1970 年 10 月招工进入国营洪都机械厂（现中航工业洪都）11 车间工作，1974 年 12 月任 11 车间工艺员。1976 年 12 月—1980 年 7 月就读于西北工业大学导弹自动控制专业，毕业后分配至国营洪都机械厂 660 所控制组，先后任设计员、控制组副组长、所办公室副主任，1997 年 2 月任 660 所副所长，2011 年 7 月退休。韩宏春先后荣获国防科学技术进步奖二等奖 3 项、三等奖 2 项，荣获江西省五一劳动奖章，被评为江西省劳动模范，荣获中国航空工业第二集团公司（简称中航二集团）科学技术进步奖一等奖 3 项、三等奖 3 项。2003 年被中华全国总工会授予全国五一劳动奖章。

韩宏春几十年如一日，秉承献身航空的信念，兢兢业业，执着追求，长期工作在科研第一线，为洪都导弹线走出"八五"末、"九五"初的低谷期，进入快速发展阶段做出了重要贡献。

韩宏春长期从事导弹型号开发研制工作。"九五"、"十五"期间主管公司导弹线预研工作。1998 年将导弹线成功引入空军系统，共同研发了国家某重点型号，并为国家某重点型号的立项做出贡献。韩宏春负责的"九五"预研课题在 2001 年通过部级评审验收，其中 4 项达到国内领先水平，一项达到 90 年代末国际先进水平，并获得中航二集团科学技术进步奖一等奖，国防科工委科学技术进步奖二等奖，为"十五"型号立项打下了良好的基础。

2000—2001 年韩宏春主持了某重点型号及某专项技术的"十五"预研前期论证工作，在"十五"预研争取立项工作中，他率领论证组成员查阅了大量的国内外有关资料，完成了数十份开题建议书及论证报告，并通过多方努力，为公司争取到预研项目的总负责单位，以及航空支撑项目的 4 个小课题，1 个基金课题，获得较好的效益，对实现公司"生产一代，研制一代，预研一代，构思一代"的指导思想，确保研制持续发展做出了较大贡献。

韩宏春工作照

2001 年韩宏春敏锐地察觉到某型号需求的变化，花费近 7 年的时间带领设计团队进行了某型号的前期论证工作，并进行该型号机弹兼容试验，于 2005 年首次在国内成功进行了飞行试验，填补了国内空白，并成功主持了该型号的竞标工作，使洪都濒临断线的海防导弹重获生机；2006 年为扩大某机载导弹的需求市场，带领设计团队主动与部队沟通，争取到了某机载弹的研制任务。

"十五"期间，韩宏春在某型号导弹研制过程中先后担任副设计总师、总设计师职务，成功主持了某型号数字化控制系统、电视导引头的研制工作，是洪都导弹线数字化小型控制系统和数字化电视导引头的先驱。

2005—2009 年韩宏春主持某型号导弹前期研制工作，并担任某型导弹总设计师及某型机副总设计师职务，呕心沥血，历尽艰辛，克服重重困难，将某型导弹成功改进为新型机载导弹，主持完成了该型导弹研制性飞行试验，并为定型试验的成功做出了突出的贡献。

韩宏春先后被国防科工委聘任为国防科工委航空电子电气和武器系统标准化技术委员会航空武器火控专业组成员；江西省航空协会理事兼控制委员会主任；中国造船工程学会《水面兵器》编委会委员。

刘 立 2003年全国五一劳动奖章获得者

刘立（1971.9—　），吉林永吉人，2003年全国五一劳动奖章获得者，庆安集团有限公司（现中航工业庆安集团有限公司，简称中航工业庆安）车工技师。1990年12月从庆安技校毕业分配至庆安宇航设备公司（现中航工业庆安）工作，1990年12月—2010年4月在庆安公司20分厂当车工，2010年4月后在庆安公司2厂204车间当车工。刘立作为庆安公司一名普通车工，踏实勤奋，年完成工时均在6000小时以上，在平凡的工作岗位上做出了优异的成绩，2001年入选国防科技工业"511人才工程"高级技能人才，被评为公司先进生产者标兵、公司质量优秀员工；2002年4月被授予"陕西省劳动模范"称号，12月当选西安市莲湖区人大代表；2003年被中华全国总工会授予全国五一劳动奖章；2006年荣获中国一航航空报国突出贡献奖；2010年荣获中航工业航空报国优秀贡献奖。

刘立多年从事车工工作，善于发现加工过程中存在的隐患，勇于革新创造。他发明一刀多刃，采用弹簧夹头衬套和反镗软化爪等办法，使加工效率提高5倍以上；改变钻头和铰刀角度，调整加工程序，解决了多年的技术问题，将报废率控制在5%以下。在与工艺人员讨论后，他的加工方法及工具均被纳入工艺资料，成为解决此类难题的唯一加工方法。例如，在加工某导弹发射架氮气接嘴零件中，因零件小，角度要求精度高，需在50倍放大镜中检查，刘立虚心请教，耐心钻研，共同探讨改造刀具及加工方法，最终顺利完成零件加工任务。

近几年公司担负着繁重的军品、新品、批量生产任务。刘立操作的精密数显车床是公司的一台关键设备，经常承担着一些公差小、粗糙度要求高、形位公差要求严的中小型零件加工，在零件进度急、任务紧的情况下，他坚守工作岗位，随叫随到。每次紧急任务，他总是不计较个人得失，急生产所急，克服家庭困难，经常加班加点，无数个节假日他放弃休息毫无怨言。

某新品任务是国防急需的新产品，也是公司科研产品的新成果。在加工中许多零件都存在无工装、无刀量具，工艺还不成熟情况，加工方法更不确定，给加工带来极大困难。其中壳体及壳体组件是该产品的心脏部位，零件复杂不规则，热处理容易变形，且壁薄、硬度高，精加工尺寸要求严，每道工序都很重要。刘立积极主动想办法，攻难关。在加工 11 种壳体及壳体组件时，他改革刀具，改变加工方法，用四爪卡盘精车、花盘找正，自制夹具、刀具、量具，出色地完成了该产品 11 种壳体组合加工，使加工效率提高 5 倍以上，产品全部合格，满足了装配要求。

在加工另一航空产品中，由于时代的发展，设备的更新，几十年的老工艺已不能适应产品需要，必须改进加工方法；几十年的老设备也不能满足产品需要。刘立大胆革新工艺、调整加工步骤，改革、自制工夹量具，以车代磨，采用一刀多刃，自制心轴、台具和组合加工等一系列新的加工方法，在认真消化图样，弄清弄懂每项零件的技术关键要求，解决了部分零组件的加工疑难关键问题，且加工效率提高了 10 倍以上。

在加工某校零件时，由于小孔直径仅 2 毫米，孔深 40 毫米左右，材料极难加工，孔容易钻偏，并且钻头容易折断。刘立采用靠模加工方法，用自制夹具、弹簧夹头两头钻小孔的方法，攻克了该零件加工的疑难问题，提高效率 5 倍以上，满足了技术要求。

在加工某零件时，需加工 90 度四个方向、直径 3 毫米小孔，粗糙度要求高，以前总是发现内孔有沟，该零件废品率在 50% 左右，被列为分公司攻关项目之一，刘立任组长。刘立在接受技术攻关任务后，每天工作时间在 12 小时以上，回到家里都在琢磨零件的事。就这样，每次有了新的想法之后，他先找主管工艺人员商讨。经过一次次反复试验，采用自制塞规、改变孔径尺寸并使用钻、扩、铰等方法，观察、记录铰刀的磨损量，确保零件粗糙度要求，最终消除了内孔有沟问题，废品率降到 5% 左右。

刘立工作照

刘立几年来一直重视产品质量，严格执行首件三检制度，零件合格后才加工，多年来没有发生过质量事故，工段总是放心地把一切难加工的技术关键零件、急缺零件都交给他加工，他准能按时按质地完成任务。他特别珍爱自己的机床，他总是笑着说："这么多年了，它已经和我是知心朋友了，它打个喷嚏我都有预感，所以必须及时保养，以保证它能随时助我一臂之力。"他操作的机床至今已经 20 年，从未发生过任何故障及设备事故。

一项项合格的产品，一个个漂亮的零件，出自刘立的手，出自他精湛的技术和认真细致的加工。他总是讲："国家有合格的企业，信得过的个体户，我有信得过的零件。"因此，他在工作中履行自己的"三保"诺言：即保证零件合格，保证零件不返修，保证装配满意。

应志贤　2003 年全国五一劳动奖章获得者

应志贤（1954.6—　），浙江永康人，2003 年全国五一劳动奖章获得者，贵州平水机械有限责任公司（现中航工业贵州平水机械有限责任公司，简称中航工业平水）卷烟机调试工，高级技师。1972 年 12 月参加工作。参加工作以来一直在生产一线，他以干一行爱一行钻一行的精神和作风，逐步从一名学徒工成长为高级技师，多次被评为厂级先进个人。2000 年荣获"贵航集团劳动模范"和"贵州省劳动模范"称号，2001年和 2002 年分别荣获"贵航集团先进工作者"称号，2003 年被中华全国总工会授予全国五一劳动奖章，2004 年荣获"贵航集团十大杰出工人"称号，2006 年荣获中国一航航空报国优秀贡献奖，2011 年荣获中航工业航空报国突出贡献奖和"优秀共产党员"称号。

应志贤 1972 年 12 月到国营平水机械厂（现中航工业平水）从事卷烟机调试工作，他干一行爱一行钻一行，逐步从一名学徒工成长为高级技师。

20 世纪 90 年代初，烟草行业进行技术改造，卷烟厂卷烟包装设备进行升级换代，国营平水机械厂生产的 6000 型卷烟横式包装机供不应求，作为掌握该机型技术要领的调试工，更是受到卷烟厂的特别青睐。一次，应志贤在沿海某卷烟厂开展调试工作时，他精湛的技艺赢得了烟厂领导的赞赏，卷烟厂为应志贤开出了高薪、提供一套住房、解决爱人工作和孩子户口的优惠条件，希望他离开平水厂到他们卷烟厂工作。应志贤淡淡一笑，说："谢谢领导的好意，我是在平水学到的技术，是平水培养了我，为你们服务是我的工作，为平水工作是我的选择。"

应志贤善于团结同志，他带领的无论是调试还是二次服务的队伍，都能团结一致，共同克服困难。2002 年 5 月上旬，出差刚回到家的应志贤又承担了营口卷烟厂大修设备的现场修理任务。修理过程中，他带领调试组的同志日夜加班加点，不仅保质提前完成了修理任务，为卷烟厂挽回损失近 10 万元，而且通过他的精心排故和调试，还大大提高了设备的稳定性和有效作业率，创造了该厂设备现场修理史上的最好水平。营口卷烟厂为此掀起了向应志贤学习的热潮，这在营口卷烟厂和平水公司的历史上尚属首次。5 月下旬，应志贤奉命到呼和浩特卷烟厂进行现场大修。这次修理不仅时间长、任务重，而且难度也相当大，他克服种种困难，带领调试组其他同志现场修理、调试达半年之久。

公司为了开拓卷烟机国际市场，首次将设备出口印度，应志贤受公司的指派，带队前往印度进行设备调试。经过他和同志们的努力，调试工作顺利结束，得到印度卷烟厂方面的好评。在对印度设备进行第二次服务的过程中，印度方面提出对个别部件进行技术更改的要求，应志贤立即将情况向公司汇报，得到公司"满足用户需求"的指示后，他在一无设计人员，二无图样，三无资料参考的情况下，凭借多年的调试经验，顺利完成了零部件的技术改造。得到了印度方面的高度评价。印度方面出高薪挽留，应志贤说："你们多买我国的设备，我会代表我国企业为你们更好地服务。" 2005年他作为 X2 硬盒翻盖机的主修人员，一直奋斗在张家口卷烟厂现场 7 个月，顺利完成首台设备修理任务。他以无数次不分昼夜的现场决战，实现着自身的价值，为平水公司产品开发做出了突出贡献。

2008 年春天，应志贤不顾身患眼疾，接受销售部门领导安排，带队到呼和浩特卷烟厂进行卷烟机调试。在应志贤的带领下，他们不顾旅途的劳累，下车后直奔卷烟厂立即投入工作，呼和浩特卷烟厂的领导甚为感动。他们通过辛勤努力，赢得了用户信赖，从而稳住了呼和浩特卷烟厂这个较大的市场。应志贤从呼和浩特卷烟厂回来的第二天，又立即赶往郑州卷烟厂进行设备调试。他认真细致的工作受到了该厂的表扬，使该厂对平水公司有了新的认识。他不计较个人得失，总是任劳任怨、忘我地工作。2008 年，应志贤转战六家卷烟厂，在外天数达 256 天。

应志贤工作照

　　在对国内的各家卷烟厂进行设备修理、调试和售后服务过程中，应志贤全身心地投入到生产最前沿。玉溪卷烟厂是国内最大的烟草企业之一，2010 年，经过多方努力，公司与玉溪卷烟厂签订了一组 X2 硬盒翻盖机现场中修合同，应志贤带队前往玉溪卷烟厂。在进行维修、服务的日日夜夜，他和他的团队以精湛的技术、过硬的工作作风，吃苦耐劳、任劳任怨的拼搏精神，赢得了玉溪卷烟厂干部职工的好评，使平水公司成为玉溪卷烟厂的合作伙伴。

陈炳东 2004 年全国五一劳动奖章获得者

陈炳东（1958.11— ），山东昌邑人，2004 年全国五一劳动奖章获得者，中航工业哈尔滨飞机工业（集团）有限责任公司（简称中航工业哈飞）钣金工，高级技师，享受国务院政府特殊津贴专家。1981 年 8 月国营伟建机器厂（现中航工业哈飞）技校毕业，分配到在国营伟建机器厂，一直在 23 车间做钣金工。30 多年来，他刻苦钻研，顽强拼搏，用榔头锤炼出精彩的人生。如今已是公司钣金队伍中唯一的高级技师。他曾多次在公司技术练兵比武竞赛活动中获得钣金工第一名。1997 年和 1999 年分别荣获哈尔滨市职工技术运动会技术能手；1995—1999 年荣获集团公司技术能手；2000 年荣获首届"航空杯"立功竞赛优胜个人标兵。2004 年在中国航空工业第二集团公司首届职业技能大赛飞机钣金专业技术比武中获得第一名，荣获"全国技术能手"称号。2005 年荣获中国航空工业第二集团公司"总经理鼓励奖"，并被评为国防科工委技术能手，入选国防科技工业"511 人才工程"高技能人才。在哈尔滨市第一、第二、第三届"名师带高徒"活动中被授予"模范名师"称号，2004 年被中华全国总工会授予全国五一劳动奖章。

1981 年，刚入厂的陈炳东看到工作案上一块铝板、几把榔头，经过师傅刨打就魔术般地变成了结构复杂的零件，便深深地受到吸引。很快，陈炳东在这里找到了自己的位置，从此开始了在钣金技术海洋里孜孜不倦的求索。

飞机钣金的零件加工，是航空产品中加工难度最大、技术最复杂并且纯手工操作的专业。陈炳东凭借着在 30 多年的科研生产中积累下来的过硬技术和先进操作方法，一直负责飞机钣金关键件、重要件的加工，他的技术在哈飞公司享有盛名。直 9 直升机机械地板是 20 世纪 80 年代公司引进直 9 直升机后最难完成的一个项目，有 24 个弧形的弯角，在 11 延长米的成形范围内都带有直角边，收料放料稍有不慎，就会使转弯出现裂纹，整个零件就报废。所有人都知道这个活难干，很少有人愿意接受这个任务，为此，上级还特别下达了允许有 50% 报废率的文件。为了尽快提高工作效率，减少浪费，公司决定组织攻关，陈炳东主动接受了这个挑战。为了攻克难题，他经常加班到深夜，经过反复的试加工，发现了加工用的组合模是导致报废的主要原因。他根据零件加工结构形式的需要，自制了不同材质、不同外形尺寸的顶木和榔头，用废料反复进行上百次试验。经过两年时间两个批次的试验，机械地板的质量稳定了，报废率的文件也就自行取消了。从此，钣金手工操作也有了新的突破，为用户提供了符合标准的产品，并为公司节省了大量的成本。

　　陈炳东善于学习，不断创新，每当在科研生产中遇到难题，他总会想尽一切办法攻关，直至问题得到全部解决。他总结出料厚 0.8 ~ 1.5 毫米以下的平板料成形时的"内弯曲收边法"和"手工外拔缘法"，凭借高超的技术解决了 300 多项科研生产关键难题，节约资金上百万元。这些技术是一笔宝贵的财富。但陈炳东认为财富是属于哈飞的。为了将这些技术更好地发挥出来，为公司创造更好的效益，陈炳东把自己多年总结出的经验毫无保留地传授给徒弟和身边的同事，被评为哈尔滨市第一、第二、第三届"名师带高徒"活动中的"模范名师"。在陈炳东的培养下，如今的钣金工段已有一大批年轻人成为技术骨干。

　　国家某重点研制型号大地板的攻关，是事关某军用直升机发展的关键项目，每一批零件都要经过军方的严格检验。这种零件板料薄、成形面积大、变形量大、平面度要求特别高，凸凹翻边转角多达 24 处，特别是在零件淬火和校形量大的情况下，加工难度更大，用机械设备根本无法加工，只能靠娴熟的手工技能进行制造，研制时间紧、任务重。陈炳东在接到任务后，以其科学严谨的态度和不达目的誓不罢休的顽强精神，凭借多年的实践经验，立即投入到紧张的攻关中。为防止加工变形，他自制了专用工具，并在操作时，尽量减少手工重复操作，避免由于材料冷作硬化产生裂纹。经过精心操作，终于在最短的时间内完成了零件加工，一次交检合格。他高超的技艺、忘我的

陈炳东工作照

工作热情，受到上级领导和军方的一致称赞。

在直 15 直升机的生产过程中，有一种横梁关键件，起支撑受力作用，对表面质量要求非常高，但由于材料内部应力在机械加工过程中，产生了扭曲变形，致使零件无法进行装配使用。面对扭曲的零件，现场的法国专家第一个想到的就是陈炳东，他们要求把这些变形的横梁零件分配给陈炳东校正。陈炳东在接到任务后，认真分析零件结构，大胆设想，反复试验，最终采用雅高成形机配合手工校正的方法，不负众望地完成了关键任务，挽回经济损失 100 余万元，更为以后的零件加工积累了宝贵经验。

另外，在一次某重点机型的研制过程中，因为外购成品件外形与飞机理论外形不符合，造成飞机总装现场停产。此成品件外形为双曲度，装配要求成品件与飞机外形达到光滑过渡连接，一时间无人敢承担这项任务。陈炳东主动请缨，带着工具来到总装现场，他没有采用常规的按成品外形加工的方法，而是把成品件摆放到飞机上，仔细观察成品与飞机之间的曲度差，然后采用一种从没使用过的方法，在成品件与部件之间制作 5 块"切内"样板，再依照这 5 块"切内"样板，自制刨打工装，将一块平板料慢慢刨打成形。最终将成品件与飞机部件光滑地连接在一起，满足了现场的技术要求。

30 多年里，陈炳东始终保持着刻苦钻研的精神，为直升机产业的发展努力拼搏，多次受到公司领导、国内外合作方和用户的高度赞誉。面对种种荣誉，他始终如一，依旧是徒弟们眼中亲切和蔼、诲人不倦的好师父，同事们眼中忘我工作、对产品要求严格的好搭档。

董　良　2004 年全国五一劳动奖章获得者

董良（1967.12— ），黑龙江哈尔滨人，2004 年全国五一劳动奖章获得者，中航工业哈尔滨飞机工业（集团）有限责任公司（简称中航工业哈飞）飞机设计研究所副总设计师，研究员级高级工程师。1990 年 7 月毕业于西北工业大学计算机科学与技术系，同年分配到哈尔滨飞机制造公司（现中航工业哈飞）飞机设计研究所，历任实验室技术员、副主任、主任，2007 年 8 月任飞机设计研究所副总设计师，2008 年 2 月任飞机设计研究所副所长。2013 年 1 月后，任中航工业哈飞试飞管理办公室主任。2004 年被中华全国总工会授予全国五一劳动奖章，并被授予中央企业"优秀共产党员"荣誉称号。

1990 年 7 月，风华正茂的董良，面对着多重市场的选择，他踏上了中国航空工业这条能承载他远大理想的航船。参加工作之初，凭借着年轻人特有的钻劲、干劲和独有的执着，他一边在有经验的同事指导和帮助下得心应手地编写试验控制软件，一边又独自下苦功夫刻苦钻研硬件技术，这为他以后带领项目组自行开发研制试验设备打下了良好的技术基础。

为了更好地配合公司的科研生产，节约有限的试验经费，也为了实现"使用我们自己研制的试验控制系统"这一几代哈飞人共同的理想，董良和他的同事们查阅大量的资料，不分昼夜地摸索、研究、试验。入厂不到一年，恰逢运 11B 飞机全机静力试验开始启动，董良主动承担起了其中 40 点位移的采集与处理工作。从硬件安装调试到软件编写研制，花费了大量的时间与精力。功夫不负有心人，董良通过大量的求证、反复的试验及认真的总结计算试验数据，终于圆满地完成了该项试验任务，并因此荣立航空航天工业部运 11B 型号合格证个人三等功。接着，在 1994 年研制成功"六通道模拟试验控制系统"，联调成功的那一刻，使他更加懂得了只要努力、勤奋、不畏艰险地探索下去，就会成功。

随后，哈飞公司的运 12Ⅳ飞机准备申请美国适航证，评审专家要观看全机疲劳试验。现有的试验设备无法满足要求，而外购需要 80 多万元的经费。此时，公司的科研经费相当紧张，各级领导焦急万分。因为有了一次成功的经验，董良大胆提出"二十四通道数字试验控制系统"的设计方案，请求领导投入少量经费，哈飞公司自己试着研制。于是，在上级领导的支持下很快成立了攻关小组，董良被委以重任，又开始了新一轮的拼搏。他没有白天黑夜，也没有上班下班，吃住在试验现场，只用了短短的 3 个月时间，就开始了系统联调。看着正在试验的飞机，看着规则协调的 17 个加载点，看着上下挥舞的机翼，还有国外评审专家认可的表情，董良的脸上终于露出了欣慰的笑容。

哈飞公司实验室大部分的试验任务都是飞机零部件的强度试验。这些强度试验所需的测控系统大多数依赖进口，而且现有设备经过多年的使用已经老化和接近报废，无法满足日益增长的科研生产需求。为了更好地配合公司的科研生产，董良又提出了"九通道嵌入式数字伺服控制系统"的设计思路，得到了各级领导的支持与肯定。该系统在研制上吸取了中国航空工业总公司第 634 所"12 通道模拟式伺服控制系统"和美国 MTS 公司"单通道模拟式伺服控制系统"的经验，在自行研制的"六通道模拟式伺服控制系统"和"二十四通道数字式伺服控制系统"的基础上，重新设计论证。在董良的带领下，课题组攻克了一道道技术难关，取得了大批的试验与计算数据，经过了原理确定、原理仿真、硬件设计、软件研制，最后终于调试成功。以"嵌入式数字伺服控制板"组成了"九通道嵌入式数字伺服控制系统"，并首次应用于运 11 飞机的机翼延寿试验，取得了阶段性成果，随后相继完成了运 11 飞机前起落架疲劳试验、运 11 飞机主起落架疲劳试验、EC120 腹板静力试验、歼 8 飞机主起落架疲劳试验，以及直 9 直升机的多项重要试验任务。

董良（中）工作照

九通道嵌入式数字伺服控制系统的研制成功，从根本上缓解了当时哈飞公司试验设备紧张的状况，大大提高了公司的试验能力，满足了公司科研生产的迫切需要，为公司节约了大量的设备采购经费。同时作为高技术产品，先后出售了 3 套控制系统，为公司创造了直接的经济效益。1999 年，该系统顺利地通过了中国航空工业总公司组织的部级科学技术鉴定，同时荣获中国航空工业总公司科学技术进步奖三等奖，并荣获哈尔滨市青年新产品开发设计大奖赛二等奖，入选《中国九五科学研究成果选》第二卷，被中国航空工业第二集团推荐列为"国家科技成果重点推广计划"，现已取得实用新型专利。

1997 年，中国运载火箭技术研究院请哈飞公司为他们设计载人飞船逃逸系统的阻尼器，并负责阻尼器的原理性能试验，以检验阻尼器的设计是否满足飞船的总体设计要求，这项研制工作再次落在了董良的身上。这是一个非常复杂的测控系统，不仅要模拟飞船发射升空瞬间的最大载荷，还要模拟飞船在大气层飞行时气动载荷，同时还必须真实地记录上百个动态参数，并绘制出曲线，为设计人员提供设计、更改依据。当时，没有现成的测控系统可以研究，也没有可以借鉴的经验数据可供参考，摆在董良和同事们面前的只有测试要求和航天部门的验收数据。就这样，在经过无数个不眠不休的日日夜夜，对试验系统进行一系列改进后，最终满足了试验要求，为逃逸系统阻尼器的设计、更改、定型和验收提供了可靠的试验数据。

2007 年，董良被任命为飞机设计所副所长，主要从事直升机生产现场技术支持的协调管理工作，通过协调、组织等方面的努力，解决了部分制约直升机批生产的关键技术难题。

2013 年，由于工作需要，董良走上了飞行管理办公室主任的岗位。任职期间，他在中航工业主机厂范围内率先组织建立了试飞安全管理体系，并开始试行，组织开发了试飞安全管理信息化平台，有效提升了中航工业哈飞试飞安全管理的效率。

在中航工业哈飞工作的 20 多年里，董良参与的多个项目获得了多项奖励和荣誉称号，如 1993 年运 11B 飞机取型号合格证、1996 年运 12Ⅳ飞机取证以及飞机强度和刚度地面试验系统校准方法和校准装置的研究、H425 直升机旋翼载荷和飞行载荷的确定。2013 年董良发明了一种直升机主桨叶动平衡试验用的基准桨叶的校准方法等，为中国的航空事业做出了贡献。

黄维娜 2004 年全国三八红旗手

黄维娜（1968.10— ），贵州清镇人，2004 年全国三八红旗手，贵州航空发动机研究所（现中航工业贵州航空发动机研究所，简称中航工业贵发所）总设计师，研究员级高工。1990 年西北工业大学飞行器动力工程专业毕业，分配到贵州航空发动机研究所从事航空发动机涡轮部件的设计研究工作，历任设计员、主管设计师、副主任设计师、主任设计师、设计部部长、副所长、总设计师等职务。2009 年黄维娜赴英国克莱菲尔德大学攻读研究生学位回国后，担任贵发所所长兼总设计师。2010 年中航工业贵州黎阳航空发动机（集团）有限公司（简称中航工业黎阳）改制后，黄维娜担任中航工业黎阳副总经理、总设计师，兼设计所所长。2011 年 5 月 27 日，调任中航工业燃气涡轮研究院（简称中航工业涡轮院）副院长、总设计师。黄维娜 2003 年荣获"贵州航空工业集团劳动模范"称号，2003 年被授予贵州省五一劳动奖章，2004 年被全国妇联授予"全国三八红旗手"称号，2006 年荣获中国一航航空报国突出贡献奖，2008 年入选中国一航"十大杰出青年"，2009 年入选"中航工业十大风云人物"，2011 年新中国航空工业创建 60 周年荣获航空报国杰出贡献奖。

　　黄维娜 1990 年 7 月毕业于西北工业大学，来到贵州航空发动机研究所。当时的贵州航空发动机研究所承担着两大系列涡轮喷气发动机的设计、改型和配合工厂批生产交付任务。黄维娜一到研究所就承担了新改型发动机涡轮部件的气动计算和特性计算工作。

　　2003 年年初，贵州航空发动机研究所新型发动机研制工作正式进入工程设计阶段。在发动机核心机设计过程中，黄维娜临阵受命，挑起了贵州航空发动机研究所产品设计部部长兼主任设计师的重担。

　　在设计出图过程中，黄维娜坚持不断创新，大胆使用新引进的产品数据管理系统（PDM）和三维数字设计软件，先期在型号工程设计中成功应用了产品数据管理系统，为缩短新型发动机研制周期和产品数据管理向工艺制造和售后服务端延伸奠定了基础；在设计出图过程中，黄维娜身先士卒，负责相关零部件的设计、校对和审核工作；坚持发挥党支部、工会分会和团支部的作用，组织 30 多名团员青年组成了"青年突击队"。在长达 20 多个月的时间里，坚持实行每周 6 天工作，每天工作 11 个小时，而黄维娜则往往是每周 7 天工作，每天工作 11 个小时以上。

2004 年 3 月，中航一集团在全行业进行发动机总设计师竞聘考评，经过竞聘答辩、评委评议和组织考核，黄维娜被聘任为新型发动机第一副总设计师。她组织完成了该新型发动机低压部件的设计出图工作。随后，黄维娜按照中航一集团举全行业之力进行该新型发动机研制的部署，带队将有关设计图样资料送往西安航空发动机（集团）有限公司（现中航工业西航）、沈阳黎明航空发动机（集团）有限责任公司（现中航工业黎明）等航空发动机企业，并派出专人到上述两个工厂现场技术服务，进行该新型发动机试制的工艺准备工作。

黄维娜与同事们经过两年时间的攻坚奋战，终于全面完成了新型发动机全部图样的设计和技术文件、产品目录的编制工作，打了一场漂亮的攻坚战。

2009 年，贵州航空发动机研究所接到多种型号发动机配装多型飞机参加国庆 60 周年阅兵式的技术保障任务后，为保证受阅飞机发动机在训练和受阅飞行中安全可靠地完成任务，黄维娜立即组织成立了国庆阅兵式受阅飞机发动机技术保障领导小组，并亲自担任总指挥。为了保证技术保障工作及时、准确、有效，技术保障小组下设了现场技术服务组和所内技术支持组。

黄维娜一方面率领现场技术服务组深入受阅部队收集发动机外场使用意见，向受阅部队飞行员和地勤工作人员介绍发动机技术参数和使用规范，一方面认真组织所内

黄维娜工作照

技术支持组搞好后方支援工作，协调前后方两个小组，确保对受阅部队的技术保障工作及时、准确、有效。

同时，黄维娜还参加了黎阳组织的受阅飞机发动机技术保障领导小组的工作，做好研究所与生产工厂之间的受阅发动机技术保障协调工作，做好技术保障工作预案、技术保障服务。黄维娜带领的团队以保障部队飞行安全为己任，以确保国庆阅兵按时为天职，不分昼夜，连续作战。

黄维娜和军方有关领导带领相关技术人员深入受阅部队，为受阅部队飞行员、地勤人员进行技术交底，保证了受阅部队安全可靠地完成了任务，为中国航空工业增光添彩。

2009年年初，黄维娜作为中航工业"航空工程技术骨干赴英留学项目"首批出国培训人员，赴英国克莱菲尔德大学攻读第二个研究生学位。学成回国后，她挑起了贵州航空发动机研究所所长兼总设计师的担子。上任伊始，黄维娜就提出了坚持"开放、汲取、纳百川、汇江河、取长补短，求实、创新、谋发展、树形象、报效祖国"的发展思路，号召全所干部职工不断"提升技术能力、弘扬创新精神、开拓国际视野、抒发爱国情怀"，将贵州航空发动机研究所建成我国中等推力航空发动机研发中心，为祖国航空发动机事业发展再立新功。

在黄维娜的精心组织下，贵州航空发动机研究所2009年实现了"两机鉴定、两机首飞、两机验证、两机预研"的目标。

2010年，黎阳完成改制整合，黄维娜担任黎阳副总经理、总设计师，兼设计所所长。2011年5月27日，黄维娜调任中航工业涡轮院副院长、总设计师。

任建华　2004 年全国五一劳动奖章获得者

任建华（1963.6—　），河南商丘人，2004 年全国五一劳动奖章获得者，陕西燎原航空机械制造公司（现中航工业飞机起落架有限责任公司，简称中航工业起落架）钳工，高级技师。1980 年 9 月—1982 年 10 月在国营燎原机械厂（现中航工业起落架）技工学校学习，1987 年 9 月—1989 年 10 月在陕西航空技术学院脱产学习。1982 年 11 月后在国营燎原机械厂当钳工，现任中航工业起落架燎原分公司 11 分厂"任建华钳工班"班长。从 1983 年起任建华连续被公司评为先进生产者、青年岗位能手标兵、质量先进个人、公司最佳职工、优秀共产党员；1999 年被评为汉中航空工业集团公司劳动模范；2001 年被评为全国国防科技工业系统劳动模范，被授予"国防科工委技术能手"称号；2003 年入选国防科工委"511 人才工程"学术技术带头人；2004 年被中华全国总工会授予全国五一劳动奖章；2011 年当选为中航工业集团公司首席技能专家。任建华所在班组 2006 年被中国航空工业第二集团公司命名为"任建华钳工班"，2007 年被授予"工人先锋号"称号。

任建华是中航工业起落架燎原分公司起落架制造厂钳工，高级技师，人称"任一钻"。

在飞机起落架大件加工过程中，钳工是一个既需要高超的技能，又需要极大体力的关键工种。任建华是公司连续十届青工技术比武的"钳工状元"，10 年来他每年完成工时都超过 1 万小时，相当于一年完成了五六年的工作量，所加工产品的废品率仅占 0.035％；他每年都有十多项技术革新成果，攻克的技术难关累计几十项，创经济效益上千万元。

在某重点型号产品研制中，公司决定采用一种国外航空界已广泛采用而国内尚未推广的先进技术——在 300M 钢上应用小孔开缝衬套冷挤压技术。任建华在技术攻关中发现外方提供的扩孔钻和铰刀的选用材料、切削余量不当，他立即向攻关小组提出来，建议自己设计、制作铰刀，并对挤压工具的使用、参数的选择、材料的磨损检测等提出了切实可行的意见和改进措施。任建华查阅资料、反复试验，最终掌握了此项高难度加工技术，并成功地应用于重点型号产品的研制。该技术现已成功地应用于某高新工程批生产之中。

任建华工作照

　　某新机种起落架零件使用钛合金材料，加工中稍有不慎就有可能烧伤外表面，甚至导致零件报废。任建华接到任务后，从砂轮选用、转速选择、打磨中砂轮走向及力度一直到钻头的转速与角度、冷却液配制、进刀量等参数反复琢磨，大胆探索，苦熬几天几夜终于奇迹般完成任务，零件各尺寸及表面要求全部满足用户要求，为加工钛合金材料积累了宝贵的数据和经验。

　　在加工转包生产的空中客车 A320 飞机起落架零件时，由于原有加工方法既费事又费力，影响了产品交付进度。任建华凭借丰富的经验改制刀具，以铰代镗，生产效率提高了 5 倍，受到了外国专家的好评。

　　2004 年年初，公司承担了某导弹发射车所用油缸的试制任务，其中几项零件要加工出多个直径 0.5～1 毫米、长 30～50 毫米的深孔，稍有不慎就有可能折断钻头而报废十几万元一件的原材料，加工难度和加工风险都相当大，因而这一工序成为能否顺利完成国家重点研制任务的关键所在。任建华在接到任务后，凭借多年的加工经验，结合新型加工技术，硬是在普通的摇臂钻上攻克了这一难关，创造了又一个加工中的奇迹。

阳文军 2004 年全国五一劳动奖章获得者

阳文军（1969.9— ），四川资阳人，2004 年全国五
一劳动奖章获得者，成都飞机工业集团（现中航工业成都
飞机工业（集团）有限责任公司，简称中航工业成飞）
铣工，高级技师，享受国务院政府特殊津贴专家。1988 年
10 月从航空工业部成都飞机公司（现中航工业成飞）技
校毕业，分配到航空工业部成都飞机工业公司 45 车间当
铣工，1996 年 7 月—2005 年 3 月任机加中心副工长，2005
年 3 月—2012 年 3 月在系统件厂当铣工，2012 年 3 月后任
中航工业成飞系统件厂数控工段副工长。2003 年荣获
"四川省技术能手"称号，同年荣获"全国技术能手"称
号；2004 年被中华全国总工会授予全国五一劳动奖章，同年被评为成都市十大杰出青年。

　　阳文军进厂以来，一心扑在生产工作上，长期加班加点，每年完成工时都在 7000
小时以上，为成飞的发展和国防建设做出了自己的贡献。技校毕业的他肯钻爱学，克
服了家庭、工作与学习之间的困难，利用业余时间，完成了高级技工的学习，之后完
成并取得了"行政管理专业"大专文凭。他还自学了计算机辅助设计和制造的工程应
用软件 UG、CAD、CAM，并能熟练运用于工作中，为单位的生产解决了很多难题。
　　阳文军具有爱岗敬业、精益求精、开拓创新的精神。在 3 年的学徒期未满时，就
参加公司的技能大赛，战胜公司众多老师傅，获得了公司 1991 年度技能大赛"铣工状
元"的称号。在以后的 10 多年中，他不断钻研技术，连续 7 年获公司、分厂、车间等
技术大赛的前 3 名；先后参加过成都市、四川省、全国技能比赛，每次都取得好成绩。
2003 年参加四川省职工技能大赛获铣工第二名，参加全国职工技能大赛获第五名。
　　阳文军参与了多种型号飞机的研制生产，经过多年的经验积累，摸索出一套科学
合理的加工薄形、细长形零件的绝活，效率提高了 10 几倍。2004 年 12 月，阳文军放
弃了其他公司的优厚待遇和良好的工作条件，主动要求到任务重、条件最艰苦的 81 车
间当了一名普通的数控操作工。他以超强的适应力，很快适应了工作环境，通过自己
的钻研逐步掌握了珩磨床、车床、磨床、摇臂钻床的操作技能，特别是他能在短短的
20 多天就能把自己从未接触过的数控铣床熟练地开动起来，并且能够自行编程和自行操

阳文军工作照

作加工。在某型号研制生产任务中，自己钻研设计制造数控加工中心专用夹具，解决了困扰该零件生产多年的关键问题。在工作中他善于动脑筋想办法，大胆创新，他的"激光冲击试片的加工方法"论文在公司的创新论坛上发表并推广应用，获得了革新成果二等奖；"利用双分度头加工油滤网""利用加长中心钻改铣刀加工深孔内狭窄油槽"等创新技术，解决了大而薄、材料易变形、尺寸难以保证的零件加工难题，解决了民机生产中复杂多形高精度零件的加工难题，为公司民机生产做出了突出贡献。

阳文军非常重视产品质量，是公司的质量标兵。他所在工段加工飞机系统零件，产品质量的好坏直接影响到飞机的质量和性能。他多次被评为季度质量优胜先进个人，他加工的产品被评为信得过产品。

阳文军长期保持良好的工作态度和作风，积极做好传、帮、带工作。从2007年开始，数控加工中心经他培养、指导，现在一大批技术骨干已成长起来。此外，阳文军还长期参与中航工业集团公司的技术技能培训。在2012年第四届全国职工职业技能大赛中，阳文军以四川省铣工工种代表队技术指导总教练身份带领四川省代表队参加大赛，在全国28个团队中获得团体第五名、个人第十名的佳绩，得到了四川省总工会的好评。

阳文军不仅在技术上一专多能，他还通过大专学习，在管理上也有很大的进步。他经常为工段的管理出谋划策，使其所在工段的职工更具凝聚力和战斗力。

臧悦萍 2004 年全国三八红旗手

臧悦萍（1951.7—　　），河北阜平人，2004 年全国三八红旗手，太原航空仪表有限公司（现中航工业太原航空仪表有限公司，简称中航工业太航）高级工程师。1969—1972 年在陕西宜川县插队，1972—1975 年在西北工业大学计算机专业学习。1975—2006 年在第三机械工业部国营第 221 厂（现中航工业太航）从事航空仪表设计工作。她先后参与了多项航空产品的研制，荣获西安全国微机应用一等奖，航空工业部微机应用成果三等奖，山西省应用成果二等奖。2003 年被授予山西省五一劳动奖章，2004 年荣获"山西省先进女职工"称号，2004 年被全国妇联授予全国三八红旗手。

臧悦萍 1975 年从西北工业大学毕业，分配到第三机械工业部国营第 221 厂工作。她从一名普通的设计员做起，先后参与了领航计算机 6 种放大器线路的设计，参加了数字式压力高度仪的协调研制，并荣获西安全国微机应用一等奖；参与的数字式大气计算机的协调研制在某歼击机上试飞成功，荣获航空工业部微机应用成果三等奖；1984—1986 年参加的数字式大气数据计算机研制，荣获山西省应用成果二等奖。

随着航空机载设备的不断更新换代，太航公司的航空产品也着力于将传统的机械仪表向电子化升级，以满足机载计算机用直流稳压电源要求效率高、体积小、重量轻、电磁兼容性好、抗干扰、可靠性高的特殊要求。如为某型飞机配套的电源由于某研究所设计的电源经常出现故障，试飞中多次排故也没有解决问题，臧悦萍临危受命，接受了这个新课题。在一无资料二无经验的情况下，在领导的大力帮助和支持下，她多次外出调研，搜集资料，各处请教，和同事进行过多次试验、摸索，攻克技术难关一项接一项，编制的技术资料一沓接一沓，论证试验一次又一次，最终确定了选择采用开关式直流稳压电源来满足各项技术指标要求。

1996 年臧悦萍接到某航天项目仪表的设计任务，面对从未接触过的新领域、新技术，任务艰巨、挑战性强，臧悦萍没有退缩。航天产品比航空产品要求更严格，其特点是体积小、重量轻，可靠性要求高，为满足技术要求，她主动学习新知识，查阅大量资料，多次调研，反复论证，严格按照航天产品设计规范、电子元器件降额准则、

臧悦萍工作照

航天产品的可靠性准则、飞船环境试验技术规范等一系列标准文件，进行产品设计、元器件筛选、装配，臧悦萍和同事经过多次改动设计和反复试验，常常加班加点到深夜，一个又一个难点被他们逐一攻克，终于完成了多项地面循环试验。此系列仪表从"神舟"1号飞船的第一次上天试验后到现在，每只飞船都装有太航的仪表，每次飞船的返回舱返回后，航天部门都对仪表提出新的技术要求并不断加以改进。对这些要求，臧悦萍都不厌其烦，仔细认真地重新按要求进行严密的论证，重新设计电子线路，重新制作印制电路板，重新试制表芯，重新改进刻度盘等等，做了大量的调试试验工作。

在一次进行冲击、振动试验时，正值数九寒冬，臧悦萍自己提着沉重的试验设备坐火车到北京，她不顾旅途疲劳，几天几夜一直跟随在试验现场，与航天部门的同志一起工作直至整个试验结束，试验完成后立即返回工厂继续进行其他试验。

臧悦萍在航空工业这片沃土上，执着追求，刻苦钻研，精益求精，无怨无悔，践行着严谨、朴实、热忱的工作作风，在收获工作给她带来喜悦的同时，也收获了组织上给予她的各种荣誉：2003年荣获山西省五一劳动奖章；2004年被评为山西省先进女职工；2004年被评为全国三八红旗手。

李　明 2005年全国五一劳动奖章获得者

李明（1971.3—　），山西长治人，2005年全国五一劳动奖章获得者，中国空空导弹研究院（现中航工业空空导弹研究院，简称中航工业导弹院）加工中心操作工，高级技师，中航工业集团首席技能专家。1991年12月于北京航空航天大学机械电子专科班毕业后，分配到洛阳光电技术发展中心（现中航工业导弹院）精加车间从事数控加工工作。2004年8月荣获第一届全国数控技能大赛河南赛区数控铣职工组决赛第二名，2004年10月荣获第一届全国数控技能大赛数控铣职工组决赛第一名，2004年被劳动与社会保障部授予"全国技术能手"称号，2005年被河南省劳动与社会保障厅授予"河南省技术能手"称号，2005年6月被中华全国总工会授予全国五一劳动奖章，2006年荣获中航工业航空报国优秀贡献奖，2007年被洛阳市政府授予"洛阳市优秀首席员工"称号，2011年当选为中航工业集团首席技能专家。

参加工作十几年来，李明在加工中心这个岗位上出色地完成了多个重点型号关键件、复杂件的加工任务，创新采用先进加工工艺，高质高效地解决了一系列高精复杂件质量难以保证、生产效率低的难题，突破了生产瓶颈，为稳定批生产质量做出了贡献。

李明刻苦钻研专业知识，勤于思考，刚参加工作时便以"理论要弄通，操作要精练，思维要突破"要求自己，常常到科技图书馆翻阅数控相关理论和编程知识，在师傅编程、装夹零件时，他在一旁仔细观察并一一熟记于心。遇到一时想不明白的问题，他便记下来，工作之余再向师傅请教，直到把问题彻底弄明白为止。通过不断学习，李明的知识得到了丰富；通过高精尖军品加工的实践，他的操作水平更是不断提升。工作若干年后他不仅能熟练操作导弹院多种数控设备，而且能熟练编制和调试多种控制系统的加工程序，能够使用MASTERCAM、UG等软件进行程序编制，能够独立阅读英文版编程与操作手册等技术资料。在首次引入高速加工中心时，李明凭着扎实的基础，短短几天就掌握了设备的性能，不仅加工出了第一批合格的零件，还向厂家提出了设备操作系统中存在的缺陷，获得厂商代表的高度称赞。

学习与实践的结合使他养成了善于动脑、勤于动手、不断摸索的良好工作习惯，为他在数控理论、数控编程、操作技能等综合素质方面奠定了扎实的功底。

随着新型号武器性能的提高，零部件的加工精度和难度也越来越高。面对精度高、结构复杂，材料及加工成本高昂的零件加工，李明创新采用了经验值修调、误差补偿等方法，挑战设备精度极限，解决了某重点型号关键零件及组合件的加工难题。

在某重点项目组合件加工工艺攻关中，面对新指标、新要求、新结构，以及已经超出了现场机床所能达到设计精度的形位精度要求，李明摸索出一套误差补偿法，设计制作了若干套夹具及专用刀具，为型号竞标成功做出了突出贡献。

某型弹装配线急需的零件投放现场加工，在毛坯检查时，发现铸造变形严重，加工余量不足，提交质量工程师后准备对该批毛坯做报废处理。当李明得知此事后，将毛坯实际尺寸与零件图样进行对比，认为如果重新分配加工余量，对局部表面进行再加工是能满足图样要求及装配性能需求的，经过质量工程师等相关人员集体讨论，此方案得到一致认可。新的加工方案使该批次几百件毛坯得到了挽救，减少直接经济损失20余万元，解决了装配现场急需的配套产品。

李明工作之余喜欢琢磨。他发现机夹刀具分为车床用和铣床用两类，但之间很难互换。他通过反复琢磨、试验，设计制作了过渡装置，将车用镗刀与铣用镗头对接，利用车用镗刀实现铣用镗孔，扩展了铣用镗头的功能。导弹院许多加工中心早已使用了零点自动设置功能，唯有某系统没有使用，李明认真钻研，通过反复测试，他第一个将零点自动设置功能应用到了五轴设备上，实现了工件零点自动设置，增加了对特殊曲线、曲面的加工，扩展了机床功能。

李明工作照

　　由于李明刻苦钻研、勇于攻关，在工作中取得优异成绩，在新中国航空工业创立55 周年之际，他荣获了航空报国优秀贡献奖；又因他精湛的技术，在中航工业首次技能专家评聘中入选首席技能专家。

　　对身边的年轻人，李明总是耐心指点，有问必答，把自己积累的经验和绝招无私地传授给他们。李明亲手带过的 4 个徒弟，都已获得技师以上职业资格成为生产骨干，并在省部级技能竞赛中取得好成绩。另外，李明作为教练，带队参加了三届全国数控技能大赛及中航工业、河南省等数控技能竞赛，在他的指导下，共有 29 人次获得省部级前三名。在 2010 年第四届全国数控技能大赛加工中心五轴组决赛中，两名选手获得第三名。

　　近年来，李明累计完成 3 项高师带高徒合同，完成中国航空工业集团公司和导弹院各种数控技术培训几百个课时，并担任集团公司数控培训基地的讲师，为十几家航空单位数百名数控专业人员进行培训授课。他参与编写《数控加工精选教材》《加工中心技能鉴定题库》和《数控加工中心岗位培训教材》等书，为数控操作技术的积淀和传播贡献了自己的力量。

陈良驹 2006 年全国五一劳动奖章获得者

陈良驹（1953.2— ），湖北武汉人，2006 年全国五一劳动奖章获得者，成都飞机工业集团（现中航工业成都飞机工业（集团）有限责任公司，简称中航工业成飞）副总经理、总工程师，享受国务院政府特殊津贴专家，研究员级高级工程师。1972 年 9 月任武汉市第三十一中学教师；1978 年在西北工业大学飞行器制造工程专业学习，1982 年 7 月毕业后分配到国营峨嵋机械厂（现中航工业成飞）工作。1983—1986 年在北京航空学院飞行器制造工程系航空宇航制造工程专业进行研究生学习，毕业后回到国营峨嵋机械厂。先后任总工艺师室工艺员、工艺组长、副科长、副总工艺师和总工艺师等职务。1998 年 12 月任成都飞机工业集团副总工程师；2002 年 8 月任副总经理；2003 年 3 月任副总经理、总工程师，2005 年 4 月兼科技委主任；2007 年 9 月调任成飞民机公司总经理。2012 年 12 月任中航工业成飞高级专务。1996 年被中国航空工业总公司评为"八五"期间航空系统做出突出成绩的中国硕士学位获得者，1998 年荣立歼 10 飞机首飞一等功，2002 年荣获"国防科技工业学术技术带头人"称号，2003 年荣立"枭龙"飞机首飞一等功，2004 年荣立歼 10 飞机设计定型一等功，2006 年被中华全国总工会授予全国五一劳动奖章、荣获中国一航航空报国突出贡献奖。

陈良驹先后参加、主持了国家重点工程项目歼 10 飞机和超 7/FC–1 项目的开发与研制工作，主持了民机转包和干线飞机的研制生产，为国防现代化建设、航空制造技术的进步和企业的发展做出了贡献。

1991 年 7 月，陈良驹任成都飞机工业公司副总工艺师，主持工艺系统计算机技术的开发和应用，完成了机加类零件分类编码系统、钣金冲压类零件 CAPP 系统、装配工艺容差和协调方案设计系统、平面框肋梁类零件 CAPP 系统的立项开发和推广应用，其中钣金冲压零件 CAPP 系统荣获部级科技成果三等奖。

1997 年 7 月，陈良驹任成都飞机工业公司总工艺师，主持歼 10 飞机的技术工作。先后参与组织了型号工艺审查、工艺技术准备和生产准备、工艺总方案、全机协调方案和全机装配方案等重大技术方案的制订；负责组织工艺系统 8 项部级、25 项公司级和6项现场指挥部确立的攻关项目，为歼10飞机的研制奠定了技术基础。在研制现场，他历任初装现场组、总装现场组及试飞现场组的副组长，处理了大量现场技术问题；主持2169固溶管无扩口冷挤压成形技术攻关，使该技术得到全面成功应用；主持导管CAD/CAM一体化设计制造技术攻关，该项目荣获部级成果三等奖。

1998年12月，陈良驹任成都飞机工业集团副总工程师，主管"枭龙"/FC-1飞机的试制和项目管理工作。他在尊重客观科学规律的前提下，大胆采用先进制造技术、进行管理创新，在公司CIMS系统的基础上，大力推行CAD/CAPP/CAM技术，使研制工作部分实现了无纸化，提高了工作效率。陈良驹创造性地应用并行工程理念，在项目管理上将传统的串行工作模式转为高度并行的工作方式和组织模式，在飞机详细设计阶段就组织制造部门成立跟设队进驻设计部门，帮助设计人员完善设计方案和进行工艺审查，并行开展试制中的生产和技术准备工作，大大节省了试制准备周期，在设计部门发完结构图样两个月后即实现飞机的部装开铆，开创了航空研制史上的奇迹。

陈良驹坚持"向质量要进度"的原则，每遇重大环节和关键技术问题，都要求反复论证、谨慎实施，并亲自参与实施方案的制订，力求方案的可行度稳妥可靠，使首架原型机各大部件对合一次成功。他敢于打破传统管理模式，针对试制中长线关键难点问题，成立各专业协调组，明确职责，大胆放权，充分发挥广大科技人员主观能动性和项目团队精神，依靠数字化技术加快项目进度，向科学的项目管理要效益。

"枭龙"项目是采取用户合作投资与国内外集资并举的国际合作项目，项目实施过程中各种矛盾和利益关系错综复杂，在协调处理国内外和国内上级部门及各承制厂、所间的各方关系上，陈良驹始终立足于长远，胸怀全局，勇于承担压力和责任，赢得了合作各方的信任和尊重，为"枭龙"飞机研制成功做出了重要贡献。

陈良驹（前右一）工作照

2003 年 3 月，陈良驹被任命为副总经理兼总工程师，全面负责成飞科研和制造技术工作。主持"枭龙"/FC-1 项目研制，组织了多次关键技术攻关，全面推进数字化制造技术，按并行工程原理组织项目研制生产，使"枭龙"飞机研制周期由原定 3 年缩短为 1 年，创造了中国军机研制的奇迹。

2005 年开始，陈良驹主持新机研制和技改工作。项目建设过程中，他在严格遵守国家相关制度法规的前提下，求实创新，力推工程项目总包责任制，这样既有利于控制工程建设投资，又有利于控制工程进度，为成飞节约了大量的管理成本。通过这次改造，成飞在歼 10 飞机优质批生产能力扩充的同时，在关键配套条件、基础设施能力、厂区环境等方面得到全面的改善，为企业的持续发展奠定了基础。

在某新型飞机研制过程中，针对与国外军机研制技术上的差距，陈良驹积极探索，大胆创新，主持完成了中国第一个拥有自主知识产权的"飞机大部件柔性装配及精加工系统"。该系统实现了飞机机身对接及精加工自动化，实现了飞机制造数字化。该系统的应用，不仅能保证该型飞机研制进度和质量，也使我国在飞机装配技术上真正实现了质的飞跃，缩短了与欧美发达国家军机研制与制造水平距离，达到世界先进水平，满足了国防建设的需要。

2007 年 9 月，成飞民机公司成立，陈良驹任总经理。他积极探索，勇于创新，结合民用飞机的行业特点，审时度势，着眼长远，通过建立有效的运行机制，充分调动员工的主观能动性和积极性，使公司一直在高效率的状态中运行，树立了良好的企业形象。

郭殿满 2006 年全国五一劳动奖章获得者

郭殿满（1959.9— ），辽宁本溪人，2006 年全国五一劳动奖章获得者，中国一航沈阳飞机工业（集团）有限公司（现中航工业沈阳飞机工业（集团）有限公司，简称中航工业沈飞）副总经理兼总工程师，研究员级高级工程师。1982年从沈阳航空工业学院毕业后，分配到松陵机械公司（现中航工业沈飞），历任工艺科主管工艺员、科长，公司代副总工艺师兼工艺科长，技术办公室主任，工程部代副部长、副部长兼技术办公室主任。2001 年 4 月任沈阳飞机工业（集团）有限公司副总经理兼总工程师。2009 年 3 月调至中航工业哈尔滨飞机工业（集团）有限责任公司（简称中航工业哈

飞），任党委书记、副董事长、副总经理；2011 年 12 月起任中航工业哈飞董事长、总经理、党委副书记，中航工业哈飞股份董事等职。郭殿满 1999 年在某重点工程飞机首飞阶段荣立中国航空工业总公司个人一等功；2001 年 1 月荣立辽宁省国防工办一等功；2002 年在某型发动机科研试飞中荣立中国航空工业第一集团公司（简称中航一集团）个人一等功和荣获国防科工委一等奖；2003 年在某型机建线生产中荣立中航一集团个人一等功；2003 年被评为国防科工委重点工程先进个人；2004 年荣获沈阳市"十大杰出青年企业家"和"十大科技英才"称号；2006 年被中华全国总工会授予全国五一劳动奖章。

郭殿满在沈飞工作期间，组织完成了歼 8 等多个型号飞机的研制工作。他率领广大科技人员，吸收国内外先进制造技术，开展科研和技术攻关，使沈飞的飞机制造技术实现了跨越式发展，成功实现了多个型号飞机的制造、试验、试飞技术的突破，填补了国内飞机制造技术的多项空白，并积极推进企业技术进步、生产线调整，在型号研制中实施数字化制造、并行工程和精益制造等高新技术和现代化管理手段，提高了沈飞的整体技术水平和企业竞争能力，缩短了我国航空制造技术与世界先进水平的差距，为自主研发新一代战斗机奠定了基础。在飞机型号研制中，他数次荣立一、二等功，并荣获部级科学技术进步奖一、二等奖。在此期间，郭殿满精心组织飞机的研制生产工作，确保生产任务的完成。在多型号飞机的科研试制与批生产高度交叉的情况下，在时间紧迫、任务繁重的严峻形势下，能够突出重点、精心组织、统筹安排，充

分运用精益生产理念并有机地结合工艺生产流程，积极开展多工序平行交叉作业，常年坚持深入生产现场，及时协调解决科研生产过程中的问题。

郭殿满改进改善了沈飞的档案管理工作。2001年郭殿满任沈阳飞机工业（集团）有限公司副总经理兼总工程师期间，主管档案工作，他坚持以服务于企业科研生产经营为中心，以促进企业持续快速发展为目标，以创新档案管理机制和服务方式为目的，不断深化对档案工作的指导和领导，在重视开发利用档案信息资源的同时，积极倡导档案信息资源向企业生产力方面转化。随着企业的不断发展，他坚持在改造档案设施设备、改善档案工作条件的基础上，督促检查基础建设和档案信息化工作，为发展企业档案事业做出了突出贡献。在此期间，他实现了"数字化沈飞"的目标。在推进繁重的重点型号科研生产任务的同时，郭殿满启动了"网上数字化沈飞"建设工程，这项工程以设计制造数字化，企业管理信息化，信息处理网络化为目标，以信息集成为重点，总体规划，分步实施，已经建立了支持设计、制造、生产、管理、办公等企业业务活动的各类信息系统。这些系统的集成运行，使设计、生产、供应、财务和库存等部门的信息能够及时和准确地共享，使企业的物流、信息流和资金流统一，使产品结构、库存、材料定额、工时定额、成本、价格等基础数据更加规范化、准确化和完整化，为沈飞科学管理和决策提供了有力的支持。

郭殿满倡导技术创新，重视发挥科技人员的作用。郭殿满认为，企业要发展就要不断提高企业的核心竞争力，而提高企业核心竞争力就要求广大科技人员具有强烈的创新意识。在重点型号新机研制中，他根据机体结构特点，大胆应用数字化制造技术，

2009年1月17日，沈飞总工程师郭殿满（右一）向来宾汇报工作

减少技术协调问题，大大提高了生产效率和产品质量。针对当时科研型号比较多的情况，为合理使用科技人才，充分调动广大科技人员的积极性，他在全公司范围内开展岗位交流活动，让科技人员成为"一专多能"的多面手。他还加大了科技人员奖励力度，激发员工的工作热情和创造性，收到良好的效果。在他的带动下，沈飞建立起了适应新一代战机研制的航空工程技术管理机制，通过强化装配、数控加工、环境试验、飞行试验技术以及特种检测等技术，使企业逐步形成独具特色的强大核心竞争力。

作为总工程师、科技委主任，郭殿满不辱使命，以对党和国家高度负责的责任感、使命感，在重点型号研制工作中精心组织，锐意创新，创造了型号研制的新奇迹，在实践中提升了沈飞的航空制造技术和水平，为我国空海军装备建设和航空工业发展及国防科技的崛起做出了贡献。

雷定坤 2006 年全国五一劳动奖章获得者

雷定坤（1949.6— ），四川成都人，2006 年全国五一劳动奖章获得者，中国一航成都飞机工业（集团）有限责任公司（现中航工业成都飞机工业（集团）有限责任公司，简称中航工业成飞）工会主席。1969 年从学校毕业分配到国营峨嵋机械厂（现中航工业成飞）工作，1969 年 6 月—1994 年 3 月先后任 31 车间工人、车间工会主席、党支部副书记、党支部书记、车间主任等职；1994 年 3 月—1997 年 11 月任成都飞机工业公司（现中航工业成飞）钣金厂分党委书记，1997 年 11 月—1998 年 1 月任公司工会副主席；1998 年 1 月—2006 年 2 月任成都飞机工业集团（现中航工业成飞）工会主席，2006 年 2 月—2009 年 6 月任公司企业文化建设委员会副主任。多次被评为公司优秀党务工作者、先进生产（工作）者，1984 年被评为成都市工会工作积极分子，2001 年被评为四川省厂务公开先进个人，2002 年被评为成都市思想政治工作优秀个人，2004 年被评为全国安康杯竞赛活动优秀组织者、全国职工技协工作先进个人，2006 年被中华全国总工会授予全国五一劳动奖章。2009 年 6 月退休。

雷定坤 1969 年从学校毕业分配到国营峨嵋机械厂 31 车间工作，由于工作认真负责，踏实肯干，多次立功受奖。1983 年恢复整顿工会工作，他被车间职工选为工会主席，在上级工会的领导和支持下，他试点创建了工厂首个"职工之家"，后来该车间一直保持"模范职工之家"光荣称号。1985 年雷定坤任车间党支部书记，由于车间军民结合生产好，车间被评为成都市先进党支部；1987 年调钣金厂 32 车间任车间主任，通过 6 年的艰苦努力，使车间从后进变为先进；1994 年任钣金厂分党委书记，分厂工作年年名列公司前茅，分党委多次被评为先进基层党组织。

1998 年雷定坤担任成都飞机工业集团工会主席后，在上级工会和同级党委领导下，锐意进取，求真务实，积极推进基层政治民主建设，依法依规行使职工民主合法权益，在围绕中心服务公司大局，特别是在歼 10 飞机研制生产的关键时期，作为主机厂牵头开展了"五保"厂际劳动竞赛，并深入到各参研厂（所）催督、协调、反馈问题；提出"歼 10 飞机装备到哪里，就慰问到哪里"，与公司党委一起多次率慰问团去部队慰

雷定坤工作照

问演出，广受欢迎；在公司"保防线，守节点"大干活动中，公司工会到一线慰问已成制度，干部职工十分满意；公司工会还非常重视技能工人成长成才工作，组织开展"岗位练兵""技能大赛""技术攻关""小改小革、合理化建议"等活动，不断提高员工综合素质，并以技师协会为平台，加快技能人才培养，促进企业的发展；在公司推行主辅分离、改制分流的过程中，主动收集、听取并整理职工的意见，为党政领导决策提供了参考依据，为改制工作的平稳推行奠定了基础。

2006 年，雷定坤担任企业文化建设委员会主要领导后，领导并积极参与企业文化建设的创建活动，躬身实践，不断构建现代企业文化，促进企业发展，重视与现代企业文化建设相配套和协调的制度建设，公司企业文化建设取得丰硕成果，荣获了"全国企业文化建设优秀单位"荣誉称号。

孟庆凤 2006 年全国五一劳动奖章获得者

孟庆凤（1956.7— ），湖北洪湖人，2006 年全国五一劳动奖章获得者，中国空空导弹研究院（现中航工业空空导弹研究院，简称中航工业导弹院）副院长。1977 年 11 月于西北工业大学毕业后，分配到陕西空空导弹厂（现中航工业导弹院）工作，从 1990 年 2 月起，历任 13 车间副主任、主任、主任兼党支部书记，厂副总工程师。1998 年 7 月工厂改制后，任洛阳南峰航空精密机电有限公司副总经理，2001 年 8 月，中国空空导弹研究院成立，被任命为副院长。先后担任空空导弹多个型号研制总质量师。1988 年荣获陕西省经济委员会引进技术创新二等奖，1989 年荣获陕西航空局科学技术进步奖一等奖，1993 年荣立航空航天工业部个人三等功，1995 年荣获中国航空工业总公司科学技术进步奖三等奖，2000 年荣立中国航空工业第一集团公司个人二等功，2005 年荣立国防科工委个人二等功，2006 年荣获中国一航航空报国优秀贡献奖，2006 年被中华全国总工会授予全国五一劳动奖章，2008 年荣获中国一航科学技术进步奖一等奖，2011 年荣获新中国航空工业创建 60 周年航空报国突出贡献奖；2012 年荣获中航工业航空报国金奖三等奖。

2001 年 8 月，孟庆凤被任命为中国空空导弹研究院副院长，对于主管的质量工作具有较强的决策能力、执行能力和创新能力。孟庆凤兼任多个空空导弹型号的总质量师、不合格品审理委员会主席、军贸产品部派代表室总代表。他从质量管理工作的顶层策划入手，策划质量工作，确立目标，组织编制质量计划，深化质量管理，促进质量效益提升。

在重要产品研制与批生产方面，孟庆凤狠抓"质量源头管控"，针对产品质量的源头设计过程，开展有针对性的质量管理工作。强化重点型号研制质量管理顶层策划，制定完善了各类型号质量保证大纲，组织了质量专项检查、技术状态专项审查等工作，规定了转阶段审查的具体工作细则和要求，强化了过程质量监督、重大外场试验进场前评审、研制过程质量问题归零审查等工作。通过各种质量管理手段，提前发现问题，暴露问题，解决问题，体现了"预防为主"和"过程控制"的质量意识要求，确保了新产品顺利转产。

孟庆凤组织开展元器件专项清查，使设计人员对于元器件的指标体系有了更深刻的认识，进一步规范了对配套单位的产品顶层文件管理。孟庆凤以产品为抓手，学习航天质量控制方法，不断改进导弹院的质量管理工作。在他的组织带领下，某产品一次通过外方客户的最终验收，并由于产品优质交付，赢得了客户对质量师系统的赞誉。

孟庆凤针对某产品研制攻关工作，深入调查研究，系统策划，建立健全了批检试验管理制度，成立了批检试验总指挥部，多次带领试验队奔赴外场试验基地，协调各相关单位，创造条件，并狠抓试验过程的质量控制，确保了连续多批某重要产品批检试验任务的圆满完成。

在质量管理体系建设方面，孟庆凤认真贯彻落实国家质量法律法规和国防科技工业各项标准、条例和规章制度，以及集团公司质量效益年各项要求、质量工作会议精神等，紧紧围绕导弹院科研生产经营管理目标，认真落实最高管理者和管理层的决策与要求，努力提升质量管理体系有效运行。导弹院以高分通过集团公司质量管理体系评价达标现场审核；高分通过新时代认证中心 GJB 5000A 二级评价认证；通过了新时代认证中心质量监督审核。质量管理体系建设的逐步落实到位，有效地助推了导弹院工作质量、产品质量和服务质量的提高。

在外贸产品质量管理方面，孟庆凤针对导弹院外贸产品特点，系统策划并组织实施了相关工作。通过完善组织机构，加强制度建设。加强技术状态控制，严格质量问题和不合格品的审理。加强生产现场监督检查检验等工作，进一步强化外贸产品质量控制，夯实外贸产品质量管理，有效地促进了外贸任务的完成。

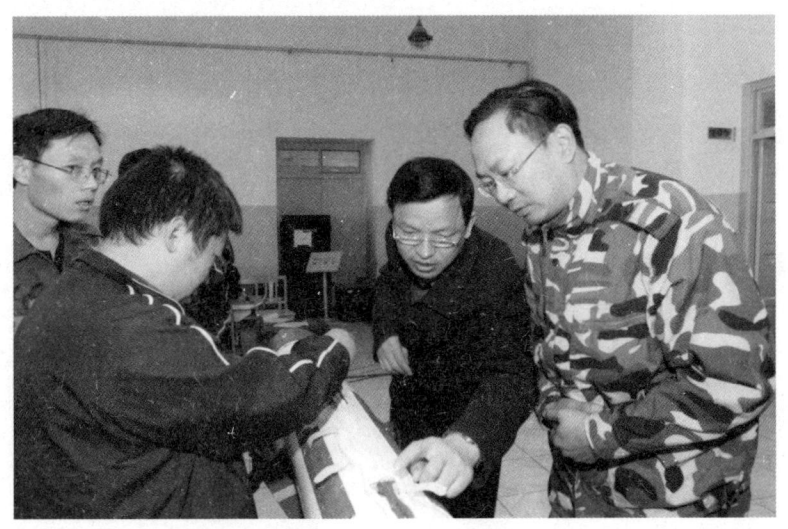

孟庆凤（右二）工作照

　　在外场服务保障方面，孟庆凤高度重视外场服务保障体系的建设，组织了多个重大保障任务的策划与实施。通过这些重大任务的实施，导弹院外场服务保障制度、信息管理和保障计划的制订与落实，用户培训及保障体制设计等得到了进一步建立健全，客户服务的指令在导弹院能够得到有效实施，外场服务保障任务能够有效完成，客户服务工作得到了用户的好评。

宋科璞　2006 年全国五一劳动奖章获得者

宋科璞（1963.9— ），陕西武功人，2006 年全国五一劳动奖章获得者，中国航空工业第一集团公司西安飞行自动控制研究所（现中航工业西安飞行自动控制研究所，简称中航工业自控所）所长、享受国务院政府特殊津贴专家。1984年于天津大学计算机工程专业毕业后，分配到航空工业部第618 研究所（现中航工业自控所）工作，2000 年获西北工业大学工程硕士，2013 年获北京大学 EMBA 学位。历任设计员、专业组长、研究室主任、飞行控制部部长、副总工程师、副所长，2010 年 3 月任中航工业自控所所长、党委副书记。
宋科璞是中国航空学会飞行器控制专业委员会主任委员，中国系统仿真学会理事，中国惯性技术学会副理事长，陕西省航空学会常务理事，陕西省自动化学会委员。他先后主持或参与数十项国家重点工程的研制，为我国飞行控制技术的发展，为航空武器装备水平的提高，为国家"高新工程"任务的完成做出了贡献。2006 年被中华全国总工会授予全国五一劳动奖章、并先后荣获中国一航航空报国突出贡献奖、总装备部高技术武器装备发展建设工程荣誉奖章、中航工业航空报国金奖，被评为陕西省有突出贡献专家和中航工业首席专家。先后荣立个人一等功 2 次、二等功 1 次、三等功 2 次；荣获国防科技成果一等奖 1 项，二等奖 5 项、三等奖 2 项，省部级科学技术成果 19 项；荣获国家级企业管理创新成果一等奖 1 项，省部级管理创新成果二等奖 2 项。

1984 年 8 月，宋科璞毕业后进入航空工业部第 618 研究所飞行控制研究部工作。在承担数模混合式余度飞控计算机分系统的研制工作中，他攻克飞控计算机回零/保持的高精度难题，使飞控系统以较小的体积获得高保持精度，开拓了数字技术的应用先例，该项目荣获 1995 年中国航空工业总公司科学技术进步奖二等奖。

1993 年立项研制的"624 飞行控制系统"，属国防预研重点项目。宋科璞作为飞控计算机技术主管，成功地设计出为该系统配套的 32 位数字式三余度飞控计算机，将中国低空突防的系统技术从理论探索推进到工程研究阶段，获得 1997 年中国航空工业总公司科学技术进步奖二等奖，并荣立"八五"航空预研项目三等功。

1999 年，宋科璞担任自控所飞行控制部副部长，两年后担任部长。在他的主持和组织下，飞行控制部立足自控所科研任务，以创新驱动发展，获得多项科研成果。自主研发的军用1553B总线协议芯片，打破国外的垄断和封锁，填补国内空白；"九五"重点预研项目"虚拟原型机技术研究"课题首次针对飞控计算机建立虚拟仿真环境，大大缩短了飞控计算机乃至飞控系统的研制周期、提高了一次设计的成功率；在某型机国产化研制中，宋科璞确定了保持机械接口和电气接口一致，可在外场更换单元及内场可更换级进行互换、混装的原则，彻底摆脱受制于人的困境，荣获2004年国防科学技术进步奖二等奖；在国家某重点工程项目研制中，首次研发了符合 ARINC－659 协议规范具有自主知识产权的总线协议芯片，荣获2006年国防科学技术进步奖三等奖、中国一航科学技术进步奖二等奖。

宋科璞在工作中善于系统思考，利用自控所控制与导航两大系统专业的优势，组建综合团队进行控制与导航系统一体化研发，并面向无人机和导弹，催生形成新的制导专业。他首创国内飞控系统分布式控制系统结构，创下我国飞行器留空时间最长、自动起飞与着陆功能最稳定可靠的纪录。主持某重点型号导弹中制导系统和某机载布撒器制导系统研制，使控制系统的控制精度、可靠性及维护性有了质的飞跃。在主持某空天无人飞行器高可靠性飞控计算机研制中，极大地提高了计算机的任务可靠性。2010年，提出某特种无人机飞行控制与管理设计方案，在国内首先实现了针对移动目标的运用激光制导导弹的自动攻击占位飞行控制与管理。作为某新型战机飞控产品开发负责人，攻克了作动器虚警率高的重大技术难题，荣获航空工业科技一等奖。

宋科璞主持国内机载行业首个复杂系统级产品自动驾驶仪、光纤捷联航姿系统的适航认证，使自控所跨过适航门槛；推动 C919 项目顺利开展，进行国际民机转包生产，拓展了民品市场和专业发展。

作为飞行控制专业学术带头人和飞行器控制一体化技术国防科技重点实验室负责人，宋科璞先后承担了多机种、多型号的飞控计算机研制工作，并取得多项成果，使自控所的计算机设计紧跟国际先进水平，强有力地支撑了中国飞行器控制一体化技术的持续发展。宋科璞以扎实的专业功底、严谨的科研态度和较强的综合管理能力得到了行业内外的高度评价。

2010年3月，宋科璞被任命为自控所所长后，认真贯彻集团公司发展战略，提出"居安思危，未雨绸缪，系统思考，精细执行"的管理战略，推动自控所管理变革的持续深化，使自控所成功跨越平台期，实现新一轮"有质量"的增长。

宋科璞构建自控所技术体系与管理体系，推进研发流程协同平台建设，实现研发流程显形化，实施组织再造，推行研发组织单元化管理，促进知识重用及跨部门多学科工作协同。在生产组织上，推行单元化柔性生产方式，促进产品生产步入优质、快速和低成本时代。他强力推进的降本增效工作也取得了明显效果。

宋科璞强化战略目标管控，在军品领域以技术驱动，主导军用市场，确保技术领先和竞争主动地位；民品领域围绕核心，推进民品孵化，走产业化发展之路；抓住战略机遇，尽快形成民机能力；通过保军促民，强化市场定位。他狠抓市场开拓，开辟民机产业；推进国际合作，建立合资公司，拓展民机转包生产。售后服务工作历经被动型、快速响应型、主动型之后，再次从保障型服务向经营型服务转型。在"三位一体"联合保障方式的基础上，建立了基于产品的开放式售后服务联合保障体系。

自控所承担的飞行控制和惯性导航系统关系飞行安全，他深感责任重大，提出"质量是品牌，也是效益，更是政治"的理念，落实"业务谁主管，质量谁主抓，责任谁承担"的"三谁"质量责任机制；完善研发体系，在设计与开发流程中加入质量控制点，将质量体系要求融入日常工作；优化管理、生产、服务体系，实施闭环管理，提升产品质量，实现了管理流程化、执行结构化、工具整合化、改进持续化、成果知识化。

宋科璞热爱航空工业，淡泊名利，曾婉拒某知名企业的高薪聘请，坚守在航空战线。作为自控所行政主要负责人和党委副书记，他坚持提高党性修养，廉洁自律，规范权力运行，秉持集体、民主、依法决策的原则，严格遵照"三重一大"制度规定决策。他注意倾听员工心声，着力解决好员工最关心、最直接、最现实的利益问题，积极倡导和营造和谐、透明、正向的企业文化，得到全所干部员工的认可。

宋科璞工作照

王全星 2006 年全国五一劳动奖章获得者

王全星（1944— ），河南宜阳人，2006 年全国五一奖章获得者，中国一航沈阳黎明航空发动机（集团）有限责任公司（现中航工业沈阳黎明航空发动机（集团）有限责任公司，简称中航工业黎明）副总工程师，享受国务院政府特殊津贴专家。1968 年于北京航空学院毕业后，分配到国营黎明机械制造厂（现中航工业黎明）30 车间工作，1970 年起历任设计处设计员、科长、副处长、处长、副总工程师，2004 年 12 月任副总工程师级项目经理。王全星 2001 年 4 月荣立中国航空工业第一集团公司某发动机及附件修理项目个人一等功；2006 年 4 月荣获中国航空工业第一集团公司航空报国杰出贡献奖；2006 年 4 月被沈阳市人民政府评为沈阳市劳动模范；2006 年 5 月被中华全国总工会授予全国五一劳动奖章；2009 年 1 月被中国航空工业集团公司授予总经理特别奖；2010 年 4 月被中国航空工业集团公司授予航空报国金奖；2011 年 4 月被中国航空工业集团公司授予航空报国突出贡献奖；2012 年 9 月被中国航空工业集团公司授予某型飞机首飞项目个人一等功。2010 年 1 月退休。

王全星在中航工业黎明工作 40 多年里，一直从事于航空发动机设计专业。20 世纪 70—90 年代，参与我国航空发动机主要机种某型涡喷发动机的排故、改进改型及延寿工作。先后参加并完成某型发动机涡轮轴折断、涡轮盘榫齿、槽底裂纹、二级涡轮叶片折断等重大故障的机理研究和排故工作。

1996 年，王全星作为沈阳黎明发动机制造公司（现中航工业黎明）的代表参与了国家某型号工程项目的引进谈判工作，最终取得圆满成功。作为国家某型号工程的主要承办人之一，项目引进后，继续负责组织实施发动机修理线的建设工程，经过三年的不懈努力，终于建成了国内第一条某型号发动机的修理线，受到总装备部、国防科工委和空军机关的表彰，并荣立一等功。

2000 年，王全星作为沈阳黎明航空发动机集团公司副总工程师，被任命为负责组织某型号发动机修理研发的项目经理，由他全面负责某重点型号机系列的国内修理和保障服务工作。在他的组织协调指挥下，全面开展发动机的修理工作。在此期间，他组织开展了大量的技术攻关工作。对发动机在使用过程中常见的发动机振动值超标、滑油消耗量大，滑油金属含量超标等重大质量问题和故障进行反复深入的研究攻关，使故障率大大降低，提高了发动机的修理质量，降低了修理成本。尤其是在解决某重大攻关过程中，王全星作为攻关组组长，会同有关院校专家，经过一年多的全力奋战，终于查明故障原因，使该故障得到彻底排除。

王全星非常关注发动机的质量，尤其是发动机在使用过程中出现的危害性故障，都及时组织开展故障机理研究，查找故障原因，提出针对性解决措施，取得了阶段性成果。2005 年，他组织有关人员，研制出九级蓖齿盘均压孔探伤仪，该仪器可以有效地在外场对该盘的均压孔进行探伤检查，及时发现故障，保障了部队的飞行安全。空军机关首长对此给予高度评价，认为"这是黎明公司对部队安全飞行做出的突出贡献"。

随着修理研究的深入，从 2002 年起，王全星组织开展了发动机的延寿工作，将发动机的总寿命从 900 小时延长至 1200 小时。王全星组织项目团队，查阅了大量的技术资料，对关键零部件开展了大量的试验验证，会同国内专家组成专项攻关组，展开自主研修攻关。经过两年多的日夜奋战，终于取得成功。发动机延寿修理项目不仅为国家节约了一笔巨额外汇，也为航空工业争得了荣誉。该项延寿修理技术投入使用以来，使得大量到寿发动机得以继续使用，保障了部队的使用。该项目获得中国航空工业第一集团公司科学技术进步奖一等奖，国家科学技术进步奖三等奖。

随着发动机使用时间的延长，王全星提前谋划，再次组织团队开展发动机到寿命后的第二次延寿工作并取得成功，将发动机的总寿命从 1200 小时延长至 1500 小时。

王全星（左一）工作照

为了早日实现发动机修理用备件国产化，王全星率领项目团队与兄弟单位一起，积极开展了发动机电缆和轴承国产化攻关。经过共同努力，该项目取得圆满成功，实现国产化电缆 326 项，轴承 60 种，全部通过考核并应用到修理中。

在发动机修理过程中，由于国外提供的修理技术、工艺和方法已经不能满足现有的修理要求，王全星组织他的项目团队和其他兄弟单位一起，开展了修理新技术、新工艺及新方法的技术创新活动。先后成功研制了应用超声波消除焊接应力技术、激光焊修理高涡叶片技术及超声波消洗燃油总管内腔的清洗技术等，取得多项自主技术开发成果。与此同时，他还积极组织有关单位开展深度修理工艺攻关，将过去不能修理的部分零部件，通过深度修理而恢复其功能。这些修理技术用于发动机修理，仅此一项每年为国家节约资金 3000 多万元。

2005 年起，王全星作为项目经理，组织团队开展对该发动机进行改装工作，用以满足舰载机对该发动机的要求。由于国外拒绝提供改装技术，他组织团队成员通过各种渠道，了解舰载机对该型发动机的特殊要求，并提出改装方案，开展各项验证试验，终于满足飞机对发动机的要求，保障了飞机试飞和定型需求。为此，王全星被授予总经理特别奖及某型飞机首飞项目个人一等功。

陈继兵 2007 年全国五一劳动奖章获得者

陈继兵（1960.12— ），江西信丰人，2007 年全国五一劳动奖章获得者，中国南方航空工业有限责任公司（现中国南方航空工业（集团）有限公司，简称中航工业南方）磨工，高级技师。1977 年在农村插队，1978 年 6 月在国营湘江机器厂（现中航工业南方）701 车间当磨工，1989 年 2 月—1991 年 1 月在航空航天工业部高级技工学校学习，1991 年 2 月以后在航空航天工业部南方动力机械公司（现中航工业南方）701 车间担任技师。2007 年被中华全国总工会授予全国五一劳动奖章。

1978 年，"上山下乡"回来的知识青年陈继兵成为国营湘江机器厂 701 车间的一名磨工。他勤于思考，脑子灵活，有着一股遇难而进的钻劲儿。为学技术，他虚心请教老师傅，坚持自学专业理论知识。1996 年，他从中国南方航空动力机械公司（简称南方公司，现中航工业南方）技校高级技师班毕业以后，将所学的专业知识应用到生产实践中，一人可以熟练操作平磨、内磨、外磨、车磨、刀磨、无心磨、超精磨、龙门磨、导轨磨等磨工设备。1999 年他被南方公司聘为高级技师。

陈继兵尽管技术精湛，但从不以技术为资本向单位提条件，不计较报酬地苦干实干。2005 年，南方公司航空发动机生产任务繁重，某航空发动机试车台支架的加工任务直接影响航空发动机交付进度，成为公司关键项目。由于该台支架体积庞大，精度要求高，加工难度大，许多工人对其都束手无策，并谓之"啃不动的硬骨头"。为了不拖航空发动机生产的后腿，机械设备厂毅然承担了此项业务，并将这一"难啃的骨头"交给了陈继兵。接到任务后，陈继兵依据图样进行仔细研究，找准了一条最佳加工路线——分段在龙门磨上一刀一刀地进行加工……经过一个通宵的不眠工作，陈继兵不仅按图样要求完成了加工任务，且零件的平面度、平行度、直线度及粗糙度都达到了使用要求，为航空发动机的生产和顺利交付奠定了基础。

"对待工作不但肯干，而且敢干、会干"，是陈继兵对自己工作的切实要求。电光源设备是机动分公司的主要经济支柱之一，近年来，随着电光源机床设备的日益先进，许多零件的加工精度要求非常高，而磨工又是最后一道加工工序，是一个零件精度的总把关，稍有不慎，就会前功尽弃。2009年，机动分公司引进韩国技术研制石英玻璃管卧式接管机，整套设备研制开发的时间只有4个月，且合同规定延误一天罚款400元。由于设备精度要求很高，特别是主上、下夹爪装配后360度旋转对接精度必须控制在0.1毫米之内，这就意味着对夹轴、夹爪每一个零件的精确度、互换性要求更高了。分公司没有这样的精密设备，只好委托外面的专业厂进行加工。可是，外委厂家在最后一道工序——夹爪的组合上想尽办法都达不到要求，只好撒手不管，而这时交货日期已近，分公司、专业厂领导们都焦急万分。陈继兵在得知情况后，主动请缨。通过仔细研究后，他自制了一套简易夹具，利用现有设备，全凭一双巧手，对夹爪一片片、一刀刀地进行加工，将每片夹爪都控制在公差范围以内，且装配时具有较好的互换性，完全满足了设计要求，整机装配试车后一次成功且按合同日期准时交付，使用户非常满意，继而与分公司签订了7台电光源设备合同，创造价值140万元，为机动分公司在激烈的市场竞争中赢得更多的市场份额奠定了坚实的基础。

陈继兵敢于创新，甘于奉献。在加工电光源设备上一个长1230毫米、宽600毫米的火头基片时，为确保其平面度、平行度在0.001毫米之内，他自制夹具，采取"化整为零"的加工方法，先用龙门磨不打压板磨出基准，再用大平磨分段磨，最后用手对刀，逐一打表接刀磨好，最终达到了图样要求。他这一技术创新，为此后加工该类大型工件开创了一条新路，为分公司创造价值80万元。

一次，机械设备厂承接了一批2米长的细长轴加工外委任务，可当时专业厂设备有限，难以加工，委托其他单位又将增加成本，陈继兵便采用普通外磨代替超精外磨，采用多次装夹、定位支承的办法，保证了细长轴跳动在0.1毫米之内，椭圆度在0.001毫米之内，锥度在0.002毫米之内，达到了用户的要求，为分公司节约费用1万余元。在公司重点开发项目汽车转向器上的涡轮副加工的试制过程中，陈继兵采用专用芯棒来保证加工精度，提高了涡轮副加工的合格率，为公司汽车转向器的开发奠定了良好的基础。

陈继兵对工作的热爱已达到了痴迷的程度，他将全部身心都倾注在自己的工作岗位上。一年夏天，为了避免高温对设备和材料的影响，保证3318加工中心正在进行设备修理的床身导轨磨的精度质量，陈继兵早上4点钟就赶到工房上班，一直干到晚上12点以后才回家。同年，陈继兵的母亲因病住院，但为了完成生产任务，争取时间过半任务过半，他仍是将工作摆在了第一位，常常在下了晚班以后才赶到医院照顾母亲，第二天清早又回到工作现场。就这样，陈继兵一年累计加班达800小时，完成工时8000小时，一年完成了两年的工作量，为分公司创造价值高达220万元，为专业厂节约费用达6万余元。

陈继兵朴实憨厚，对于奖金、奖励的多少，他从不计较；对评优评先，他也总是推让给别的同志；而在申报技术创新成果时，他总是憨憨一笑："我这点小改小革，实在没什么大不了的。"

常年的积累使陈继兵掌握了许多绝技，但他从不保留。他主动提出要给单位青工上技术课，还手把手地教。在他的努力下，专业厂的青工技术水平均有了普遍提高，有效缓解了技能人员短缺状况。

何 勇 2007年中国青年五四奖章获得者

何勇（1968.11—　），四川南部人，2007年中国青年五四奖章获得者，中国一航成都飞机工业（集团）有限责任公司（现中航工业成都飞机工业（集团）有限责任公司，简称中航工业成飞）数控加工厂技术厂长，工学博士，研究员级高级工程师。1990年7月于西北工业大学机械制造工艺及设备专业毕业后，分配到成都飞机工业公司（现中航工业成飞）数控加工厂，先后任工艺员、程编员、程编组副组长、数控加工中心副主任、数控加工厂副厂长等职；2007年9月任成都飞机工业集团（现中航工业成飞）结构件厂厂长兼党总支副书记，2009年9月任人力资源部/党委组织部部长；2013年12月任中航工业成飞副总工程师。何勇多次被评为成飞公司劳动模范、先进生产（工作）者。他主持或参与的获奖科研课题、管理创新课题有27项，其中获国家级成果奖1项，省级成果奖3项，中航集团成果奖6项。个人荣立二等功3次、三等功2次。2001年被聘任为成飞公司第一届数控加工工艺技术带头人，2006年荣获四川省科技创新优秀人才奖，2007年被共青团中央授予第十一届中国青年五四奖章。

何勇1990年从西北工业大学毕业来到成飞公司，从普通的工艺人员逐渐成长为组长、技术副主任、技术副厂长、厂长，直至走上公司领导岗位。20多年来，他始终坚持刻苦钻研技术、大胆创新管理，将国外先进的技术和管理理念与实际生产相结合，参与了歼10飞机、"枭龙"飞机和波音飞机、空中客车飞机等项目数控结构零件的工艺设计工作，参与或主持国家"863计划"项目、集团公司和所在省市多项课题研究工作，先后解决了铝合金高速加工，钛合金、高强度不锈钢和复合材料等难加工材料的多项关键技术难题。

何勇善学善用，将所学知识、技术应用于实际工作中，解决工作中的难题。刚担任工艺员时，他谦虚、好学，赢得了一线技术工人和基层技术人员的认可。1992年，何勇被派往国外学习数控加工方面的理论和技术。在国外先进数控加工技术面前，何勇如饥似渴地汲取着数控加工技术领域中的每一滴养分，并且学以致用，将所学知识技术积极运用在成飞公司数控加工领域。为解决先进数控技术运用与数控设备能力不足的矛盾，他吃在现场、住在现场，只要工人在操作过程中有问题，他总是第一时间出现在大家面前解决问题。

2003 年，何勇以访问学者的身份进入国外大学学习，并在数控编程和质量管理等方面了解和掌握了国外许多先进的制造技术和管理理念。学成归国后，何勇担任了成飞数控加工厂副厂长，主管技术工作，他怀着报效祖国航空事业的雄心壮志，以强烈的责任感和敬业精神承担着数控零件工艺技术和质量管理工作。在工作中，他大力推进技术研究工作，以课题为载体，提高数控加工技术，培养工艺技术人才，并从改进工艺流程、规范加工参数和高效利用设备等方面入手，带领分厂全体技术人员开展了加工流程和数控程序的优化工作，提高了产品质量。他组织技术部门按照零件类型编制了典型工艺方案，解决了飞机结构件数控加工落后的问题；主持进行了一系列刀具和切削参数的课题研究，率先建立了国内领先的切削参数库，对国产高速刀具进行了优化、完善，显著提高了切削效率和加工质量。

2006 年，何勇担任数控加工厂技术厂长，主要负责技术管理、质量管理及设备管理等工作。为推进国外先进的管理理念，何勇将小团队管理模式应用于数控加工厂的各项管理中，并举行了"企业中的小团队活动"讲座，把自己学习到的管理知识传授给基层管理者，将群众的智慧运用于生产和技术管理中，激发了全体员工参与技术改进和开展自我管理的热情，大大增强了员工的积极性和创造性。他坚持技术创新，坚持技术为生产服务，将自己所学的理论知识及国外先进的制造技术及管理理念与数控加工厂的生产实际相结合，合理调配技术及人力资源，理顺型号飞机研制流程，疏通数控加工厂的管理渠道，用开创性的工作思路，为成飞数控加工技术的发展做出了突出贡献。在质量管理上，通过加强实物质量过程控制，采用产品过程质量控制表，在工装上设置"对刀块"，实行"八步检查法"等创新措施，大幅度提高了零件合格率；积极探索质量管理信息化的新路子，大力推进数控加工厂的质量管理信息系统的开发和应用，促进了质量管理水平的提高；在设备管理工作上，大力推行体系化管理，借鉴质量管理的方式方法，提高了数控设备利用率。

何勇淡泊名利，以感恩的心去工作和生活。技术工作是一项枯燥、烦琐而又不太被人们关注的工作，它要求技术人员耐得住的寂寞、顶住失败挫折的压力。当组织授予何勇荣誉时，他说："我只是做了一名科技人员应该做的工作，这是我的职责，其他人在我的岗位也会和我一样，甚至会干得比我更好。"正是这种对名利的淡泊，锻造出他无欲则刚的人格，让他在平凡的技术岗位上数十年如一日地坚守"航空报国"的信念，在各种诱惑面前从容坚定。

孔 霞 2007年全国五一劳动奖章获得者

孔霞（1962.9—　），山东菏泽人，2007年全国五一劳动奖章获得者，兰州飞行控制有限责任公司（现中航工业兰州飞行控制有限责任公司，简称中航工业兰飞）副总工程师兼航空技术中心党支部书记、副主任、航修厂厂长，研究员级高级工程师。1982年8月由南京航空学院毕业分配到国营新兰仪表厂（现中航工业兰飞），先后任车间工艺员、科研二所设计员、副主任设计师、主任设计师；1998年3月起任质量部副部长、部长，航空产品事业部副总经理兼航修厂厂长；2006年10月起任公司副总工程师兼设计所党支部书记、副所长、航修厂厂长。孔霞多次被评为工厂劳动模范、优秀干部和突出贡献者，并荣获"甘肃省优秀女科技工作者"称号；2007年被中华全国总工会授予全国五一劳动奖章；2013年获聘中航工业航电系统一级技术专家。孔霞曾当选甘肃省兰州市安宁区第十三、第十四届人大代表，甘肃省第八、第九届政协委员。

　　1982年孔霞以优异成绩由南京航空学院毕业分配到国营新兰仪表厂，从此她在航空飞行控制这个特殊领域上开始了她的奋斗历程。在工厂车间里担任工艺员时，她就以青年学子所特有的饱满热情和深厚的理论功底，解决了多项机载电子产品工艺问题。

　　1984年后，工厂承担了多项国家高新工程和重点型号任务。面对异常繁重的科研任务，孔霞勇挑重担，独立完成了242－SP数字适配器设计，为工厂数字化产品设计开创了先河。她参加某型直升机飞控系统的国产化研制工作，主持完成了导航耦合器操纵台和耦合器计算机电子线路的计算分析及线路的设计。主持完成某型飞机自动驾驶仪系统的典型线路进行了分析和计算并进行了局部的数学仿真。孔霞还主持解决了飞机双电源抖动的攻关难题，圆满完成了对直升机安全性影响很大的海试、高原试飞、自动盲降等飞控系统设计定型试飞任务，该项目获得航空工业部科研成果二等奖。主持完成了TS－1机载设备综合测试系统，设备主要技术性能达到国际同类产品先进水平，该项目获得中国航空工业第二集团公司科学技术进步奖二等奖。

　　孔霞任重点型号的主任质量师后，带领技术人员精心梳理型号工程研制中存在的质量问题，对自查发现的问题进行分析和归类，找出了深层次的原因，并组织整改，

劳动模范孔霞

确保了工厂重点型号和高新工程研制任务按质量要求顺利完成。孔霞在公司组织进行了全方位的质量教育，强化员工的质量意识，加强军工产品质量管理规定和高新工程的质量与可靠性培训。

孔霞兼任航修厂厂长后，致力于武器装备的维修保障事业，为保证产品在部队中正常使用，她不顾疲劳，经常深入部队，不断奔波于各用户现场，了解用户对产品的使用意见，保障了部队使用产品的维护需要。为了扩大工厂航空产品维修领域，她带领技术人员加班加点，攻坚破难，开发了 34 项航空器设备维修项目，并取得了适航证。孔霞组织认真学习中国民用航空的各种规章，积累了民用航空器的适航性工作取证经验，也为新产品的研发和取证积累了经验。

孔霞在攻读西北工业大学工程硕士学位的同时，继续进行飞行控制方面的理论和应用研究，她始终放眼控制技术世界前沿，大胆探索新型控制理论及其应用研究。她以独特的思维方式和新颖前卫的科学理念，以过硬的理论知识、丰富的实践经验、出色的工作业绩、诚恳热情的为人、朴实严谨的生活作风，赢得了工厂和上级领导、广大干部和职工的高度评价和一致肯定。

龙建军 2007 年全国五一劳动奖章获得者

龙建军（1971.1—　），江西永新人，2007 年全国五一劳动奖章获得者，江西洪都航空工业集团有限责任公司（现中航工业江西洪都航空工业集团有限责任公司，简称中航工业洪都）铆装钳工。1987 年 6 月参加工作，在洪都皮革厂当工人；1995 年 4 月在北京路华总公司南昌分公司当业务员；1998 年 7 月在洪都公司联营公司 80 车间当钳工，1998 年 12 月调到江西洪都航空工业集团有限责任公司 21 车间当铆装钳工。龙建军 2006 年获得中国航空工业第二集团公司第二届职业技能竞赛第一名；2007 年被中华全国总工会授予全国五一劳动奖章及"全国技术能手"称号。

1998 年，龙建军在飞机部装一厂当了一名普通的铆装钳工。他默默地跟着师傅学习铆装钳工技术，凭着勤学苦练的精神，在参加工作短短三个月时间的培训和实践中，初步掌握了铆装钳工的基本操作技术。

龙建军所在工段小组的工序多且繁杂，装配技术要求高，他经常将自己总结的工作方法和制作的样板与师傅们交流，有针对性地研究最佳办法，解决部件的铆接装配难题，达到军检的一次通过。在他的技术革新和顽强努力下，生产瓶颈的被动局面得到很大的改善，成为了班组技术攻关的骨干。

在"猎鹰"L15 高教机 01 架研制的日日夜夜，龙建军作为组长，又是攻关队长，负责高教机前机身的试造工作。接到任务后，必须按要求在一个月的时间内将前机身交付。前机身总共有 1000 余项零件，即使是在批生产中，周期都显得偏紧，何况是在新机研制阶段，零件不配套、零件和型架不协调等情况下，困难更是可想而知。龙建军带领小组成员迅速投入到高教机生产中去，不论白天还是黑夜连轴干，克服重重困难，提前两天将首个大部件交付到下道程序，为后续产品交付创造了条件，赢得了时间。

2009 年某工程决战现场上，龙建军班组负责飞机进气道的铆接装配。这种进气道的装配，大家过去没有接触过，其工艺要求和铆装方法都与过去型号任务有所不同。在进气道的骨架装配中，由于没有 K 框的组合夹具，每个框的组合都要上型架，零件

龙建军工作照

和定位器需多次拆装，工人操作既不方便，又影响产品质量和进度。在这种时间紧、任务重的情况下，龙建军充分发挥才智，凭借过去的知识和经验，自己画图，自制了特种型材组合夹具，解决了各框一次性整体上架定位安装的关键问题，提高了工作效率，保证了产品交付进度。

龙建军在平凡的岗位上逐步成长为一名身怀绝技的新型技术工人，是飞机装配工人中的佼佼者，是职工中关键技术的带头人。2008 年举世瞩目的奥运会在北京举行，龙建军作为江西航空企事业单位的唯一工人代表，怀着激动和兴奋的心情，参加了江西片区"祥云"奥运火炬的传递活动，从此，"更快、更高、更强"的奥运精神深深地植入了龙建军的心中，他决心把奥运精神溶入中航工业理念和洪都精神之中，用行动的卓越去实现事业的完美。

鲁宏勋 2007年全国五一劳动奖章获得者

　　鲁宏勋（1963.6—　），江苏六合人，2007年全国五一劳动奖章获得者，中国空空导弹研究院（现中航工业空空导弹研究院，简称中航工业导弹院）十一分厂数控铣工，高级技师，中国航空工业集团首席技能专家，享受国务院政府特殊津贴的高级技能人才。2000年12月被劳动与社会保障部授予"全国技术能手"称号，2002年12月被劳动与社会保障部授予第六届中华技能大奖，2005年10月被全国创争活动领导小组授予"2005年度全国知识型职工先进个人"称号，2006年4月被劳动与社会保障部、教育部、国防科学技术委员会、国务院国有资产监督管理委员会（简称国资委）、中华全国总工会、共青团中央、中华全国妇女联合会联合授予"中国高技能人才楷模"称号，2007年5月被中华全国总工会授予全国五一劳动奖章，2010年5月被国资委评为中央企业职工技能竞赛优秀工作者。先后被聘为国家职业技能鉴定专家委员会数控专业专家、数控技能竞赛国家级裁判员，多次担当各类职业竞赛裁判长，被多家院校聘为客座教授，并于2011年3月被世界技能大赛中国组委会聘为第四十一、第四十二届数控铣项目中国技术指导专家。

　　鲁宏勋参加工作20多年里，凭着扎实严谨的工作作风、虚心好学的钻研精神、精益求精不断创新的意志，从一个普普通通的操作工人，一步步成长为一名具有解决数控加工各种关键技术难题的行家里手。

　　在数控设备大量引进后，鲁宏勋自学外文资料及相关技术，用数控机床编出第一个程序、干出了第一个零件，成为工厂第一个较全面掌握数控机床操作编程的人员。在国家重点工程建设任务中，他对外商提供的工装进行了大胆的改进，将原先的11道加工工序简缩为一次装夹完成，使加工效率提高了3倍，大大提高了加工质量的稳定性。为提高天线的加工效率，他编写了三轴联动加工的参数程序，自行设计加工了一次能安装12件零件的工装，使天线的加工效率提高了4倍多。

　　在技术上，鲁宏勋从不满足现状，而是善于总结，举一反三，年年有创新，通过技术创新减小劳动强度，提高生产效率，保证产品质量。面对多品种小批量，科研新

鲁宏勋工作照

产品多的生产状况，鲁宏勋认真研究解决科研试制中工艺不成熟、时间要求紧的难题，编制数控机床零点计算软件并在数控设备上广泛使用，大大地降低了专用工装的制造成本和周期，为科研试制加工提供了良好的工艺方法。

在新产品的工艺试验和攻关工作中，鲁宏勋主导了多个工艺攻关项目，先后提出并建议了多项工艺调整，如工艺尺寸的设定、定位基准的设计、工艺夹头的设置等，并设计了适合多工序装夹的通用工装，采用合理的切削参数结合新型刀具的使用，从而保证了零件加工的顺利进行。

在多项国家高新武器试制加工中，鲁宏勋充分发挥了自己的技术优势，通过改进工艺、自行设计和制造工装夹具，解决了许多关键技术难题，有效地保证了产品的加工质量，确保了各项重点任务的按节点完成。在操作机床时，他年年完成工时居车间个人完成工时榜首；从事编程工作以来，使车间数控铣削水平得到整体提高，形成了团队优势，先后完成了上百套工装夹具的设计和数十种工艺方法的改进，编制了 3000余个数控加工程序。目前他们班组 70% 以上所使用的工装夹具、90% 以上的加工方案来自于他的设计或思路。

在注重自我提高的同时，鲁宏勋还先后为导弹院培养出了多名高级数控机床操作人员。作为导弹院高级技术能手的鲁宏勋承担了院数控加工从业人员的培训工作，通过多种培训、指导，先后培养出全国技术能手 7 名，省部级技术能手 40 余名。

由于鲁宏勋在工作中取得的成绩突出及所在班组内人才济济，2002 年被共青团河南省省委授予"青年文明号"，2004 年 11 月被中华全国总工会授予"全国技术创新示范岗"，2005 年 2 月被河南省科学技术工业委员会授予"职工技能模范班组"，2005 年 6 月被中航一集团思想政治工作部命名为"鲁宏勋班"；2005 年 6 月被中国国防邮电工会全国委员会与中航一集团联合命名为"鲁宏勋班"。河南省国防科工委正式发文号召全系统向鲁宏勋班学习。2006 年被中华全国总工会授予全国五一劳动奖章。

罗荣怀 2007 年全国五一劳动奖章获得者

罗荣怀（1961.12—　　），湖南永州人，2007 年全国五一劳动奖章获得者，中国一航成都飞机工业（集团）有限责任公司（现中航工业成都飞机工业（集团）有限责任公司，简称中航工业成飞）董事长、总经理，享受国务院政府特殊津贴专家，研究员级高级工程师。1982 年 7 月毕业于南京航空学院，2003 年获工商行政管理硕士学位。1982 年 8 月—1984 年 11 月在国营峨嵋机械厂（现中航工业成飞）试飞站任工艺员，1984 年 11 月—1992 年 3 月任办公室秘书、秘书科副科长；1992 年 3 月—1995 年 9 月任 15 车间（转包生产车间）副主任、主任；1995 年 9 月—1997 年 8 月任生产指挥长；1997 年 8 月—1998 年 3 月任成都飞机工业公司（现中航工业成飞）副总工程师；1998 年 3 月—2003 年 3 月任董事、副总经理；2003 年 3 月—2007 年 6 月任中国一航成都飞机工业（集团）有限责任公司董事长、总经理、党委副书记；2007 年 7 月任中航商用飞机有限公司总经理；2008 年任中国商用飞机有限责任公司副总经理。在成飞工作期间，先后荣立部级一等功 4 次、二等功 2 次、三等功 1 次。1999 年被评为成都十大杰出青年；2000 年被评为四川省优秀青年；2001 年被评为四川省十大杰出青年；2003 年入选国防科技工业"511 人才工程"高级管理人才；2004 年荣获全国企业文化建设个人贡献奖、中国科协西部开发突出贡献奖，被评为国防科技工业有突出贡献中青年专家、中航一集团劳动模范；2005 年被评为四川省学术技术带头人；2006 年荣获中国一航航空报国杰出贡献奖，入选四川省优秀创业企业家；2007 年入选四川省首届杰出企业家，同年被中华全国总工会授予全国五一劳动奖章。

罗荣怀 1982 年从南京航空学院毕业分配到成飞公司任技术员。多年来，他刻苦钻研，掌握了先进航空制造技术，并具备了丰富的企业管理经验，具有较强的组织协调能力和改革创新精神；他关注国际企业管理的发展趋势，针对公司项目多、品种多的特点，引进了 MPR－Ⅱ软件，推广计算机辅助管理，极大地提高了公司生产管理的现代化水平。特别是在担任公司主要领导职务以后，不断提出企业发展的新思路、新举措。提出了公司发展的"三大目标"：数字化成飞、学习型成飞、有特色的社会主义企

罗荣怀（右二）工作照

业，为企业的发展指明了方向。在他的领导下，歼 10 飞机研制成功，荣获了国防科学技术奖特等奖，"枭龙"飞机的研制获国防科技工业武器装备研制银奖。积极组织外贸机的改进改型和开发工作，与中航技公司签订外贸机出口巴基斯坦的合同。作为与巴基斯坦合作的"枭龙"飞机项目的现场指挥部总指挥，创造性地提出在研制生产中推行并行工程理念，使"枭龙"飞机的研制从技术状态冻结到首飞只用了 23 个月，创造了航空发展史上的奇迹。他积极探索国际合作的路子，公司先后与美国波音、欧洲空中客车等公司建立了良好的合作关系，转包生产了麦道飞机机头、波音 757 飞机尾段、客中客车 A320/340 飞机登机门、达索油箱等民机大部件，成为波音 787 飞机方向舵的唯一承包商，公司的转包生产已累计为国家创汇 1.8 亿美元。

罗荣怀具有强烈的事业心和责任感，在他的带领下，成飞公司连年保持了快速发展的良好势头，荣获了全国质量效益型先进企业、全国创新创效先进单位、全国实施卓越绩效模式先进企业、全国文明单位、全国企业文化建设先进单位、首届中国制造年会全国优秀企业、中央企业先进集体、四川省质量效益型先进企业特别奖等多项荣誉称号。

罗荣怀在经营好成飞的同时，还努力参加和做好各项社会工作。2001 年，他被选为四川省青年联合会第十届委员会常务委员；2003 年被选为四川省青年联合会第十一届委员会副主席，是中共成都市第十次党代会代表；2007 年当选为四川省国防科技工业协会第一届理事会副理事长。

骆万春　2007 年全国五一劳动奖章获得者

　　骆万春（1944.11—　　），四川成都人，2007 年全国五一劳动奖章获得者，中国一航成都飞机工业（集团）有限责任公司（现中航工业成都飞机工业（集团）有限责任公司，简称中航工业成飞）副总经理，享受国务院政府特殊津贴专家，研究员级高级工程师。1967 年从北京航空学院毕业分配至国营峨嵋机械厂（现中航工业成飞），1968 年 8 月—1970 年 1 月在江苏 6437 部队学二连任文书；1970 年 1 月—1983 年 6 月任国营峨嵋机械厂铣工、编程员、工艺员、工艺组长，1983 年 7 月—1987 年 11 月任车间技术副主任、副生产指挥长、生产指挥长；1987 年 11 月—1995 年 8 月任航空工业部成都飞机公司（现中航工业成飞）副总工程师；1995 年 8 月—2004 年 12 月任公司副总经理。2004 年 12 月退休后返聘至 2009 年 12 月。骆万春先后荣立一等功 3 次、二等功 7 次、三等功 1 次。先后被评为 1998 年中国航空工业总公司有突出贡献的专家，2001 年国防计量认可复查先进工作者，2002 年全国质量月活动突出贡献者，2004 年国防科技工业质量先进个人。2006 年荣获中国一航航空报国突出贡献奖。2007 年被中华全国总工会授予全国五一劳动奖章。

　　骆万春 1967 年从北京航空学院毕业分配到国营峨嵋机械厂工作，从工人、工艺员干起，先后担任了车间工艺组长、技术主任、生产指挥长、副总工程师、副总经理。在工作中一向任劳任怨，勤奋踏实，严谨敬业，成绩突出，曾三次被评为公司劳模。在领导岗位上，他严于律己，廉洁朴实，深入基层群众，受到职工群众好评。

　　骆万春在从事技术管理和行政管理工作岗位上，重视并积极投身于技术创新和管理创新工作。在担任副总工程师期间，主持并参与的《歼 7 系列外贸机研制》和钛合金应用课题分别获得部级科学技术进步奖二等奖、三等奖各 1 项，国防科技工业科学技术进步奖三等奖 1 项。

　　骆万春主管公司生产期间，重视安全生产、环保工作，多次被授予市级"先进个人"称号。他主抓的推行清洁生产课题获得四川省管理进步一等奖。在主管质量工作期间，他狠抓基础管理和质量文化建设，主创并亲自策划的《企业内部质量审核系统

骆万春（右一）工作照

自我监控与测评的实施》等四项课题，分别获得国防科技工业管理创新成果一、二、三等奖。通过不断提升公司质量管理水平，为获得国家质量奖、空军第二方审核一级单位打下了重要的管理基础。

1995—2004 年，骆万春担任歼 10 飞机研制现场指挥部副总指挥。在主管生产时，他狠抓零件生产、抓配套、抓部装和总装，日夜奋斗在生产试制一线。骆万春主管质量工作时，狠抓质量管理，为扭转研制初期质量被动困难局面，积极采取措施，取得突出实效，多次受到上级部门表彰。

汪焕兴 2007 年全国五一劳动奖章获得者

汪焕兴（1979.5— ），黑龙江哈尔滨人，2007 年全国五一劳动奖章获得者，哈尔滨东安发动机（集团）有限公司（现中航工业哈尔滨东安发动机（集团）有限公司，简称中航工业东安）数控车工，高级技师，享受国务院政府特殊津贴高技能人才。1998 年 7 月毕业于哈尔滨航空职工大学计算机应用专业，同年分配到哈尔滨东安发动机制造公司（现中航工业东安）工作，当数控车床操作工，承担公司高精航空产品大件轴类零件的数控车床加工任务。2004 年，他勇摘黑龙江省数控技能大赛数控车床组第一名桂冠，被破格晋升为高级技师，获得

"黑龙江省技术能手"称号；2007 年被中华全国总工会授予全国五一劳动奖章；2010 年被授予中航工业五四青年奖章，荣获"中航工业十大杰出青年"称号；2011 年荣获中航工业航空报国突出贡献奖，被中航工业聘为首席技能专家；2012 年荣获"全国技术能手"称号。

　　1998 年，汪焕兴从哈尔滨航空职工大学毕业，被分配到哈尔滨东安发动机制造公司齿轮加工车间工作。机床旁，周围师傅们熟练地操作，一件件粗糙的毛坯不停地加工旋转，逐步蜕变成精美的"工艺品"，汪焕兴暗下决心一定要在岗位上干出点成绩。师傅每干一件活儿，汪焕兴都认真地学、仔细地记，不明白的地方及时找师傅问，经过勤学苦练，汪焕兴终于能独立操作了。

　　车间里，车工是最忙、最累的工种，可汪焕兴认为，只有忙才能让学到的知识有用武之地。于是，他双脚立在普通车床旁，每天一站就是十几个小时。他边干边摸索，研究车刀角度、走刀速度……别人不干的，他干；别人干不了的，他完成了。在没有工装、没有量具的情况下，他就自制夹具，绞尽脑汁想方设法解决生产中所遇到的各种难题。

　　2003 年，车间决定选调他操作新购进的一台国外进口数控车床。当雄心勃勃的汪焕兴来到操作现场一看，傻眼了：一条条数控车床的操作程序如团乱麻，加工一个零件有数十个点需要一一测试、分析、测算。但他不灰心，从此跟数控技术较上了劲儿。他从最起码的数控编程做起，业余时间都泡在数控程序编制等专业书籍的海洋里；数

控车间的师傅都被他敬为老师，操作中、探讨时，他总是打破砂锅问到底，把师傅的绝招默记在心，一遍遍地苦练，一天天地苦学，每天蹲在数控机床旁 10 多个小时。汪焕兴对照着数控编程说明书与数控机床"真情"交流。一个月下来，汪焕兴累瘦了，脸上满是倦容，但他的心里踏实了，技术进步了。

长期的生产实践使汪焕兴领悟到，苦干和长期靠加班加点疲劳作战，远远赶不上生产的快节奏，要提高生产效率，就要向技术革新要效益。他瞄准了新的目标，在工装、刀具等加工工序方面进行了一系列的小改小革。一次，在加工某科研机机匣前盖时，有两个结构复杂的环形槽，用现有的刀具加工很困难，且容易出废品。"能否对报废的刀具进行改造和修整，使它变废为宝呢？"汪焕兴认真琢磨、反复试验，连续熬了两个通宵，终于使报废的刀具派上了用场，节约了生产成本。

某型直升机上的万向节连轴器，零件材料是钛合金，韧性差。为了解决加工时零件容易变形的难题，他自制了一个衬套安装在零件上，又加工了一个辅助支件来加强零件的刚性，避免了由于切削力过大而产生零件变形的现象。还有一次，在加工螺旋伞齿轮时，工作锥面上有一个空间尺寸无法测量，汪焕兴又开动脑筋，制作了一个简易的测具。经检验室鉴定，该测具测量准确，操作方便，节省了工装的制作费用。

汪焕兴每年都承担着多项攻关任务，在为我国最大吨位直升机研制时，其中直升机动力轴项目为西方对我国封锁技术，汪焕兴通过技术创新、攻关，仅这一项就为公司节约资金 200 余万元。

汪焕兴对工作倾注了全部的爱，对周围的同事也倾注了满腔热情。"有问题，找汪焕兴"，成了同事们的口头禅。有一次，汪焕兴正在医院照顾生病的母亲，不巧赶上车

汪焕兴工作照

间加工一批急活，遇到加工难题。他匆匆赶往单位，汪焕兴和同事们一个通宵没有离开机床，经过反复的计算、修磨刀具，完成了数十个加工参数的调整后，一直困扰大家的质量难题终于解决了，不但挽救了废品损失，而且提高了大家的操作技能。

经过多年的苦学技术、勤奋钻研，汪焕兴的技术水平日臻成熟，已经从一名普通的机加车工成长为数控车工岗位的佼佼者，在全国、黑龙江省等各类技术比武中屡获殊荣。汪焕兴希望为公司要多培养出一些数控技术工人。为了锻炼新学员，他经常指导他们干技术难度大的活，在加工中耐心地讲解数据程序和加工技巧。通过汪焕兴的悉心指导，一批数控技术工人很快成长起来，成为能够独挡一面的行家里手。

许 德 2007 年全国五一劳动奖章获得者

许德（1939.1—2009.6），江苏常州人，2007 年全国五一劳动奖章获得者，中国一航成都飞机工业（集团）有限责任公司（现中航工业成都飞机工业（集团）有限责任公司，简称中航工业成飞）副总工程师，享受国务院政府特殊津贴专家，研究员级高级工程师。1961 年 10 月从南京航空学院飞机设计与制造专业毕业，分配到国营峨嵋机械厂（现中航工业成飞）设计所，历任设计员、副组长、组长、室主任、主管设计师、副总设计师、发展中心副主任等职，1989 年任成都飞机工业公司副总工程师。多次被评为公司劳动模范和优秀共产党员，公司首届科学技术进步奖获得者；先后荣立部级一等功 4 次，部级科学技术进步奖一等奖 1 项、二等奖 4 项、三等奖 3 项，部级管理成果一等奖 1 项。1995 年荣获"中国航空工业总公司有突出贡献专家"称号，2000 年荣获第二届"四川省学术技术带头人"称号，被评为成都市优秀共产党员；2002 年被评为四川省优秀科技工作者；2004 年被评为全国优秀科技工作者；2006 年荣获航空报国杰出贡献奖；2007 年被中华全国总工会授予全国五一劳动奖章。2004 年 2 月退休后返聘，2009 年 6 月 30 日因病去世。

许德从大学毕业参加工作后，一直从事飞机设计制造工作，先后参加了歼 5 甲、歼教 5 飞机的设计研制，主管了歼 7 系列飞机两个机型，主管国家重点型号飞机研制开发和成飞科技发展工作。为了航空报国，他多次放弃升职的机会，一直奋战在科研生产第一线。在积劳成疾、卧病在床后，仍然心系祖国，惦记着型号研制的每一项进程，为成飞型号研制建言献策；他不辞劳苦，凭借成飞发展历史见证人的深厚沉淀，潜心投入《成飞（集团）公司军机研制简史》《歼 10 飞机研制史》等史书的编修工作。

许德先后任歼 10 飞机副总设计师、歼 10 飞机原型机试制总师、歼 10 飞机试飞现场副总指挥，是歼 10 飞机研制现场指挥部成员、办公室主任、副总工程师、副总设计师。他负责项目管理、风险控制、技术、经费、质量，带着一批年青人投入到歼 10 飞机的研制中。在研制期间，他建立了我国第一个满足新一代飞机的制造工艺体系，创造

许德工作照

性地制定了《试制原则》《工艺总方案》和《质量保证大纲》三个纲领性文件，为歼 10 飞机研制一开始就定位于世界高起点、高水平创造了条件。他总结提炼的"问题故障处理程序"，大大加快试飞现场故障处理速度，现在仍被广泛使用。

许德在任成飞副总工程师期间，负责成飞工艺制造技术重大课题攻关工作。在歼 10 飞机研制中，他主持关键制造技术课题攻关，其中部级课题 10 余项，填补了我国航空工业制造技术的多项空白，全面提升了我国航空制造业的整体水平。为使歼 10 飞机研制成功，早日装备部队，他还担任了试飞技术组负责人，辗转于试飞现场，解决了一系列试飞技术难题，直至完成所有试飞科目，而他却疲惫地病倒在科研生产的第一线。

许德为我国航空工业的发展，呕心沥血、无私奉献，付出了毕生的心血。他坚持每周至少工作 6 天半，坚持每天上午 8 点、下午 2 点、晚上 8 点召开现场会，重大节点彻夜奋战、攻坚克难，忘我奋战在型号研制现场。他是我国航空制造业的杰出专家，曾被聘为航空工业部、中国航空工业第一集团公司科技委委员，四川省航空学会委员，是成都市第十、第十一届政协委员。

王海涛 2008年全国五一劳动奖章获得者

王海涛（1970.10—　），黑龙江巴彦人，2008年全国五一劳动奖章获得者，中航工业哈尔滨飞机工业（集团）有限责任公司（简称中航工业哈飞）航电实验室主任、研究员级高级工程师。1994年8月于哈尔滨电工学院毕业后，分配到哈尔滨飞机制造公司（现中航工业哈飞）航空事业部特设维修中心任见习技术员；2002年2月担任特设维修中心技术室主任；2005年1月任哈尔滨航空工业（集团）有限公司（现中航工业哈飞）产品开发部特设实验室主任，2005年6月任研发中心飞机设计研究所航电实验室主任，2006年12月任飞机设计所航电实验室主任；2009年11月任中航工业哈飞航修公司副经理，2012年4月后担任中航工业哈飞工程技术部总特设师兼制造经理。1998年荣获"黑龙江省国防科技工业系统文明职工标兵"和"全国青年岗位能手"荣誉称号。1999年荣获中国航空工业总公司三等奖，2001年被评为中国航空工业第二集团公司劳动模范，2002年被评为哈尔滨市劳动模范，2006年荣立中航二集团三等功。2007年被评为黑龙江省第七届劳动模范，并分别荣获国防科学技术进步奖和中航二集团二等奖。2008年被中华全国总工会授予全国五一劳动奖章。

　　1994年8月，王海涛从哈尔滨电工学院本科毕业，分配到了哈尔滨飞机制造公司特设维修中心任技术员。从上班的第一天起，他就立志要在平凡的岗位上做出优异的成绩。几年下来，以其对未来志在必得的信心和辛勤的付出，获得了领导和同事好评。1996年，他破格参加工程师晋升考试，并多次被评为先进个人。

　　1996年，哈尔滨飞机制造公司因对直9直升机进行改型，急需军械技术员，但由于之前公司并没有与之相关的技术人才，总特设师把目光投向了工作踏实的王海涛。他负责的随动系统故障率高，为了排故障，有的部件拆了装，装了拆，加班到半夜一两点钟是经常的事，有时回家刚睡下，便因现场急需而不得不再次返回工作岗位上。就这样，在没有经验并且参考资料匮乏的情况下，王海涛一边摸索一边求证，出色地完成了任务。为此他被破格允许参加工程师的晋级考试。

　　1997年末，军方希望特设维修中心帮助对从国外购进的某机种交流电源系统进行测试，这一任务落在王海涛肩上，由他负责交流电源系统试验器的主要设计任务。在国内资料匮乏的情况下，他在一个月的时间内，凭着扎实的技术基础和不懈地试验，完成了方案论证、图样绘制。1998 年，他与同事成功地完成了对此机种电源系统的校验维修，使此机种的飞机相关系统达到了标准要求，安全地飞上了蓝天。

2001 年，国家海洋局的南极科学考察队与哈飞公司签订了租借直 9 直升机赴南极进行科学考察的合同。根据合同要求，直 9 直升机需加装电动绞车和外吊挂系统，以满足南极科学考察的需要。就在直 9 直升机准备完毕，即将转场奔赴南极的前半个月，电动绞车出现了故障，无法正常收放。电动绞车是此次直升机科考作业的关键部件，担负着物资运输、人员救护等多种任务，它的性能好坏直接关系到此次科学考察任务的完成。此类电动绞车系法国产品，结构比较复杂，并且哈飞公司缺少相关的资料和设备。这时公司领导找到了王海涛，他立即放下手中的工作，全力投入到电动绞车排故任务中。王海涛首先对其电路进行测绘。电路板是双面板，并且几层板通过多根导线相互连接，测绘工作进行得非常困难。测绘中还需对元器件的参数和性能进行认真分析，推测其系统原理。经过几个昼夜的努力，凭借着扎实的理论功底，他最终掌握了控制盒关键参数，构建了相关的性能试验，并找到和更换了故障点，在最终转场前修好了故障品，保证了"雪龙"号破冰船准时起航。他用自己的行动维护了公司的信誉，同时为国家南极科考任务的顺利完成做出了贡献。

近年来，航电技术日新月异，对航电系统成品检测与维修面临新的挑战。这一切使作为总特设师的王海涛心急如焚。为了增强特设试验能力，他负责研制了某型机综合联试试验台，既提高了公司的校验能力，又为解决批量生产中遇到的各种难题提供

王海涛生活照

了测试手段。在王海涛的主持下，哈飞公司建成了完整的特设试验设备，提高了航电系统整机联试能力，降低了航电系统成品装机的故障率，为公司科研生产的顺利完成提供了保障。在王海涛的指导下，技术人员研制了多型机综合保障设备，提升了哈飞公司测试设备研发能力。在王海涛的带领下，哈飞公司成功地为国内外多家用户提供了飞机综合保障方案，有效地保障了用户对各型机安全飞行检查及维护的实际需要，既满足了野外恶劣环境下的检测，同时满足了航电系统高精度的校验要求，使公司产品的售后服务工作有了质的飞跃。

在航空科技高速发展的今天，王海涛作为一名技术工作者，他始终保持着爱岗敬业的精神，在岗位上勤奋学习，刻苦钻研，不断创新，始终走在航电系统发展的前沿。王海涛以其高度的敬业精神和刻苦钻研的学习精神感染了大家，在他的带领下，航电实验室的技术人员，尤其是年轻的技术员都养成了主动学习勤于思考的习惯，使航电实验室整体技术水平不断提高，全室每年上报的科技论文达 20 多篇，创造科技成果 10 多项，为公司航电系统的发展积累了财富。

贾宗芸 2009 年全国三八红旗手

贾宗芸（1962.9—　），江苏如皋人，2009 年全国三八红旗手，中航工业航空动力机械研究所（简称中航工业动研所）发动机试验研究部部长，中航工业一级技术专家。自 1983 年从南京航空学院航空发动机设计专业毕业分配到航空工业部第 608 研究所（现中航工业动研所）后，历任技术员、工程师、高级工程师、研究员。30 多年来，贾宗芸一直奋斗在我国航空发动机科研第一线，获得多项荣誉：1991 年在某科研试车台建设中荣获航空航天部科学技术进步奖二等奖；1999 年在某发动机取型号合格证中荣立中国航空工业总公司二等功；2004 年在某涡轴发动机数

控系统与发动机匹配技术研究中荣获中航二集团科学技术进步奖二等奖；2005 年荣获中航二集团"巾帼建功标兵"称号；2007 年在某航空重点型号研制中荣立中航二集团二等功；2008 年在某科研试车台建设中荣获湖南省国防科学技术进步奖二等奖；2009 年被全国妇联授予"全国三八红旗手"称号；2010 年在高精度小推力试车台建设项目中荣获湖南省国防科学技术进步奖二等奖；2011 年在某发动机工程中荣获国防科学技术进步奖一等奖，同年在某型国产化发动机首飞中荣立中航工业三等功；2013 年在某发动机验证机设计与试验研究中荣获中航工业科学技术进步奖一等奖。

贾宗芸参加工作 30 多年来，一直从事航空发动机整机试验及技术改造等技术研究工作。作为专业技术负责人，她在技术上刻苦钻研、开拓创新，在工作中踏踏实实、一丝不苟。她克服女同志家庭负担重和体力差的困难，在噪声大、工作环境差的试车台，处处以身作则，吃苦耐劳。为抢节点、赶任务，为确保科研生产计划的顺利实施，她主持完成繁重的试验工作，在其他人休息的时候，她还要忙着分析试验数据、写报告、设计图样，牺牲了大量休息时间，为研究所试验任务的完成夜以继日忘我工作，是一位航空发动机试验研究专业学科带头人。

在自主研发的某发动机工程项目中，贾宗芸担任整机试验总指挥，主持从立项到设计定型全部整机试验研制工作，解决了发动机研制和设计定型试验中多项试验和设备设计关键技术，使各项试验按要求安全、保质、按时完成，有力地保障了该发动机

按计划实现设计定型目标。为了保证试验万无一失，从试验方案的确定到试验设备的准备等，她都亲力亲为。她主动与相关单位协调，组织并督促参试人员做好试验前的准备工作。试验时，她密切注意发动机的工作情况，能及时果断地处理试验中出现的异常情况，多次避免了重大事故的发生。如某发动机在进行调试试验时，她发现发动机燃气发生器转子自转时间偏短，且滑油滤堵塞指示报警，她果断终止了试验，对滑油系统进行检查，发现滑油滤上有大量的金属末，她立即要求对发动机进行分解检查，发现轴承损坏。由于处理及时，避免了故障扩大而造成更大的损失，并由此发现发动机存在轴向力低甚至反向，造成轴承轻载打滑引起损坏。随后的半年时间，通过反复试验和分析，探索出提高轴向力的有效措施，从而大大提高了发动机的可靠性。

作为研究所重点项目某试车台的主管设计师，贾宗芸对试车台方案及总体设计反复研究。为了保证此项任务的完成质量，她组织并实施了对该试车台建设的全面质量管理，包括对各系统的设计质量、土建改造、消声方案、设备加工、外购件选型等的质量控制。她经常跟产在施工现场，及时解决出现的问题。多次与相关单位就关键件的选型及外委设计部分进行磋商。在订购美国测功器时，为了达到最佳的性价比，节约所内有限的外汇，她和有关领导及其他同事一起与外商进行了几个月的艰苦谈判。经过精心设计并大胆创新，该试车台在很多方面均达到国内甚至国际先进水平，达到了该试车台设计之初关于"上档次、上台阶、成为对外宣传窗口"的要求，获得上级领导、国内同行、国外人士的一致好评。

对涡轴发动机试车台来说，同轴度的调整一直是一件困难、费时的工作，在承担该项设计任务后，贾宗芸带领设计组的同志反复琢磨，精心设计，将发动机安装架设计成带有×××的整体式发动机安装平台，能对发动机上下、左右、前后以及俯仰位置

贾宗芸工作照

进行独立、自由调节。该安装架的使用，极大地方便了同轴度的调整，用老安装架进行试验时，发动机调心一般需要两天的时间，采用新安装架后该时间缩短为 1～2 小时，大大提高了工作效率。

贾宗芸负责在研的某发动机试验工作，主持完成了该型发动机研保条件建设、相关试车台和试验器的改造工作。首次在国内试验器上配置发动机零扭矩和零转速试验装置，由于该设备在国内试车台上没有使用先例，更无可以借鉴的经验，为了降低技术风险，当时拟委托外国某公司进行设计，但对方设置多重困难。为了打破这种技术垄断，贾宗芸组织部门设计人员发扬敢挑重担的优良传统，深入钻研，反复论证，完成了该项目从设想到进入实施的过程。通过该项目的自主实施，增强了设计团队自信心，锻炼了自主研发能力，并为试车台建设节省了大笔经费，为该型发动机能完全按GJB 持久试车的要求进行定型试验提供了技术保障。

贾宗芸还参与对法合作涡轴发动机项目，负责中方试验部分，完成了压气机试验器、核心机试车台、整机试车台的改造并获得法方评估认可。

"十一五"期间，贾宗芸主持和参与研制了多台套拥有自主知识产权的非标试验设备，使研究所试验研究和试验验证能力大幅提升。其中，姿态试车台、起动规律研究试车台、双发并车试车台等填补了我国中小型航空发动机试验设备的空白。

作为试验研究部部长兼技术专家，贾宗芸以高度的责任心组织攻关小组分析解决问题，身体力行带领职工加班加点、攻坚克难。面对项目多、难度大、技术力量不足的情况，她充分发挥班组长和技术骨干的带头作用，加大对年轻人的培养力度，毫无保留地将经验传授给年轻人。组织部门职工全力以赴完成了 20 多个型号的科研试验、课题研究和 10 多台新试验器的建设任务。

栗生锐 2009年全国五一劳动奖章获得者

栗生锐（1979.5— ），辽宁本溪人，2009年全国五一劳动奖章获得者，中航工业沈阳黎明航空发动机（集团）有限责任公司（简称中航工业黎明）数控操作工，中航工业首席技能专家。栗生锐2001年毕业于辽宁省广播电视大学机电工程系，分配到沈阳黎明航空发动机（集团）有限责任公司（现中航工业黎明）转包厂96车间。栗生锐奋战在科研、生产、攻关的第一线，每年承担公司多种重点型号零部件的研制及技术攻关任务，凭借丰富的加工经验成为攻关中的中坚力量。在零件的高效加工、数控机床功能开发应用、数控编程技术开发应用和夹具的设计制造等方面形成独到见解。在技术创新、精益改善和传帮带工作中有出色表现。累计完成产值6000余万元，在各精益改善中累计为公司节约成本400余万元。栗生锐2009年被中华全国总工会授予全国五一劳动奖章，2010年被人力资源和社会保障部评为全国技术能手，2010年被辽宁省总工会授予辽宁五一奖章。

2001年，栗生锐毕业于辽宁省广播电视大学机电工程系，分配到沈阳黎明航空发动机（集团）有限责任公司（现中航工业黎明）转包厂96车间工作。当时转包厂正处于高速发展时期，工厂急需数控加工操作人员，要求他在3个月内熟练地操作设备，独立完成零件的加工。他努力学习，很快掌握了操作技术，达到了上岗要求。

当时栗生锐所在的96车间"精兵良将"云集。车间里工作氛围非常浓厚，在和大家的互相比拼中，他的工作效率不断提高，技术也在磨炼中不断地进步，班产一直在班里名列前茅。96车间主要的产品批量大，种类比较单一，车间只要有新产品，栗生锐都认真消化工艺资料、生产流程、加工方法和走刀路线等。慢慢地，许多工艺原理和加工方法他都基本掌握了，逐渐开始尝试优化初始的数控加工程序。因为每一个程序由计算机编写出来后，有些细微的东西并不能面面俱到，或多或少都有些瑕疵。如果稍作修改，效率可能会更高、出错率会更少，质量也会有所提高。栗生锐通过对零件加工工艺和刀具使用状态进行分析，对加工参数进行优化，将可以联接在一起的程序联在了一起，使一个程序可以一次完成多个工部的任务，这样充分发挥了数控的优点，减轻了工作强度。经栗生锐优化过的程序变得更加科学、更加人性化，完全根据零件实际加工状态而制定。另外，栗生锐把从网络或专业书籍上学到的新的加工方法应用于新零件的加工，解决了许多加工难点，让他的工作充满了乐趣与挑战，同时他将验证后的新程序、新的加工方法和同事一起分享，得到了同事和车间的认可。

由于栗生锐在技术上肯于钻研，领导分配他参与新产品试制与重点型号的攻关。栗生锐配合工艺成功地完成了几百种军品零件、转包零件、重型燃机零件的首件试制及加工，在首件试制中多次发现程序错误，避免了质量事故的发生；参加技术攻关小组，解决了多项在新产品研制中遇到的技术难题，为保证任务节点做出了贡献。

2007 年 3 月，由于工作需要栗生锐被调到了机匣加工厂对开机匣工段，分到 Mandelli 加工中心工作，面对没有操作过的西门子 840D 操作系统，他没有被困难吓倒，仅用半个月的时间就学会了该设备的操作。到目前为止，他已经能够熟练操作发那克、西门子等多种版本的操作系统，成为公司不可或缺的多面手。

到 95 车间后，栗生锐参加了公司百余种重点型号零部件重要工序的加工、研制及技术攻关，解决了几百项研制中的关键难题，同时开展技术革新，创造上百项绝招绝技及先进操作法，解决高新设备引进、使用和维护中的技术难题，在零件的高效加工、数控机床功能开发应用、数控编程技术开发应用、精益改善、团队建设和传帮带等工作中做出了贡献。

栗生锐针对数控加工特点与现场实际展开研究，编制加工程序，开发数控加工功能，实现了多项加工的技术革新，为先进加工经验的推广应用，降本增效，降低劳动强度，确保新件研制任务的顺利进行做出了较大的贡献。

栗生锐工作照

栗生锐潜心钻研加工技能，将多项所学知识应用在数控加工中。他总结了单平面快速找正法、精尺寸台阶加工法和坐标系误差判别防错程序编制法等方法，有效地提高了加工效率；避免了累积误差编程法、薄壁易变形零件数控加工操作法和刀具补偿智能化验证法等的加工失误；他发明的刀具寿命管理与新刀具自动识别法，通过刀具寿命管理功能，监控刀具寿命，当刀具到达寿命后，系统自动识别并更换相同名称的第二把新刀具进行加工，提高了设备利用率和自动化程度；经验数据自动写入编程法，利用高级语言编程实现经验数据的自动写入，提高加工效率，降低劳动强度，提高设备利用率，提高产品质量，使新员工能够达到老师傅一样的加工水平，实现标准化加工。

工作的磨炼使栗生锐练就了过硬的加工手法，勤奋钻研使他有了深厚的理论基础。栗生锐参加了各级别的比赛，获得了很多荣誉。2006年参加了全国数控大赛辽宁省的选拔赛，取得辽宁省第三名的成绩；2007年中国一航第二届职工职业技能竞赛加工中心操作工第四名；2007年全国数控技能大赛辽宁省选拔赛加工中心操作工第一名；2008年全国数控技能大赛加工中心操作工第十五名；2009年第三届全国职工职业技能竞赛加工中心操作工第一名。

沈国荣 2009 年全国五一劳动奖章获得者

沈国荣（1964.9—　），江苏苏州人，2009 年全国五一劳动奖章获得者，中航工业雷达与电子设备研究院（简称中航工业雷电院）副总工程师，研究员级高级工程师。1985 年 7 月毕业于西北工业大学，进入国营长风机械总厂（现中航工业雷电院），先后担任设计员、设计室主任，副总设计师，军品研究所所长助理、副所长、所长等职，在职研究生学历，工程硕士学位。沈国荣先后荣立中航工业集团公司型号研制二等功 6 次、三等功 5 次；荣获 2001—2003 年 "苏州市劳动模范" 称号。2006 年荣获航空报国优秀贡献奖，2008 年被授予江苏省五一劳动奖章，2009 年被中华全国总工会授予全国五一劳动奖章。

沈国荣参加工作后，长期从事航空电子产品的设计开发工作，先后承担了显示器、控制器等多个重点型号产品硬件和软件的研制和开发任务，涉及飞机型号将近 20 个。在航空电子武器装备的研制过程中，成长为具有系统扎实的专业理论和专业知识，具有创新意识强、知识全面的专业技术人才。1993 年，企业从美国引进的 EFIS 软件，他仅仅利用半个多月的时间就成功完成了该软件的公英制转换，为国家节省了几十万美元的外汇支出，为 K8 飞机的顺利出口赢得了宝贵的时间。2000 年后，重点型号研制任务日益繁重，沈国荣带领技术骨干，攻克了多个技术难点，在航空电子显示技术和发动机控制技术上取得了优异的成绩。

2003 年，沈国荣逐渐走上了管理工作岗位，先后担任了中航工业雷达与电子设备研究院（苏州）副总设计师，军品研究所副所长、所长。尤其近几年以来，型号任务越来越繁重，要求越来越高，技术越来越复杂，作为技术负责人，他带领军品研究所这支近 100 人的团队，在型号研制中攻坚克难，解决了显示器（系统）显示处理、接口处理等关键技术，实现了技术的更新换代，提升了企业的核心竞争力，在某两个重点型号显示器竞标中两次以遥遥领先于第二名较大的实力荣获第一名。

2008 年，为规范设计和工作流程，更好地保证研制质量和研制进度，沈国荣组织编制了专题分析报告模板、单板硬件设计规范、器件申购及超目录电子元器件选用审批流程等规章制度，这些模板和制度的下发，大大提高了技术人员的工作效率，规范了业务工作流程。

2009 年，在沈国荣的组织带领下，开始对视频板的锁相环改进、实现掉电重新启动功能、TS201 芯片的推广使用、DVI 转光纤技术、LVDS/DVI 编解码的 FPGA 实现和视频压缩板的硬件研制等多项科技攻关和技术推广工作。在技术攻关中，他带领攻关团队加班加点，忘我地工作。和设计员们一起查资料，分析数据，做试验。在攻关过程中，他用自己渊博的知识和踏实的作风以及平易近人的个性赢得了全所人员的赞誉。

孙 兵 2009 年全国五一劳动奖章获得者

孙兵（1962.7— ），安徽霍山人，2009 年全国五一
劳动奖章获得者，中航工业合肥江航飞机装备有限公司
（简称中航工业江航）董事长、总经理。1985 年 2 月起任
国营江淮仪表厂（现中航工业江航）科研所设计员、设计
室副主任，副总工程师，总工程师，2006 年 4 月—2009 年
12 月任中国一航安徽江淮航空供氧制冷设备有限公司（现
中航工业江航）总经理，2009 年 12 月任中航工业江航董
事长、总经理。孙兵因出色的工作业绩先后被评为安徽省
国防系统劳动模范、合肥市优秀企业家、做出突出成绩的
中国硕士学位获得者，荣获航空报国突出贡献奖。曾荣立

一等功 3 次、二等奖 3 次、三等功 6 次；荣获国家科学技术进步奖二等奖，国防科学技术进
步奖一等奖、三等奖，军队科学技术进步奖二等奖；航空科学技术进步奖一等奖、二等奖
各 2 项，三等奖 4 项等多项殊荣。2009 年被中华全国总工会授予全国五一劳动奖章。

　　孙兵先后担任公司承担的国家多项重点型号工程总指挥、总设计师，主持参与研
制成功了多项具有自主知识产权的航空和航天关键机载产品，填补了国内空白，使我
国机载制氧和航天环控技术达到世界先进水平。在他主持参与下，公司成功研制出先
进的供氧系统配装新型战机，使我国成为世界上为数不多掌握该项技术的国家。孙兵
因此获得国家科学技术进步奖特等奖。同时，他主持参与为航天"神舟"系列飞船研
制的多项关键元组件，特别是为"神舟" 7 号载人飞船成功研制的舱外航天服气液控
制台，使我国的航天生保技术跨入国际先进水平。

　　2010 年，两家在皖航空企业进行重组，成立中航工业合肥江航飞机装备有限公司，
孙兵担任公司董事长、总经理。上任之初，面临着组织机构重新构架、人员定岗重组、
流程梳理再造和思想文化融合等多项工作，并且还要完成型号科研、军品生产、经营
目标、新区建设收尾、后续搬迁、恢复生产等多项任务。在这些挑战、困难和考验面
前，孙兵认真贯彻落实集团公司发展战略，确定了公司"做精航空装备、做强制冷设
备、做大汽配产品、做好资本运作"的发展战略，采取措施，在较短的时间内完成新公
司组织机构、职能划分、员工安置和干部竞聘上岗等各项工作，确保了新公司平稳运行。

为了完成军品科研生产任务，在公司新区科研办公楼和民品厂房尚未完工、部分单位仍在搬迁的情况下，孙兵一方面督促协调建设单位加快建设进度和后续整改工作，使之尽快具备科研生产办公搬迁条件；另一方面，通过总经理办公会、党政联席会和季度经营活动分析会，强调完成军品科研生产，实现经营目标的重要意义，统一各单位领导思想，用型号文化凝聚共识、精心组织和强化管理，采取"611"工作制，抢时间、争进度，公司军品均按研制生产交付要求完成重点型号科研生产任务。

确保国有资产的保值、增值、实现经营目标和加快发展，是国企负责人的神圣使命。孙兵通过与承担经营任务的各实体单位以承包协议和责任书的形式，进行目标分解等方式，围绕生产经营活动采取了一系列有效措施，确保了生产经营的正常运行和经营效益的持续增长。同时，他结合公司重组整合的实际，建章立制，制定基本涵盖公司方方面面的百余项规章制度，促进公司制度化运行。孙兵注重管理，大力推进"6S"管理、信息化、精益六西格玛和平衡计分卡等新管理工具在公司的运用；推进市场体系信息化建设达标和保密资格认证等项工作；强化质量管理；加强技术创新，以技术中心为平台，通过产、学、研结合，拓展核心技术，研发新品，夯实创新基础。公司技术中心在先后被省市评为省级企业技术中心、省级优秀企业技术中心、高新技术企业、合肥市创新型企业的基础上，2010年公司又获得了"国家级企业技术中心"称号。

孙兵重视人才队伍建设，加大科技领军人才、高技能人才的选拔力度，建立高薪津贴、高级工津贴，以事业留人、感情留人、待遇留人。建立后备干部选拔、任用和在职干部交流、挂职的长效机制，激发干部队伍活力。这些措施的采用，有效地推动了重点型号科研生产交付任务的完成和经营目标的实现。

孙兵工作照

孙兵带领公司全体干部职工合力攻坚、奋力拼搏，创造了"十一五"期间公司销售收入从 1.2 亿元增加到 2010 年 10 亿元，平均年增长速度 53%，累计实现销售收入近 31 亿元的佳绩，并连续两年被评为合肥市工业企业 50 强。在集团公司 2011 年度峰会上，孙兵被授予"中航工业优秀领导干部"荣誉称号，同时获得中航机电系统公司优秀经理人奖。近年来，江航公司在孙兵带领下，克服了国际经济衰退、国内宏观经济呈现错综复杂多变和下行压力持续加大等不利因素，调整思路、制定举措，公司经营效益仍然保持了持续增长。公司承担的国家工信部、集团公司创新基金项目和自主预研项目均取得重大进展，相关项目突破关键技术，达到国际先进水平。

孙兵开拓思路、拓展核心技术，积极培育公司的经济增长点。他看准了分子筛制氧技术在民用领域应用的广泛前景，本着立志于把航空技术服务于人民健康，把航空制氧技术转化为医用产品的决心和执着，按照技术同源、产业同根、相关专业领域多元化的非航空民品发展思路，开展了分子筛制氧技术在医用制氧机领域的研究工作，成立江苏江航公司，按照打造中国家庭保健医疗器械第一品牌的企业愿景，实施品牌战略，创新商业模式，通过"四位一体"的营销模式，使江苏江航的后发优势凸显，创造了较为可观的经济效益。同时，他调整汽保产品结构，整合资源，按照打造汽车、房地产的概念，全面进军立体停车、仓储设备市场，通过 BOT 模式推行产融结合，促进汽保产品转型发展。

赵兴福 2009 年全国五一劳动奖章获得者

赵兴福（1972.5— ），黑龙江集贤人，2009 年全国五一劳动奖章获得者，中航工业哈尔滨东安发动机（集团）有限公司（简称中航工业东安）总工程师助理兼工艺技术部部长，研究员级高级工程师，中航工业一级技术专家。1994 年 7 月毕业于大连理工大学机械设计及制造专业，分配到哈尔滨东安发动机制造公司（现中航工业东安）工作，2006 年 7 月—2011 年 9 月在北京航空航天大学能源与动力工程学院航空工程专业攻读硕士学位。先后任车间工艺员、工艺室主任、技术主任、行政主任、工程技术部副部长、工艺研究所所长，中航工业东安总工程师助理兼工艺技术部部长。2006 年荣获"中航二集团优秀共产党员"称号，2008 年被授予黑龙江省五一劳动奖章，2009 年被中华全国总工会授予全国五一劳动奖章，2011 年荣获集团公司航空报国突出贡献奖，2012 年荣获集团公司科学技术进步奖。

1994 年，赵兴福从大连理工大学毕业后，作为最后一批定向分配的毕业生，放弃了某研究所软件开发工作，来到哈尔滨东安发动机制造公司从事齿轮加工科研工作。质朴平实和善于琢磨的个性，让赵兴福的机械设计和计算机知识在这里得到了更充分的运用。

刚到工艺室，赵兴福看到工艺员用计算器计算公法线、滚棒间尺寸，不但繁杂而且易出错、效率不高。他就利用所掌握的计算机知识，并结合齿轮专业理论，自己编制开发了一套计算机应用软件，解决了计算不准和计算时间长的问题，并在齿轮实际测绘中广泛应用。

随后，在加工圆弧锥齿轮时需要计算调试机床的数据，这些数据的计算量非常大，光是计算公式就 500 多个，以前靠人工用计算器计算，两个人需要两周时间才能完成。赵兴福认真研究了这个调整卡的计算原理和每一个数据的出处，翻阅了大量的专业资料，用了近两个月的时间编制出了一套圆弧锥齿轮加工调整卡计算程序，技术人员只用 30 分钟就可以得出准确的调整数据。该软件在当年获哈尔滨科学技术进步奖。

在东安公司，赵兴福搞科研能吃苦是出了名的。每天早上 7 点多钟上班，晚上 7

点以后下班早已成了他的习惯，而且，他对周末并没有什么概念，有时候为了解决一个齿轮加工难题，赵兴福经常连轴转地工作。

由于零件设计结构的更改，急需中心从动锥齿轮组件。为保证公司的科研生产任务按时完成，零件在进行磨齿加工时，赵兴福连续 3 天 3 夜跟在现场，他认真查阅德国花键磨床的大量原文资料，开发使用了该设备从未用过的齿形单点修形法，终于指导现场顺利加工出合格产品。20 年来，像这样的事例不胜枚举。

20 世纪末，公司引进了两台先进的齿加工设备，但是，当时的技术却与设备不匹配。时为工艺室主任的赵兴福意识到，螺旋锥齿轮加工技术将是国内有待突破的技术制高点！但是，什么时候能用上，谁也说不清。"技术上我们一定要有新的突破！"一直喜欢挑战的他，给自己留下了新的课题：自己搞这项研究。在工作之余，他开始搜集国外稀缺的相关技术资料，熬夜写可行性研究报告，上北京寻求专家支持。不久后，国家开始搞某航空产品研制工作，当时该型机代表了世界上最高的锥齿轮加工技术，而这个课题正是赵兴福潜心研究的，他既紧张又兴奋，考虑借助于国家专项带动项目的进步，这时他已经是车间技术主任。同样，在不影响车间正常生产的前提下，赵兴福开始利用各种机会，频繁上北京自己去找专家、跑立项，历时 3 年多，在吃了无数次闭门羹，接受了无数的白眼后，国防基础"十一五"预研的齿轮项目课题终于在 2006 年被确立，并由他全权负责研制工作。2008 年，在赵兴福的主持下，公司终于攻克了这项技术难关，使我国传动系统干运转能力第一次满足了型号要求及适航要求，该技术被专家鉴定为国内领先水平，同时该技术可以应用到舰船及坦克等领域。这个课题为公司打开了一个齿轮发展的新空间。根据技术发展需要，"十二五"国防预研齿轮课题在 2013 年得以立项，并由赵兴福继续进行主持研发。

赵兴福工作照

近年来，赵兴福累计完成 21 项技术攻关项目，为公司创造价值达 1000 多万元，节约价值 200 余万元。2006 年，他挽救了价值近 20 余万元的仅剩一件的两种零件……这些已让平凡的不再平凡，普通的不再普通。

作为项目负责人，赵兴福主持并完成了国防基础科研计划项目，提升了我国的螺旋锥齿轮工程化制造水平；经过工艺研究及参数优化，满足了某型直升机主减速器干运转试验技术要求，完成了国内第一台传动系统的干运转试验；通过工艺过程，形成了螺旋锥齿轮加工工艺规范；完成了"十一五"某型直升机传动系统的工艺预研工作，为我国某型机首飞研制奠定了工艺技术基础；完成了国家高档数控机床与基础制造装备科技重大专项课题任务"航空发动机典型件与汽车淬硬钢模具高速切削工艺研究"和"航空航天典型零件高速多轴联动加工技术"；完成了直 11 机型齿面蔡氏坐标点吻合的攻关工作。

赵兴福作为东安公司对普·惠动力系统公司的国际风险合作 APU 项目负责人，通过国际合作，引入先进的管理理念和方法，并在公司不断推广应用。如正在实施的工艺布局优化方法就是结合了精益生产、价值流分析和 3P 方法。

韩一楚 2011 年全国五一劳动奖章获得者

韩一楚（1963.9— ），陕西大荔人，2011 年全国五一劳动奖章获得者，中航工业西安飞机工业（集团）有限责任公司（简称中航工业西飞）西飞国际副总经理，研究员级高级工程师。毕业于西北工业大学，工程硕士学位。1986 年 7 月分配到航空工业部西安飞机制造公司（现中航工业西飞），历任工艺处工艺员、室主任、副处长，总师办总师助理，某工程指挥部办公室副主任，飞机项目处处长，技术中心项目执行经理，西飞公司国际合作部副部长、部长、西飞国际副总经理。2013 年 4 月后，担任中航工业西飞董事、总工程师、副总经理。在几十年的工作中，先后荣立中国航空工业总公司某工程飞机设计定型个人三等功，中国航空工业第一集团公司某机型飞机首飞个人三等功；荣获中航工业管理与创新奖，中航飞机股份有限公司"优秀管理者"称号。2011 年被中华全国总工会授予全国五一劳动奖章。

　　韩一楚参加工作以来，先后策划组织建立了公司型号项目管理运行体系；主持完成了某型号飞机首架全状态飞机的研制和首飞；组织建立了国内民机产品质量管理体系，确保了军民机、国际合作质量管理体系的有效性、充分性和适宜性，将质量管理渗透到产品生产的各个环节，全面提升产品质量和质量管理水平，通过专项质量整顿，提高和改善全员质量意识，完善和优化质量文件体系，解决了多项重大技术质量问题，确保型号研制和批生产的质量和安全。

　　2006 年，韩一楚主管国际合作业务后，保持转包产业的发展始终以年 20% ~30% 产值增长。为了保持国际合作项目持续高速发展的良好态势，使西飞公司在中航工业转包产业中处于优势地位，在转包新项目开发上，韩一楚改变坐等客户上门的方式，主动出击，积极同潜在客户联系，与胜利、索杰玛、福克等航空部件一级供应商，以及意大利商会航空分会、美国中小企业联合会等机构建立了直接联系。

　　2008 年，韩一楚主管西飞公司适航管理工作，规范了公司适航管理活动的制度性流程，用于指导公司民机设计、制造、销售、售后和维修等全过程工作。在科学评估公司现有适航管理模式的基础上，按照科学发展观，着眼于公司民机发展的适航需求，开展了建立、维护和完善公司适航管理文件体系的工作。在认真研究适航法规和适航管理程序的基础上，进一步完善了体系建设和适航管理文件规划方案，并将适航管理文件体系划分为三个层次，编制体系文件 35 份，进一步加强了对民机生产的过程控制，梳理和规范了适航管理流程。

韩一楚主管制造技术工作后，逐步构建完善的技术、管理和人才队伍协调发展的体系；利用信息化手段为推手加快单位工业化进程，提升企业管理水平和整体效能，进一步增强企业可持续发展的能力。韩一楚依据公司发展战略，组织制订了公司制造技术发展规划的总体方案和发展思路，部署安排先进制造技术调研，策划组建了公司三总师系统，明确了其岗位职责，进一步完善了公司工艺、冶金和特设系统的职能，使总师系统在公司型号研制、批生产及制造技术规划的制订与组织实施中更好地发挥技术牵头作用，提升了公司制造技术系统的整体水平。

近年来，韩一楚在公司全面开展 FMEA 推广应用活动，26 个工艺改进项目全部完成验收鉴定。公司产品一次合格率提高 20%～50%，产品质量得到明显提升；生产效率提高 1～3 倍，确保了产品配套率，满足了交付周期，极大地提高了防差错能力。档案情报工作方面，组织开展了公司一级数字档案馆建设工作，并通过了中航工业档案馆的验收评审，达到了航空工业档案工作一级单位的标准。2013 年，韩一楚指导完成了军民机协同平台建设、三维工艺指令试点应用和 MA700 数字化设计平台硬件环境建设，组织推进了 ERP 生产计划管理系统的应用实施等一系列工作，大力提升了公司制造工艺和产品设计信息化水平，为公司下一步信息化大发展打下了坚实的硬件基础。

2011 年随着公司不断跨越式发展，为保障公司批产和新研机型任务的顺利完成，公司组建了技改基建管理部，统筹管理和规划全公司的固定资产投资业务。根据业务

韩一楚工作照

分工，韩一楚分管公司技改与基建工作。他要求新部门建章立制，规范流程，优化队伍，强化管理，指导部门确定了其工作职责和职能，对原基建管理队伍进行了优化和重新调配。同时，在原有制度的基础上，全面梳理了固定资产投资项目的立项、设计、招标、建设和竣工验收等主要环节的流程，找出各流程环节的主要风险，提出相应的管控措施，主持制订和完善了 13 项固定资产投资项目管理制度，确保公司固定资产投资项目的规范运行和有效实施。韩一楚做到加强论证，强化协调，通过计划拉动，严格考核，确保了公司自筹计划项目每年完成率达到 95% 以上，确保国拨项目立项完成率 100%。其中，为了满足国家大飞机生产需要，2013 年各种新建厂房集中开工，部分项目技术难度高、投资额度大，韩一楚通过严格的过程控制，统筹组织，确保了信息中心工程、型材库、喷漆厂房、技校实习培训楼、新建污水站、141 医院和机加厂房等多项重大建安工程均按期完成；C919 飞机机翼和襟副翼数字化装配生产线等重大非标设施项目进展顺利，极大地提高了公司大飞机装配技术水平。

2013 年，韩一楚任西飞总工程师后，始终紧紧围绕型号研制目标，统筹协调解决型号研制中的重大技术质量问题，严控目标节点，确保了研制阶段各项重点任务的顺利完成。实现了公司某型号"一机交付，一机首飞，三机试制"的年度工作目标，全力推进某型号试验和试飞保障等工作。策划建立了某型机和 MA700 等多个项目制造总师系统，统筹开展了先进技术应用预研方案的编制和工艺总方案的起草工作，制定了制造标准规范体系大纲，组织开展了制造关键技术梳理分析工作。按照型号预研计划，统筹组织了某型机、C919 飞机等型号科研课题立项与实施工作，保证了公司飞机型号研制及后续批产工作的顺利进行。

李久年 2011年全国五一劳动奖章获得者

李久年（1952.12— ），江西南昌人，2011年全国五一劳动奖章获得者，中航工业江西洪都航空工业集团有限责任公司（简称中航工业洪都）钳工。1970年5月招工入国营洪都机械厂（现中航工业洪都）61车间当钳工，2012年12月退休。李久年在钳工岗位上一干就是42年。他凭着一种执着的敬业精神，在平凡的岗位上默默无闻地奉献。他多次荣获公司"先进生产者""生产能手"等光荣称号。从1993—2000年，他连续8年被评为公司劳动模范，2000年被评为南昌市劳动模范，2001年被中华评为中国航空工业第二集团公司劳动模范。1997年当选为南昌市人大代表；2011年被中华全国总工会授予全国五一劳动奖章。

9年干了近30年的活，在一般人看来，简直不可思议。然而，李久年做到了。在2002—2010年的9年中，李久年累计完成工时59871小时，平均每年完成工时6652小时，而按正常工作时间每年完成工时为2000小时。李久年9年干了近30年的活。

1970年5月，18岁的李久年从农村招工入国营洪都机械厂。虽然只有高小文化，但他刻苦学习，从看图、识图、画线、放样，到抡锤、冲孔、打眼、修锉，每一个钳工技术活，他都虚心向师傅或同事请教。别人嫌累的活儿，他干；别人嫌难的活儿，他也干；别人计较工时的活儿，他二话不说照样干。他从不计较个人得失，多年后自己当了师傅，常对徒弟们说："干活要尽心，只要用了力，尽了心，别人不会看不到，没有必要去斤斤计较。"

李久年严于律己，对自己，他勇挑重担，率先垂范；对同志，他互相协作，以诚相待；对后辈，他言传身教，毫无保留。在钳工这个普通岗位上一干就是40多个春秋，用日复一日、年复一年的简单音符，谱写出了人生的美丽乐章。

在某型飞机关键部位成形模急难件中，面对首次采用新型材料、价格昂贵、模具外形细长、在数控铣加工后易变形的难题，大家不敢接这个任务。李久年主动请缨，义无返顾地投入到攻坚战中。他凭着自己几十年的工作经验，采用校正、修锉、签削等方法，用气枪砂轮打磨圆滑过渡，日夜加班加点奋战在生产线上。经过 20 多天的顽强拼搏，模具按时交付使用。在试制零件过程中，李久年积极配合零件车间到现场排故，随叫随到，从无怨言。热情的服务，诚信的敬业精神，得到了零件车间同志们的一致好评。

李久年勇于创新，善于动脑筋、想办法，不断探索，合理地安排工序，创造性地开展工作。一次，工段接到一套某机型模具，形状非常复杂，制造周期只有 20 天，按正常的工艺流程完工需要两个月左右的时间。李久年主动承担了这项任务，在工艺和检验的配合下，动脑筋、想办法，改进加工方法，硬是 15 天就优质交付了这套模具。

李久年深知"质量是企业的生命"这个道理，始终坚持把质量放在首位，每次接到任务时，他从不盲目下手，总是先消化图样，做到心中有数，用他自己的话来说，就是"磨刀不误砍柴工"。在承揽某外协工装的过程中，分厂的产品尤其是热成形模具的制造方面，优于其他厂家生产的模具，树立了良好的口碑，得到了用户的一致好评。

一直以来，李久年都是以"无废品、无故障、无超差品"的"三无"产品受到上级领导和用户的好评。检验员常说：李师傅的产品我们最放心。作为车间的业务尖子，虽然年事已高，但他还是经常出差，为订货单位解决技术上的难题。有的厂方还点名要他去做模具或解决问题，他们都说："劳模做的东西，就是有劳模样，信得过！"

李久年工作照

　　在众多荣誉面前，李久年从来没有居功自傲，他始终把自己当作一名最普通的工人。这些年来，车间任务饱满，节点紧、任务多、要求高，车间大量的钳工活被排得满满的，工人们几乎天天加班，有时还通宵达旦。李久年是工段的技术能手，许多活都要经他的手"搞定"后才能交付。

　　这就是李久年，朴实而执着，平凡而光辉。他兢兢业业地工作，不求回报地付出，多次攻克车间急、难、险、重任务，完成工时几十年在车间名列前茅。

李守泽 2011 年全国五一劳动奖章获得者

李守泽（1961.1— ），河南陕县人，2011 年全国五一劳动奖章获得者，中航工业第一飞机设计研究院（简称中航工业一飞院）院长。1983 年西北工业大学飞机设计专业毕业，同年分配到航空工业部第 603 所（现中航工业一飞院）工作，历任环控救生研究室设计员、弹射救生组组长、副主任、主任，所科技处副处长，所副总设计师、所长助理、副所长，一飞院副院长等职，2010 年 5 月担任中航工业一飞院院长。多年来，李守泽先后参加过"飞豹"系列飞机、空警2000 预警机、ARJ21 飞机、"小鹰" 500 等多个型号飞机的研制工作，1989 年荣获航空航天部科学技术进步奖三等奖；1996 年荣获中国航空工业总公司科学技术进步奖二等奖、三等奖各一项；1998 年荣获陕西省国防科学技术进步奖二等奖；2003 年荣获"陕西省十大知名企业家"称号；2005 年荣立国防科技工业武器装备型号研制二等功；2006 年荣获中国一航航空报国优秀贡献奖；2007 年荣立集团公司"新飞豹"飞机设计定型二等功；2009 年和 2010 年分别荣获中航工业集团型号总经理特别奖；2011 年荣获"陕西省国防系统优秀共产党员"称号、新中国航空工业创建 60 周年航空报国杰出贡献奖，2011 年被中华全国总工会授予全国五一劳动奖章。2012 年荣获航空报国金奖一等奖，2010、2011、2013 年分别荣获航空报国金奖二等奖。

在"飞豹"系列飞机、空警2000、"小鹰" 500 飞机研制中，李守泽都因贡献突出荣立部级二等功。特别是在空警2000 预警机研制中，他作为项目负责人，在设计、试验和试飞等各个环节都发挥了重要作用。

在我国首个具有自主知识产权的民机项目——ARJ21 飞机研制过程中，李守泽作为系统综合试验现场指挥部常务副总指挥和试验件攻关组组长，积极组织一飞院科技部和各相关研究所对 ARJ21 飞机的试验项目进行清理，及时发出了试验计划和试验节点网络图。为落实需要国内加工的试验件任务，他带领由相关副总师、科技部、计划部和试验负责部门组成的试验件落实谈判小组，数十次奔走于西飞公司、上飞公司、成飞公司和沈飞公司之间，就试验件加工的图样设计、技术难点、材料代用、交付周期和加工费用等一系列问题与有关厂家进行谈判交涉，逐一以合同形式落实下来，为飞控、液压、供配电和航电四大综合试验的开试奠定了基础。在数百项试验开展过程中，他精心组织，科学管理，使每一项试验开展得井井有条。尤其是在ARJ21系统综合试验中，他充分发挥领军人物的作用，及时协调解决试验过程中发现的问题；他通过定期召开试验例会、试验负责人总结会和现场指挥部工作例会等途径，理顺了各方面的关系，找到了解决问题的途径，成功地解决了材料缺乏、进度紧张和供应商试验件迟迟不到位等诸多难题，确保了综合试验的顺利进行；期间，他还亲自担任"ARJ21试验件攻关组"组长，针对复合材料试验件加工工艺不过关、原材料供应周期长等问题，到沈飞公司、西飞公司上门处理，现场制订交付计划，保证了复合材料验证试验的实施；他还经常深入一线，到试验现场检查试验情况，现场解决各类技术和协调问题，确保了各项试验任务的完成，为ARJ21飞机的研制做出了突出贡献。

2010年，李守泽担任中航工业一飞院院长时，正值国家重大专项研制的关键时期。当时，作为总设计师单位的一飞院，面临着巨大的压力。紧迫的研制周期、跨度巨大的技术台阶、庞大的工作量、崭新的工作模式和技术基础薄弱、资源紧张的现状，使型号研制和科研管理工作面临诸多挑战。作为国家重大专项工程研制现场副总指挥，李守泽清醒地认识到，在这种严峻的形势下，如果采用常规的工作模式，即使玩儿命也无法按期完成任务。因此，只能打破常规，在技术创新和管理创新上做文章，通过创新技术手段、管理模式和管理手段等，来保证国家重大专项的研制节点。

在李守泽的带领和指挥下，一飞院首先突破了三维数字化关联设计、数字化协同设计与制造等一批关键技术，将国际先进的三维标注、关联设计和在线设计等崭新的技术应用于型号研制工作，实现了设计手段的创新。同时，针对国家重大专项参研单位

李守泽工作照

众多和地域分布广泛的特点，开展协同设计的探索，建立了多厂所异地协同研制平台，实现了产品数据的统一管理和多厂所异地协同设计，使我国的飞机设计技术逐步与国际接轨。

在技术创新的基础上，李守泽又积极推进管理创新。面对研制工作千头万绪、而研制周期又十分紧迫的严峻局面，李守泽大力推行并行工程：总体设计与系统设计并行、飞机设计与成品设计并行、设计与制造并行，并在众多互相嵌套的并行工程中，采用数字化设计成熟度并行技术，对各种设计数据在不同阶段的不同使用范围进行科学定义，使并行工程进入规范化运行的管理轨道。

此外，在李守泽的大力推动下，一飞院还不断加强信息化管理手段的应用，实现所有项目集中化和可视化管理；通过技术手段的提升，不断完善计划管理与调度的信息化平台，实现实时、动态和可跟踪的进度控制；构建包括项目研制全过程的信息化管理体系，实现型号研制的全生命周期管理；全方位优化配置资源，确保研制进度和质量。

在李守泽担任一飞院院长期间，面对一飞院多型号并举、科研任务异常繁重的局面，他主持开展专业设计流程梳理优化，强化飞机设计与试验、试制、试飞一体化运行；在设计理念、技术手段、能力建设、管理思想、管理方法和管理体制等多个方面进行创新，形成了飞机研发机制和运营管理机制密切协同的一体化综合体系，大幅度提高了型号自主研发能力和专业技术领先能力这两大战略核心能力。在他带领下，一飞院全面完成了"飞豹"系列飞机、空警 2000 预警机以及国家重大专项等多项重点型号研制目标任务，荣获全国五一劳动奖状，被国资委授予军工能力建设先进单位。空警 2000、"新飞豹"飞机分别荣获 2010 年国家科学技术进步奖特等奖和一等奖。

王广亚 2011年全国五一劳动奖章获得者

王广亚（1965.5— ），山东阳谷人，2011年全国五一劳动奖章获得者，中航工业成都飞机工业（集团）有限责任公司（简称中航工业成飞）董事长、总经理，享受国务院政府特殊津贴专家，研究员级高级工程师。1986年毕业于西北工业大学飞机设计专业，分配到航空工业部成都飞机公司（现中航工业成飞），1986年7月—1988年10月任产品开发部设计员，1988年10月—1990年5月在西北工业大学研究生班学习，获硕士学位。1990年5月—1998年1月任成都飞机工业公司（现中航工业成飞）总师办技术员、副主任，1998年1月—2000年8月任生产指挥长；2000年8月—2003年3月任成都飞机工业集团（现中航工业成飞）副总工程师兼成飞集成科技股份有限公司总经理，2003年3月—2007年6月任成都飞机工业集团副总经理；2007年7月—2013年5任中航工业成飞董事长、总经理、党委副书记。2013年3月调中国航空工业集团公司质量安全部任部长。王广亚先后荣立部级一等功、二等功。1996年被评为中国航空工业总公司做出突出贡献的中国硕士学位获得者；1998年被评为四川省国防科技工业十大杰出青年、第七届成都优秀青年；2006年荣获中国一航航空报国优秀贡献奖；2007年被授予四川省五一劳动奖章；2008年被评为中央企业抗震救灾先进个人；2009年荣获中航工业集团总经理特别奖、某重点型号特别金奖；2010年被评为四川省劳动模范、四川省优秀企业家；2011年荣获新中国航空工业创建60周年航空报国杰出贡献奖、某重点型号研制航空报国金奖，并被中华全国总工会授予全国五一劳动奖章。

王广亚1986年9月从西北工业大学毕业后分配到航空工业部成都飞机公司设计所，从事飞机设计研制工作，1988年研究生毕业后回到成飞公司，凭借飞机设计专业扎实的基础功底，成为歼10飞机型号项目办的负责人，负责整个项目计划管理和日常业务管理工作。他在深入研究国外军用飞机研制项目管理模式的基础上，结合我国军机研制工作管理程序和方法，成功地将项目管理应用于歼10飞机工程的研制，科学、合理并准确地进行任务分解和计划编排，保证了整个歼10飞机工程的全线协调展开。

1998年，王广亚调任公司生产指挥长，担负起航空产品从投产到交付全过程的生产计划管理和控制指挥的重任。他深入研究现代生产管理理论，根据精益生产和制造资源计划的基本原理，结合工业工程的理念，借助从事型号研制掌握的第一手资料，在对传统生产管理调查研究的基础上，改革原有的"只重进度、不管成本"的观念，大力提倡"效益/成本型"生产管理理念，制订从传统管理向科学化、现代化管理迈进的方案和措施，优化公司内部生产和技术管理流程，组织制定飞机生产期量标准，打造公司内部物料配送体系，从而推动了公司生产管理的科学化，创建了公司航空产品生产管理的新模式。

王广亚创造性地提出了推拉结合的计划编制和综合平衡理论模型，确保了生产准备、零件制造和飞机装配计划的高度协调与统一。在行业内率先完成了航空产品生产管理系统的构建工作，主持并完成了成飞公司计算机辅助生产管理综合信息系统的开发和应用工作，形成了一套具有航空特色并拥有自主知识产权的，覆盖计划编制、计划平衡、材料采购、成品管理、车间管理、库房管理、现场管理和配送管理等内容的"航空产品生产管理信息化系统"，实现了物流和信息流的有效整合与管理，在离散型多品种小批量复杂制造过程管理方面取得了理论与实践的突破，是大型复杂制造企业生产制造过程自主研发系统有效应用的成功典范。该系统的应用取得了良好的经济、社会效益，其开发模式得到了国家"863 计划"CIMS 专家组的高度肯定。

2000 年，王广亚就任四川成飞集成科技股份有限公司总经理。通过深入研究大量资本运作案例，主持制订并实施了成飞集成公司重组方案，他就难度最大的用工和分配制度进行改革，平稳地完成了人员的重组；实行一线员工准计时工资制、管辅人员工资与一线员工平均工资挂钩制，切实保证了按劳分配，极大地调动了员工的积极性；大胆放权，重新明确了各部门的责、权、利，提出了以"成本＋净收入"核算的全新

王广亚工作照

模式，并制订了企业的《中长期发展规划》，确保企业持续、健康和稳定的发展。在王广亚任职期间，企业工业增加值以每年 20% 的速度递增。2003 年担任成飞集成董事长后，积极推进公司法人治理结构的完善，经过 7 年的努力，成飞集成于 2007 年 12 月在深圳证券交易所成功上市，成为国内首家上市的汽车模具制造企业，并从一家净资产仅有 1 亿元的企业成为市值超过 50 亿的上市公司，2009 年该公司被深圳证券交易所评为优秀上市公司。

2007 年，王广亚担任成飞公司董事长、总经理，他积极借鉴先进的技术和管理经验，致力于推进管理创新，成功地引入了六西格玛、精益制造和平衡计分卡等先进管理手段；结合公司实际，潜心研究，创造性地提出了管理创新"腾飞计划"，从"战略梳理、组织变革；流程再造、建章立制；工艺优化、精益优质；系统集成、综合协同；模式再造、文化统领"五个阶段规划公司管理创新战略，旨在解决公司发展中基础性、长期性和深层次的问题，全面提升企业运营管理水平，努力成为行业企业管理标杆，支撑公司跨越式发展，实现企业战略腾飞。完成战略梳理、组织优化、流程再造与制度建设等工作，完善了矩阵管理组织结构，形成了具有成飞特色的综合管理制度体系框架，其成果"大型军工企业战略导向的组织变革与流程再造"荣获第十四届国家管理成果一等奖。

在王广亚带领下，成飞公司连年保持了快速发展的良好势头，2008 年面对突发特大地震灾害、外场改装配套产品不足、外贸合同迟迟难定和全球金融危机影响等严峻挑战，当年公司经济总量创历史新高。同时，公司荣获了中共中央、国务院、中央军委授予的高技术武器装备发展建设工程重大贡献奖，国家科学技术进步奖特等奖；荣获中国质量管理领域最高殊荣——全国质量奖，这是目前国防科技工业系统中唯一获此奖项的企业；还荣获了全国企业文化优秀单位、全国内部审计工作先进单位、中国企业自主创新奖、中央企业抗震救灾先进集体等多项荣誉。

王广亚在经营好成飞的同时，还兼任四川省模具协会副理事长、四川省青年联合会常务委员等社会职务。

杨　海 2011 年全国五一劳动奖章获得者

杨海（1958.1— ），河北武安人，2011 年全国五一劳动奖章获得者，中航工业飞机强度研究所（简称中航工业强度所）副所长。1982 年毕业于西北工业大学，同期到航空工业部第 623 研究所（现中航工业强度所）工作，先后从事过技校教学、科研及科研管理、民品经营及民品管理工作；1998 年担任研究所副所长。杨海长期从事飞行器结构和先进复合材料结构动强度分析与研究工作，主持新型号飞机结构强度验证试验与分析技术攻关工作。曾荣立部级一等功 1 次、二等功 3 次、三等功 2 次。1997 年被陕西省国防工办授予"杰出青年企业家暨新长征突击手"荣誉称号；2010 年荣获中航工业总经理特别奖、航空报国金奖三等奖；2011 年被中华全国总工会授予全国五一劳动奖章；2012 年荣获国防科学技术进步奖三等奖；2013 年入选"中航工业 2012 年度风云人物"，荣获航空报国金奖三等奖。

杨海先后从事过技校教学、科研及科研管理、民品经营及民品管理工作，1998 年任强度所副所长。无论在哪个岗位上，他都尽职尽责、开拓创新、努力拼搏，为强度所的改革发展做出了贡献。

作为负责预研、型号、产业化、信息化和情报档案等工作的副所长，他业务精、管理水平高，事业心、责任感强，主管着多项重点型号试验项目。在某型机研制过程中，杨海带领强度所试验团队，超常拼搏，一年内完成了近 40 项强度试验。无论盛夏还是寒冬，他始终奋战在试验第一线，讨论试验方案，落实试验进度。杨海果断决策，雷厉风行，特别是在 2010 年某型机首飞前全机静力试验中，每天工作 16 个小时，带领试验团队攻克了拉压垫粘贴技术、整体框架加载技术等难题，并成立影像团队，科学系统筹划，保留了完整的声像素材，为强度所在 56 天时间完成首飞前静力试验任务做出了重要贡献，确保了国家重点型号验证机按期首飞。他也因此荣获了 2011 年全国五一劳动奖章。

近年来，由杨海主要负责的强度所质量体系和安全体系建设取得了很大进展，各项科研试验能够按体系要求顺利开展，特别是在 ARJ21 - 700 试验准备期间，能够严格要求各相关试验单位按要求认真进行各项试验准备工作，满足了 ARJ21 项目的质量安全和适航管理的要求，为 ARJ21 项目在强度所的顺利开展发挥了重要作用。

杨海注重加强试验人才队伍建设，特别是在质量安全方面，配备专业人员以适应试验安全质量的需要，而且十分注重质量安全制度落实和各项整改措施的检查落实工作。在工作中，他能够全面协调上级机关和参试单位的关系，注重各项信息的及时沟通和传达。能够以人为本、细化试验管理工作，落实试验现场责任，以确保试验质量和试验安全。

杨海善于学习，勇于创新。从事质量、安全生产和保密管理工作，不仅要熟知质量管理理论、安全生产管理理论和保密管理规定，以及相应法律法规，而且还要掌握科研生产的技术与流程特点，最为重要的是，依据这些相关的理论，建立科学的管理体系，制定科学的管理流程，并且使建立的体系和流程得到有效的执行，进而实现持续改进。杨海充分利用他掌握的质量、安全生产和保密管理的理论及原理，严格按照已建立的三个体系，实施科学有效的管理。在管理过程中，能够及时地发现存在于体系和执行过程中的问题和薄弱环节，并能够积极组织力量，对存在的问题制定有效的措施进行改进，能够提前预知随着技术和新型号研制的发展可能会出现的问题，并及时调整管理方法和手段。

杨海具备较好的沟通协调能力，每当实施新的管理方法或者对人们已习惯了的流程进行变革时，他就努力通过有效的沟通和协调，取得理解和支持，使变革得以实现。几年来，无论是在质量管理、安全生产管理和保密管理方面，还是在预研和型号试验管理方面，他始终坚持深入实际，靠前指挥，不仅仅作为领导者和督促者，

杨海工作照

而且坚持参与到解决问题的过程当中，与基层领导、科研人员共同研究问题，探讨解决问题的方法。在全所 6S 达标过程中，杨海带领团队，经过艰苦的拼搏，一次通过了集团公司的达标验收，从整体上改变了全所的视觉形象，基础管理工作得了促进与提高。

赵天杨 2011年全国五一劳动奖章获得者

赵天杨（1979.4— ），满族，辽宁法库人，2011年全国五一劳动奖章获得者，中航工业沈阳黎明航空发动机（集团）有限责任公司（简称中航工业黎明）加工中心操作工，高级技师。第三届全国数控技能大赛数控铣工职工组冠军。自2005年进入中国一航沈阳黎明航空发动机（集团）有限责任公司（现中航工业黎明）工作后，完成60多项技术革新，解决了150多个技术难题。其中，整体叶盘加工叶身型面无余量铣削变形控制技术、整体叶盘浇注填充材料减振工艺、整体叶盘快速大切削量粗开流道技术和铣车复合加工技术为黎明公司填补了多项空白。2007年3月被劳动和社会保障部授予"全国技术能手"称号，2008年3月被辽宁省劳动和社会保障厅授予"辽宁省技术能手"称号，2009年10月被辽宁省劳动和社会保障厅授予"辽宁省数控铣工技术能手"称号，2010年4月被辽宁省总工会授予辽宁省五一劳动奖章，2010年和2011年分别被沈阳市总工会和沈阳市人力资源和社会保障局授予"沈阳市技术标兵"称号，2011年6月被中华全国总工会授予全国五一劳动奖章。

赵天杨到黎明公司工作后，先后从事数控立车和五轴加工中心的操作工作，通过不断学习和刻苦钻研专业技术，他练就了一身过硬的数控加工技术。他对合金类、机加类刀具的应用可谓得心应手，并通过不断努力实践，总结摸索出一套合理的加工参数，使在加工零件时既高效，又质量好。

在加工整体叶盘时，赵天杨采用独创的非内冷刀具进行带内冷的加工方法，既提高了刀具寿命，又降低了刀具成本和加工风险，同时还保证了零件的研制和交付。在零件铣车复合加工攻关中，他完成了数控设备刀具破损监控、刀具寿命管理、在线测量等高级功能的开发，以及全程序无人干预加工技术的研究，实现了数控加工中自动找正、自动换刀、在线测量和自动刀具补偿等自动化功能。

赵天杨还潜心钻研完成了设备功能开发和工艺路线改进等60余项技术攻关，并获得了两项国家级专利。他还通过编制宏程序进行技术防错，后来得到推广。他通过编程，改变程序路线，解决了近150项技术难题。他提出的30多项合理化建议均被工厂

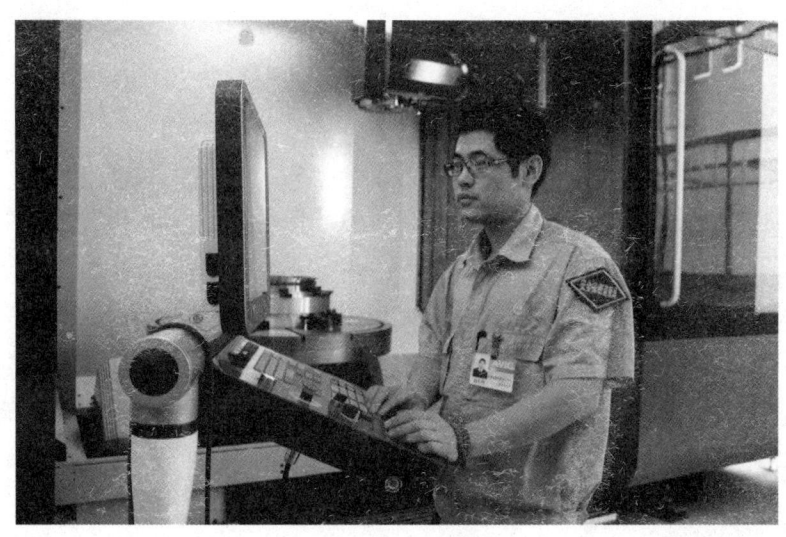

赵天杨工作照

采纳，使加工效率提高了近20%，缩短了加工周期14%；提高了刀具寿命，节约了刀具成本，8 年里节约各项成本近 120 万元。

赵天杨是班组数控加工的主心骨，因此他主动承担了班组数控铣床的技术支持工作，每当班组承担了新的任务，或者有新程序、新方法进入生产，不论当班与否，他都会主动来到生产前线。他为公司的科研试制付出了大量的心血。

2006 年，赵天杨获得全国数控技能大赛第四名；2007 年，获得辽宁省第一名。2008 年，荣获第三届全国数控技能大赛全国决赛 CAXA 杯数控铣工职工组竞赛第一名，为黎明公司乃至辽宁省捧回了第一个全国数控技能大赛数控铣工第一名的奖杯。

赵天杨虽然年纪不大，却已经是公司数控加工的"老师傅"了。在他的指导下，班组的青年职工取得了长足的进步，在黎明公司技能运动会和沈阳市百千万技能大赛上都取得了优异的成绩。特别是在 2013 年黎明公司技能运动会上，他的一位工作刚两年的弟子以优异成绩夺得第三名，师徒二人同台竞技，共创佳绩，留下了一段佳话。

蔡永清 2012年全国五一劳动奖章获得者

　　蔡永清（1968.11— ），江西南昌人，2012年全国五一劳动奖章获得者，中航工业江西洪都航空工业集团有限责任公司（简称中航工业洪都）磨工，中航工业特级技能专家。1988年7月参加工作，在航空工业部南昌飞机制造公司（现中航工业洪都）8车间当磨工。他在磨工岗位上一干就是26年。他通过自身不断努力，掌握了丰富的磨削加工技术，工厂难度较高的磨工关键零件、重要零件都由他来完成，被同事们称为"磨工大王"。蔡永清2008年和2009年被评为公司劳动模范；2010年被评为南昌市劳动模范；2011年被授予江西省五一劳动奖章；2012被评为江西省劳动模范，同年被中华全国总工会授予全国五一劳动奖章。2013年入选江西省优秀高技能人才。

　　1988年7月，刚分配到车间学习磨工技术的蔡永清感觉困难重重，为了尽快掌握磨削操作技术，他利用业余时间自修《磨床加工方法》等技术知识，在不断充实自身理论知识的同时，他更注重实践，每次加工零件都认真进行分析、归纳和总结。功夫不负有心人，通过勤奋学习、刻苦钻研，他在短短的几年中，很快成长为磨工岗位上的技术骨干。

　　磨工每天8小时站着操作，粉尘大，脏、累、难集一身不说，由于多数产品是机加工的最后工序，所以更需要一种坚韧的"磨劲"，坚守住质量。否则，不仅报废了零件，还会耽误工期，拖延交付进度。面对机种多、任务重、时间紧的现状，为保质保量不耽误公司的生产进度，蔡永清急生产之所急，想生产之所想，积极开动脑筋，想办法，主动为公司分忧解难。他每天坚守岗位，精心操作，与时间赛跑，节假日也能常看见他的身影。他用一双满是老茧的手，交出了一件件合格优质的产品，用实际行动实现着自己"老老实实做人，勤勤恳恳干事"的诺言。

　　在公司某型号产品的一项零件加工中，由于该零件系空心管状焊接件，形状复杂，精度要求高，且材料昂贵，其加工难度在公司尚无先例。当时公司委托兄弟单位加工，经过两个月攻关，兄弟单位未能解决这一难题，且加工余量已所剩无几，几近报废，只好运回洪都公司。当蔡永清得知这一消息后，便自告奋勇，主动请缨。他针对该零件在磨削加工过程中有很大离心力的问题，仔细研究零件的各关键要素，分析主要的技术参数，经过反复推敲后大胆革新，通过自制设备，首先解决零件径向不稳定和零件本身不平衡问题，在加工过程中，又通过调整自制平衡设备，调整零件转速和切屑量等方法，顺利生产出合格品。不仅使该零件一次加工成功，为公司挽回近 40 万元的损失，还按节点完成了该机的装配交付任务，专家们称赞他"创造了零件加工的奇迹"。

蔡永清自参加工作后，就在产品质量上严格遵守"首件三检"制度和各项工艺纪律，树立了良好的质量意识和"稳中求快、好中求省"的理念，确保了加工零件的稳定性和质量要求，从未因个人过失造成零件报废。数年里蔡永清共提出合理化建议 300 余条，创造经济效益近 100 万余元，完成工时连续 6 年排在所在分厂第一。2009—2011 年共完成工时 46621 小时，开创了一个人开 3 台机床的先河，用 3 年时间完成了其他人近 10 年的工作量。

在一次某型机零件突击攻关时，由于时间特别紧迫，零件加工高度复杂，没人敢接受这个任务，而部装就等着这个零件装机，刚刚胃出血出院还在恢复当中的他知道后，毅然决然地主动接受了这一挑战，一连 10 天，每天 16 小时以上吃住在分厂，由于加班时间过长，在加工零件过程中出了鼻血也全然不知。就这样，他最终按节点交付了合格的产品。

领导多次嘱咐蔡永清要保重身体，要劳逸结合，并安排他去参加劳模疗养，他口头上答应好了，行动上又像老黄牛似地回到了机床旁。因此，同事们都开玩笑地说"机

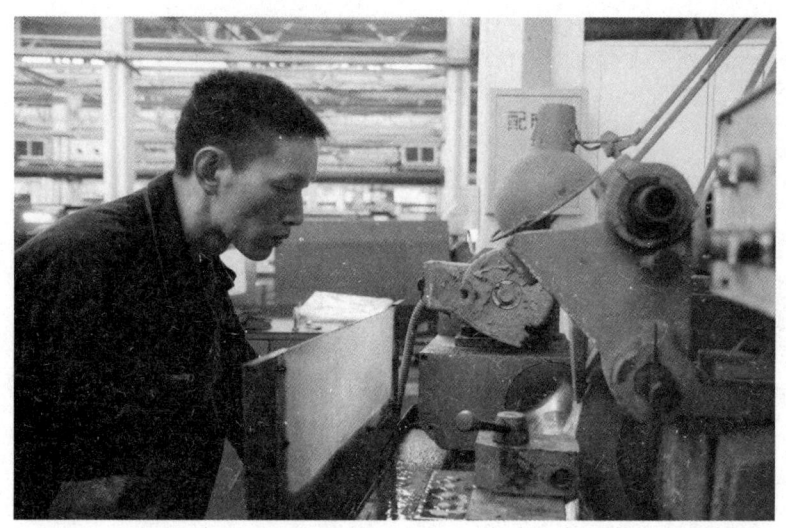

蔡永清工作照

床是他的第二个老婆"，而在他的内心却只有航空人的"坚守"二字。在他的心中，只有任劳任怨地工作，才无愧于"劳模"这两个字，只有执着奉献，才能对得起家人，对得起组织。

由于蔡永清技术娴熟，分厂为他安排了一名学徒工。他对学员不光在思想上和工作上严格要求，而且在学习和生活上关心爱护，技术上手把手耐心施教。有时为了使学员掌握某项零件的装夹技巧和磨削方法，他不惜花上半天时间站在一旁进行指导。通过言传身教，学员很快掌握了操作技能，并能独立操作机床加工零件，不仅解决了磨工的瓶颈问题，荣获了优秀师徒奖，还使分厂的磨工队伍和磨工技术得到了显著提升。

段朝阳 　2012 年全国五一劳动奖章获得者

　　段朝阳（1965.6— ），河南洛阳人，2012 年全国五一劳动奖章获得者，中航工业空空导弹研究院（简称中航工业导弹院）首席专家。1987 年她从西北工业大学导弹制导专业本科毕业后，一直工作在导弹院科研一线，长期从事空空导弹制导控制系统的设计、开发和研制工作。1993 年 1 月任工程师，1998 年 1 月任高级工程师，2003 年 1 月任研究员，2006 年 1 月任导弹院自动驾驶仪专业首席专家。工作期间，于 1994 年 3 月获得南京航空航天大学制导、控制与仿真专业硕士学位，2010 年 6 月获得北京航空航天大学导航、制导与控制专业博士学位。中航工业集团制导与控制专业一级技术专家，国家出口管制专家支持体系技术专家，博士生导师，《战术导弹控制技术》期刊编委。先后荣立中航工业集团公司个人二等功 1 次、个人三等功 2 次；荣获河南省五一劳动奖章、河南省三八红旗手、洛阳市劳动模范等荣誉。2012 年 5 月被中华全国总工会授予全国五一劳动奖章。先后参加了 2008 年中国妇女第十次全国代表大会和 2013 年中国工会第十六次全国代表大会。洛阳市第十二届政协常委，洛阳市西工区第十三届人大副主任。

　　段朝阳自进入导弹院后，参加了国家多个型号的研制和多项预研课题的研究，承担了国家、国防和航空重点基金等重大科研项目和前沿课题的研究，在某空空导弹等多个重点型号项目中担任控制系统主任设计师，在总装备部和集团公司两个项目中担任型号副总设计师。

　　当前，精确制导武器已成为战场的主角。精确制导武器的显著特点是运用了精确制导控制技术，因此该项技术一直是各军事强国竞相发展的核心技术，段朝阳在导弹院从事的正是导弹制导控制系统的设计、开发和研制工作。她带领本专业工程技术人员不断创新超越，在提升设计能力、完善验证手段、培养人才队伍和营造学术氛围等方面取得了很大的成绩，为我国空空导弹控制系统设计水平跻身世界先进行列做出了突出贡献。

　　在国家某重点项目某型产品的研制过程中，段朝阳潜心钻研、刻苦攻关，率先采用

段朝阳工作照

国际先进技术进行导弹控制系统的设计、建模与仿真,进行了大量的地面仿真试验与空中靶试结果分析工作,突破了多项导弹控制的关键技术,带动了××技术的进步,为后续型号的发展铺平了道路。

在某重点项目某型产品的竞标过程中,段朝阳带领团队在时间紧、技术新、难度大的情况下,加班加点,忘我工作,对控制系统设计参数精雕细琢,进行了多个版本的算法软件优化与验证,经过上万次的弹道仿真优化迭代,确保每一个算法、每一项指标都达到最优,保证飞控产品工作可靠和性能稳定。通过竞标试验,实现了设计目标,创下了产品使用新纪录,最终以绝对优势领先对手,成功地赢得了任务,获得了用户和集团公司的好评与嘉奖。

作为自动驾驶仪专业的学科带头人,段朝阳坚持立足于当前的产品研制,着眼于学科的长远发展,充分运用现代信息资讯,追踪国际先进技术。多年里,带领本专业技术人员不断攻坚克难,在重点型号和预研项目中解决了一系列关键技术难题,积累了大量的工程实践经验。经过多年建设和努力,目前自动驾驶仪专业已在产品控制系统设计水平上居国内领先地位,在多个方面均具有较大优势。段朝阳先后获得国防及中航工业集团公司科技成果奖 10 余项;在国家核心刊物和国内外学术会议上发表专业论文 30 多篇;参与编写了 2005 年航空工业出版社出版的《现代导弹制导控制系统设计》和 2006 年国防工业出版社出版的《空空导弹设计丛书》等著作;指导培养了 10 名研究生和一批技术骨干。

方文墨 2012 年全国五一劳动奖章获得者
2013 年中国青年五四奖章获得者

方文墨（1984.9—　　），黑龙江哈尔滨人，2012 年全国五一劳动奖章获得者，2013 年中国青年五四奖章获得者，中航工业沈阳飞机工业（集团）有限公司（简称中航工业沈飞）高级技师、中航工业钳工首席技能专家、"方文墨钳工班"班长。2003 年 9 月从沈飞技校毕业来到沈飞公司 14 厂当钳工，经过多年的勤学苦练，他同时具有钳工、装配钳工、机修钳工 3 个专业工种高级技师资格。方文墨手工锉削加工零件精度达 0.003 毫米，处于国内尖端水平。他自主解决科研生产技术难题 160 余项，突破了 10 余项重要产品零件加工的技术瓶颈。2006—2011 年连续荣获"沈阳市技术标兵"称号；2006 年被评为沈阳市青年岗位能手、沈阳市青年技术标兵；2009 年被授予辽宁省五一劳动奖章，被评为辽宁省模具钳工状元、辽宁省技术能手、辽宁省青年岗位能手；2010 年被授予沈阳市五一劳动奖章，荣获第六届"振兴杯"全国青年职业技能大赛机修钳工状元，荣获"技术能手"和"全国青年岗位能手"称号；2011 年被授予沈阳市五四青年奖章；2012 年 5 月被中华全国总工会授予全国五一劳动奖章；2013 年被评为中航工业模范共产党员，被授予第十七届中国青年五四奖章。

2003 年，方文墨以沈飞技校第一名的成绩毕业，进入沈飞公司工作。然而，当他第一天上班拿起需要加工的工艺图样时，却不知所措。本来还有点小骄傲，而此时多年攒下的那点自信也烟消云散了。痛定思痛后，方文墨不服输的倔劲又上来了。从那以后，白天跟师傅学习零件加工方法，晚上回家"啃"专业书成了他新的生活模式。为了做一个零件，他一站就是三四个小时。与别人进厂当学徒三四个月就想着出师不同，方文墨拜师学艺整整两年。这并不是因为他学习能力差，而是他对自己有更高、更多的要求。

在厂里，方文墨还有个"书痴"的外号。他每个月都会买来钳工工艺方面的专业书籍，利用业余时间进行系统学习。在每次加工过程中，方文墨都会自动提高工件精度等级标准来要求自己。他说："作为航空人，干活要讲究认真和责任。我们加工的零件很贵，几万元、十几万元的都有，咱要对国家财产负责，对战斗机的质量和飞行员的生命负责。"为攻克技术难题，方文墨常常加班到深夜。方文墨觉得，一个好技工除了技术好、懂理论，还得善于钻研，"玩出新花样"来。在厂里最难、最后的一道工序，几乎都是他凭着良好的心理素质和技术圆满完成。有时个别零件分到每个面上表面精度不到头发丝的 1/25，面对如此严苛的要求，方文墨却单凭手工完成，缔造了手工加工的奇迹。被行业誉为"文墨精度"。

细心的工友发现，他每个月的工资大部分用到了买工具上，有时为了买一件工具要攒几个月工资，几年间光买工具就花费了 4 万多元。方文墨把买来的新工具与厂里使用的工具进行对比，研究其中的差距，然后动手加以改进。有一种钛合金专用丝锥经方文墨改进后，提高工效 4 倍，节约人工成本和材料费 46.2 万元。

2006 年，沈飞公司在为国外公司生产大型客机舱门时，有一道紧固件的生产环节，用工多、时间长、加工难度大，这让方文墨动起了脑筋，整天琢磨着改进方法。一天晚上他在家看电视，"走近科学"栏目播了一个有关汽车刹车片的节目，这让他豁然开朗：为何不可以生产一个装置，事先预设好摩擦系数，通过钻床旋转实现紧固的目的呢？说干就干，从画图纸、做零件，到装配、调试，经过 10 多次反复试验，方文墨终于获得了成功，这个名为"定扭矩螺纹旋合器"的装备已取得国家发明专利，并在生产加工中广泛应用。使用这个装备，以往需要 2 个人、一天半时间的加工装配任务，现在只需要 1 个人、2 小时即可完成，提高生产效率 8 倍，仅人工成本每年就节约 100 万元以上。

俗话说，"没有金刚钻，别揽瓷器活"。在领导和同事眼中，方文墨就是掌握着金刚钻的高手。每次遇到难活、急活，工段长总要把它交给方文墨，而他每次都不负期望，圆满完成任务。如今，厂里有很多关键产品的最后一道工序必须要由方文墨来完成。

沈飞公司有一项数以千万元计的国外订单，由于个别质量没达到要求，被国外客户亮了黄牌。如果 3 个月内不能排除质量问题，不仅订单告吹，而且沈飞公司甚至中国军工企业在整个欧洲市场都将颜面尽失。沈飞人憋着一口气，一定要啃下这个硬骨头！而要攻克这个难关，通常要建一个恒温、恒

方文墨工作照

湿的车间，投资数百万元不说，工期根本来不及。此刻，善于创造的方文墨站了出来，他和工友们仅花了100多元钱，用保温箱加防潮沙营造出一个符合加工要求的小环境，使这道难题顺利破解。

方文墨就是靠着这股创新劳动的劲头，在完成本职工作的同时，自制刀、量、夹具100余把（件），改进工艺方法60余项，改进设备2项，发现设计问题26个，提出生产窍门24项，总结先进操作方法和撰写技术见解12篇，申报技术革新项目近20项，并取得了"多功能测量表架"和"加工钛合金专用丝锥"两项国家发明专利，以及"定扭矩旋合器"国家实用新型专利。

2013年"五四"青年节那一天，方文墨和许多全国优秀青年代表一起，参加了"实现中国梦，青春勇担当"主题团日活动，受到中共中央总书记、国家主席、中央军委主席习近平的亲切接见。

苗玉华 2012年全国五一劳动奖章获得者

苗玉华（1963.9— ），辽宁义县人，2012年全国五一劳动奖章获得者，中航工业沈阳飞机工业（集团）有限公司（简称中航工业沈飞）副总经理，研究员级高级工程师，享受国务院政府特殊津贴专家。1985年7月毕业于大连理工大学，分配到松陵机械公司（现中航工业沈飞）工作，历任公司冶金科技术员、理化实验室副主任、技术办公室总冶金师；2001年4月任副总工程师；2009年8月任副总经理兼歼15飞机项目负责人、歼15飞机研制现场指挥部常务副总指挥、舰机适配性试验试飞现场指挥部成员。近30年的工作中，先后参加歼8系列飞机、歼15飞机等多个型号的研制和生产管理工作，为沈飞公司建立了一条先进的现代化飞机生产线，实现军机升级换代的跨越式发展和提高国防装备水平做出了突出贡献。曾荣获国家科学技术进步奖特等奖1项、二等奖1项，省部级科学技术进步奖一等奖4项、二等奖1项，航空科学技术奖一等奖2项、二等奖5项、三等奖2项；在中航工业多个重大型号项目中分别荣获个人立功表彰、总经理特别奖、航空报国金奖、航空报国突出贡献奖。2010年入选中航工业年度风云人物，2012年被中华全国总工会授予全国五一劳动奖章。

　　苗玉华任沈飞公司总冶金师期间，全面主持和组织了某型号冶金生产线建线技术准备和开工生产工作。该型号包含冶金生产线93条，涉及金属材料、热处理、表面处理、焊接、理化测试、无损检测、复合材料制件等多个专业技术领域，与钛合金和铝锂合金的热处理、表面处理、焊接、检测及复合材料制件无损检测相关的冶金生产线属国内技术空白项目。

　　建线开始阶段，要突出解决关键的工艺技术、工艺装备建设、技术人员及生产操作人员的培训、工艺辅助材料国产化等问题。作为专业技术总师，苗玉华很好地把握了专业建设的方向，策划并组织了材料与热工艺技术分析、工艺辅助材料国产化、热工艺及理化测试关键工艺攻关三项部级科研攻关项目，策划并组织了63项公司级工艺攻关，对该型号生产的冶金技术进行了全面的摸透、理解，成功地解决了技术的工程化实现，同时对钛合金化铣、高强钢电镀铬等外方落后和不适合我生产线实际情况的工艺进行了创造性的改进，提出了切合公司实际的建议与设想，全面参与了材料国产化立项论证和组织实施工作，特别是有保管期材料的国产化工作和大锻件国产化工作，对改型战机的研制起到了重要的作用。

2001 年 4 月，苗玉华任沈飞公司副总工程师，负责某型机建线生产的型号技术管理工作。他针对建线生产任务和存在的生产、技术、质量和对外合作等各种问题，组织制定了一系列型号协调管理措施，强化指挥协调力度，组建多个专业项目团队，加强关键生产工艺技术攻关力量，解决了型号研制生产中铝合金管材热成形、钛合金真空热处理、铝合金电导率检测、铸件射线检测、化学检测标准物质、无损检测标样、钛合金化铣、标准样件对合和装配工装检修等多项技术关键，处理了研制生产中各种装配协调和技术质量问题。就外方提供的设计图样、工艺规程、试验检验规程、工艺装备、装机成品和原材料质量问题，组织工程技术人员细致工作，向外方进行了艰苦的交涉，根据工程的特点及我方的目标，在处理对外合作的问题上，坚持以我为主，数据说话，不卑不亢，不达目的不罢休的原则，坚决实现某型机的自主生产。2002 年 9 月，顺利通过国家验收组的验收。

2004 年和 2006 年，苗玉华又分别承接了新型飞机研制的型号组织和领导工作，研制周期非常紧张，设计生产交叉并行，苗玉华勇挑重担，承担起多个重点项目的组织协调工作，全身心投入到型号科研生产工作，带领型号研制团队取得了一个又一个胜利，为沈飞公司完成年度科研生产经营任务做出了重要贡献。

2007 年 11 月，苗玉华负责歼 15 飞机建线生产的型号技术管理工作。针对建线生产任务和存在的生产、技术、质量等各种问题，他组织制定了一系列型号协调管理措施，加强关键生产工艺技术攻关力量，解决了型号研制生产中多项技术关键。特别是机翼折叠和拦阻系统等舰载机特殊机构零部件的生产研制，苗玉华倾注了大量心血。

2009 年 8 月，苗玉华任沈飞公司副总经理，成为歼 15 飞机的型号负责人。他勇挑重担，组建了歼 15 飞机研制团队，建立了 IPT 联合设计团队、异地协同工作平台、关键工艺专项团队攻关、装配工作包管理模式、栈位配套计划跟踪、联合团队现场跟产、关键工艺与数字化技术结合等元素组成的一套完整的军机项目科研管理体系，并带领团队实现了从图样到飞机首飞的研制速度飞跃。在舰机适配性试验过程中，苗玉华组建外场保障团队和专项保障小分队，建立了"问题当天查清，人员当天到位，排故当天开展"的严谨快速的保障制度，突破实现了"快速维修"，为实现历史性的飞机上舰成功提供了坚强保障。

2010 年 2 月，沈飞公司对生产组织系统进行了调整，作为沈飞副总经理，苗玉华主要负责 18 个零件生产单位和零件生产部、零部件采购部的管理工作。"我始终怀着这样的心态全身心地投入工作：一是时刻不忘各级领导和组织的信任和重托，牢记使命

苗玉华工作照

和责任；二是决不能辜负职工群众的期望，为企业的进步与发展尽心尽力。"苗玉华如是说。

苗玉华经常到公司各零件生产厂走访调研，发现问题及时解决。他还经常提醒大家，不要仅当"救火队员"，满足于"眼前的胜利"，要在制度、流程、培训和团队建设上入手，彻底解决问题，零件生产决不能拖公司的后腿。在他的带领下，沈飞公司形成了一支由零件生产部、主管计划员、主管调度员和各零件生产厂、单元班子成员及工艺、调度、检验、经管各类人员组成的生产管理团队，并通过多年磨合，形成了一个统一协调高效运行的管理团队。这一点是苗玉华最看重的地方。

2012年11月23日，歼15飞机在"辽宁舰"上成功实现起降，实现了我国航母工程建设的历史性跨越！

孙　飞 2012 年全国五一劳动奖章获得者

孙飞（1978.9—　），锡伯族，辽宁沈阳人，2012 年全国五一劳动奖章获得者，中航工业沈阳飞机工业（集团）有限公司（简称中航工业沈飞）技术装备中心工人、高级技师，中航工业首席技能专家，享受国务院政府特殊津贴高技能人才。孙飞 1996 年参加工作，在沈飞公司技术装备中心当车工。入厂以来，工作兢兢业业，不断探索新技术，熟练掌握了多个工种的加工技术，拥有车、镗、刨、钻、数控车等上岗操作证，攻克了工装零件制造的多项难题，并在技术比赛中多次获奖。

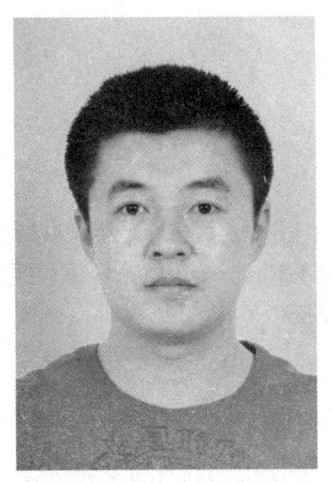

2007 年荣获沈阳市技术状元，2011 年被授予沈阳市五一劳动奖章；2007 年入选中国一航风云人物，2011 年被评为中航工业优秀共产党员；2006 年被评为中央企业知识型职工标兵，2007 年荣获第三届"振兴杯"全国青年职业技能大赛车工组冠军、全国青年岗位能手、全国技术能手等荣誉。2012 年被中华全国总工会授予全国五一劳动奖章，同年荣获沈阳市"劳动模范"称号、第四届全国职工职业技能大赛第二名；2013 年荣获沈阳市百千万职工技能大赛第一名，并荣获"沈阳市技术大王"称号。

随着沈飞公司研制品种和产量的增加，孙飞所在技术装备中心承担了大量的飞机工装制造任务。他为了按时保质保量完成生产任务，主动承担了关键工序、复杂零件和关键零件的加工任务，经常打破常规方法、大胆创新，开展精益改进，既提高了生产效率又提高了产品质量，解决了多项关键生产任务，真正做到了又好又快。

2011 年，孙飞接到某项雷达罩装配夹具的加工任务后，他认真研究图样，制定加工方法。该零件为喇叭形，锥面内外精度要求高且与其他尺寸有衔接要求，孙飞经过多次试验刃磨车刀，满足了加工要求。在镗雷达罩夹具六边形钻模孔时，他发现 6 个面上的孔都与中心的精孔轴线一致，而且并不贯通，钻套孔分度必须准确。为此他专门设计了胎具，并在车床上车制胎具，将其安装到回转工作台上加工，巧妙地采用了中间夹紧方式，使该零件一次装夹、换 6 个工位加工即可完成，优质高效地交付了该项零件的制造任务。他改进的某项工装作动筒模型外套筒车加工工艺，使同轴度大幅提高，超差品率降为零。

2011年11月，某项零件要在一次装夹中加工三个面的孔，而机加工段又没有现成的万能工作台。为了完成任务，孙飞自己设计并制作了一套适合不同类型的万能夹具。使用该夹具，工件在一次安装后，通过交换工位，进行90度、180度旋转，旋转后同轴度可达很高的精度，开创了普通卧式镗床加工的便捷通道，解决了多年困扰镗床的难题。

孙飞主动承担了多项其他工种工序的急难险重任务。2012年10月，某项工装球形模型的加工任务下到了机加工段，面对几个大型球类工件，几乎所有人都没有什么好办法，因为在三年前加工过类似的零件，是采用样板刀法，这种方法是用事先准备的样板来校准工件，工件是由普通车床通过双手控制来车削，劳动强度大、切屑飞溅极易伤人、加工精度低；而这次，孙飞提出采用先用镗床打基准中心孔、普通车床粗加工、车制工艺台、镗削气孔和出砂孔、压堵和填焊、最后上数控车床分两半进行车削。车削过程中孙飞发现铸件有问题，他主动通过调度室联系铸件厂的工艺员，根据他的意见把气孔和出砂孔的位置进行了修改，增加了工艺台，取消了铸件厂的补焊工序。修改过的铸件加工后外表无瑕疵，尺寸精度高。更加值得一提的是，上述所有加工工序包括画线、车、镗、数控编程等工作全部由他一人独立完成，一举攻克了技术难关。

2013年，某型工装精加工台上有一关键零件支座组合件需要镗孔，该孔有7个耳片构成，尺寸不同，同轴度要求非常高，孔长度达到600毫米，同事们看了之后都直摇头，孙飞创新思维，打破传统方法，选择了调头加工，先增加工序，对基准面进行研修，留余量后再上万能回转工作台进行精加工，并利用万能回转工作台进行了检查和修理，制作了可以复合使用的检验销棒，仅用了两天时间便优质地完成了该项零件的加工任务。

2013年5月，型架单元有一批次手持钻模需要镗孔。该项零件尺寸过小，又是组焊件，无法装夹固定，加工遇到了难题。孙飞主动请缨，建议在坐标镗床上试一试。他找来铣工为该项零件铣制模胎，将工件下到模胎中定位，再使用专门处理过的压板对工件压紧，成功解决了该项目加工难题。

10几年来，孙飞勇挑重担，戮力攻坚，突破了多项重点型号航空产品工装制造中零件加工的瓶颈，加工过的工装关键件占公司30%以上，为精品工装打下了坚实的基础；提出数百

孙飞工作照

项精益改进建议，提高了生产效率和产品质量。由孙飞主持完成的"某项工装的制造方法"等被公司评为先进操作法，先后获得国家实用新型专利授权两项，多项改进申请了国家专利。成果的取得也让他感到了工作带来的快乐。

在工作中，孙飞努力做好传帮带工作，鼓励青年员工学习技能，在实践中增长才干，帮助很多青年员工成长为生产骨干和技术能手，挑起了急难件加工的"大梁"，并鼓励他们参赛，他的徒弟在 2011 年辽宁省青年职业技能比赛中脱颖而出，获得了"辽宁省青年技术能手"称号，2012 年荣获"沈阳市技术能手"称号。

在繁忙的工作之余，孙飞还兼任了沈飞公司技协机加专业副会长，沈阳市职工技协车工协会会长。作为公司青年技师协会的会长，他经常参加公司技协组织的培训活动，对选手进行短期培训，并把比赛中和多年积累的宝贵经验毫无保留地传授给参赛选手，帮助他们在第七、第九届"振兴杯"全国青年职业技能大赛等重大比赛上取得良好成绩。

王　刚 2012年全国五一劳动奖章获得者

王刚（1979.3— ），河北冀州人，中航工业沈阳飞机工业（集团）有限公司（简称中航工业沈飞）数控加工厂班长，高级技师，中航工业铣工首席技能专家。王刚1999年9月参加工作，他铣工技艺高超，理论功底深厚，在航空零部件的铣削加工领域解决了很多关键难题，被大家誉为铣工专家。王刚先后荣获国家、省、市、行业各类荣誉40余项。2008年被评为全国技术能手、全国青年岗位能手、第四届"振兴杯"全国青年职业技能大赛铣工冠军；2009年被评为中航工业十大杰出青年、辽宁省有突出贡献高技能人才；2008年、2011年和2012年分别被授予辽宁省五一劳动奖章；2010年被评为中央企业先进职工标兵；2007—2011年被评为沈阳市技术标兵；2012年被中华全国总工会授予全国五一劳动奖章，同年被评为"中航工业首席技能专家"，荣获第四届全国职工职业技能大赛铣工冠军，被评为辽宁省劳动模范、辽宁省青年岗位能手。2012年5月4日，王刚作为全国优秀青年产业工人代表，参加了在北京召开的纪念共青团成立90周年大会，并受到国家领导人的接见。

王刚作为数控加工厂"王刚班"的班长，在工作中他是一面旗帜，在专业技能上代表着全国最高水平。他爱岗敬业，开拓创新，努力践行航空人的历史使命。他总说，我们干的产品直接关系到国家利益，做到业务精湛，也是为国家做贡献。从入厂的那天起，已经记不清他有多少个日日夜夜在岗位上早来晚走，毫无怨言地义务工作。为了班组员工苦练个人技能，他利用节假日和下班休息的时间，帮助他们在工位上研究，直至深夜。

多年来，王刚利用有限的业余时间不断学习，先后花费了万余元购买各种书籍，并通过参加业余高级工班、技师班培训学习，丰富理论知识，提高专业技能。多年来的实践锤炼，不但磨练了王刚坚韧的毅力，更练就了他一身铣工绝活。他善于技术革新，攻克技术难关，解决了大量的技术难题，大大提高了生产效率，保证了产品质量。某项重点型号任务在研制攻关过程中存在着大量的技术难题，王刚主动和工艺人员探讨，完善工艺规程，研制最佳加工方法，保质保量地完成了任务，为后续批生产打下了良好的基础。工作中他充分发挥点子多、精度高、速度快、干活稳和质量好的特点，在困难面前不退缩，勇挑重担，不断摸索。面对所在工段有很多出了名的"硬骨头"项目，都是生产任务的重中之重，他积极拼搏，克服零件尺寸大、结构复杂、生产周期长、加工精度高、易出现超差等困难，独自承担了许多关键项目，并最终优质高效地完成了各项任务。他说："技术含量高的产品能激发我的技术创新欲望，对我来说就是一种锻炼，增添我工作的乐趣。"针对工作中发现的问题，他提出了多项合理化建议，改制、自制了大量工装和检具，解决了许多的加工难题，使产品的生产效率得到大幅提高，也确保了加工质量。连续三年，王刚的产品优良品率达到100%，工作零缺陷，实现了189项技术改进和革新项目。以过硬的专业技术，勇于拼搏、开拓创新和无私奉献的精神，攻克生产难关，解决技术难题，为公司的科研生产做出了突出的贡献。

王刚始终以"老老实实做人，踏踏实实做事"为人生信条，全身心地投入到自己的本职岗位上，敬业实干，无私奉献，把工作当成乐趣，当成习惯。参加工作后，他从没有休息过完整的节假日，单位几乎成了他第二个家。他常年加班，10 年工作时间相当于正常工作的 15 年。他义务献工每年累计达 400 余小时。王刚坚持做好传帮带工作，把自己多年总结的技术经验毫无保留地传授给大家，他经常给大家做技术培训，通过开设 QQ 交流学习平台，制订长期的员工培训计划，帮助大家掌握技术要领，提高技术水平。几年里，王刚自费购书 200 余册，带领员工学习培训 180 余小时，完成工时9400 余小时。

作为"王刚班"的领头人，对知识、技术不懈追求的他，不但对自己严格要求，而且在班组管理上也坚持做到严格要求，严格管理。通过深入研究机械加工工作的发展

王刚（左三）工作照

方向，认真分析公司高技能人才需求现状，以班组建设、6S 管理和安全质量管理为抓手，以大数控理念为核心，以努力创建好"六型"班组，实现优质高效为目标，广泛吸取先进经验，结合实际，形成了独具特色的团队管理方法，对团队内成员严管理、严要求，坚持培养和带动更多的青年人成才，不断增强团队内员工素质，提高员工团队意识，发挥好团队作用，倾力打造一支一流的团队。

2010 年，王刚所在班组成为了沈飞公司历史上第一个以员工名字命名的班组，"王刚班"成为了班组建设的引领者。2011 年，王刚劳模创新工作室成立，不但拥有了技术一流、设施完备的硬件条件，而且通过创新管理，最大限度地拓展了工作室的辐射范围和影响力，开创了工作室建设的新局面。榜样的力量是无穷的，王刚带领的"王刚班"成为"高手团队"的模范班组，逐步形成了独有的团队文化，共同提升员工技能是他们的特色，打造一流的班组是他们的目标，为航空事业多做贡献是他们的理想。劳模精神在这里生根开花，薪火相传，模范班组里也涌现了大批的模范人物。几年间，班组员工在公司及市级技能大赛中屡次摘金夺银，徒弟吴刚获得了"沈阳市技术大王"的称号，30 多人的班组，高级技师有 5 人之多，有二分之一的人在工作中获得国家、省、市各项荣誉 100 余项。在王刚带领的团队里，青年岗位能手、技术能手、技能带头人占到了一半以上，完成的生产任务量多次刷新数控加工厂的历史纪录。

由他带领的"王刚班"2011 年被评为沈阳市国防中省直企业系统创新班组、沈阳市工人（五一）先锋号；2012 年被评为沈阳市先进集体、沈阳市学习型标兵班组、中航工业"六型"示范班组；2013 年被评为中央企业先进班组。

王恩谊 2012年全国五一劳动奖章获得者

王恩谊（1988.6—　），土家族，湖南常德人，2012年全国五一劳动奖章获得者，中国南方航空工业（集团）有限公司（简称中航工业南方）试车中心试车员，二级技能专家。2009年毕业于长沙航空职业技术学院，同年3月进入中航工业南方试车中心工作，2010年1月取得航空发动机试车工初级工资格。2011年5月参加南方公司技能运动会，获得试车工第二名。2011年9月参加中航工业第二届技能竞赛，获得试车工第一名。2012年2月取得试车工高级资格并享受技师待遇。2013年被聘为中航发动机二级技能专家。2011年9月被评为中航工业技术能手和中航工业  青年岗位能手；2012年被中华全国总工会授予全国五一劳动奖章，被评为全国青年岗位能手；2012年12月被评为全国技术能手。

2009年，王恩谊从长沙航空职业技术学院毕业，成为中航工业南方试车中心一名普通试车工。在中航工业第二届技能竞赛中一鸣惊人前，他唯一的赛事经验就是参加公司举办的技能运动会，并且还夺得试车工种第二名。但是，在这些荣誉到来之前，他准备了很久。

自称"宅男"的王恩谊，并不像传统意义上沉湎于游戏、网络的宅男，他经常上铁血网，了解最新军事科技。他喜欢读书，尤其喜欢《船舶》《兵工科技》等杂志，每期不落。无声无息中，他掌握了大量信息。试车中心主任庄大石对王恩谊印象深刻是在中心举行的一次考试，其中最后一题要求答题者列出所知的飞机发动机型号。一般人匆匆忙忙把公司发动机型号统统列出来，心细的人还把国内兄弟厂家的型号也加进来，王恩谊却更技高一筹。他不但把公司及国内各发动机型号列出来，还按国别，把美、英、法等国家的型号也逐一列出，50多种机型密密麻麻地有序排列，令人啧啧称赞。

北京航空航天大学教授陈光编写的《航空发动机结构分析》一书，王恩谊在学校时至少读过5遍。现在，他的个人电脑里还存着这本书，闲暇之时就会去读。

罗·罗公司编撰的科普类外文书籍《发动机引擎》也是他钟爱的书之一。王恩谊的涉猎面不止如此，他还对许多型号的发动机设计师了解甚多。

2011年5月南方公司举行技能运动会，1988年出生、2009年参加工作的王恩谊是比赛中年龄最小、工作时间最短的选手之一。由于职称是初级工，最初王恩谊不确定能否报名参赛。但机会实在难得，不论参赛不参赛，他都做好准备。他和舍友吴昌生向同事借了复习材料，分别复印了一份，着手准备赛事。俩人还在网上做了大量功课。他俩发现，陈益林的《航空发动机试车工艺》一书很有用，就毫不犹豫地从网上买了一本。后来，决赛复习资料下发了，这本书赫然名列其中。实操比赛有个环节是打保险丝，这是王恩谊的"短板"。他加大了练习力度，要求自己6分钟内把保险丝打好，且打出来的形状要好看。由于不戴手套，他的食指被鱼线般粗细的保险丝磨出了血泡，钻心地疼，后来竟结成了茧子。整场训练下来，他和两个队友用掉的保险丝仅线头就盛满了整个方便面的箱子。

在技能运动会上，王恩谊获得了试车工第二名的好成绩，随后参加中航工业第二届技能竞赛，取得试车工第一名的佳绩。2012年被中华全国总工会授予全国五一劳动奖章。虽然获得了荣誉，但王恩谊深知，自己还有很多地方做得不够，尤其是当前中国航空工业正处于加速追赶世界先进水平，有太多的东西需要学习。他表示："我会在延续自己踏实肯干优点的同时，加快脚步，虚心向老员工学习各种工作技巧，做好每一项工作。荣誉会鞭策我不断进步，做得更好。"

王恩谊工作照

由发强 2012 年全国五一劳动奖章获得者

　　由发强（1977.9—　），辽宁沈阳人，2012 年全国五一劳动奖章获得者，中航工业沈阳飞机工业（集团）有限公司（简称中航工业沈飞）13 厂数控工段工段长，高级技师。由发强自 1995 年 9 月参加工作，把"敬业诚信，创新超越"的理念作为自己行动的准则，在工作中不断进取，成为行业内名副其实的技能带头人。2008 年担任工段长后，他团结带领全工段职工，以求真务实的态度边学习、边实践，解决了 10 余项困扰完成生产任务的技术难题。其中他负责组织生产的歼 15 飞机"连杆的加工方法"被命名为公司级先进操作法。2004 年他代表沈飞公司参加了东北片区中国一航首届职业技能大赛，获得铣工组比赛第六名；2005 年被中国一航授予"航空技术能手"称号，被国防科工委授予"技术能手"称号；2006 年辽宁省第二届职业技能竞赛中，获得铣工组第五名，被授予"辽宁省技术能手"称号；2012 年被中华全国总工会授予全国五一劳动奖章，同年在全国第四届职工职业技能大赛中获得铣工组第二名。

　　1995 年 7 月，由发强从沈飞公司技校毕业分配到沈飞公司 13 厂工作。他是一个甘于平凡的人，是一个从不张扬、默默工作的人，他没有豪言壮语，但有一颗实实在在的心，有一种不断进取的劲儿，人们称赞他、佩服他，是被他的主人翁精神所感动，为他善于钻研、不断创新的精神所叹服。

　　由发强从入厂的那一天起，就把成为一名技艺超群的航空技术工人作为理想，常常白天跟师傅学习加工零件的方法，晚上回家读与工作有关的专业书籍。他深知，在机械加工这个行业，"师傅领进门，修行在个人"，要靠自己的悟性，只有坚持长期的不懈努力，才能攀登技术高峰。在学徒的过程中，每当遇到加工难题时，他经常主动地虚心向师傅请教，别人都下班了，他还在岗位上思索、试切，反复试验，直到符合要求、自己满意为止。功夫不负有心人，经过 3 年努力学习、刻苦实践，由发强练就了一身过硬的专业技术本领，在众多同龄人中脱颖而出，成为铣工专业的佼佼者。

　　多年来，工段、厂里总是把加工难度大、质量要求高、任务节点紧的项目分配给他，由他承担的任务质量信得过，进度有保证。在他身上没有完成不了的任务，没有解决不了的难题，无论是哪项任务，他都能以较高的质量，满意的进度，赢得领导的赞扬。有些活儿加工风险大，工时少，完成了没多大"油水"，稍不小心就废了，不仅没实惠，还丢面子，一些人望而却步，而由发强从不计较个人得失，为完成任务任劳任怨。就是凭着这种工作热情和责任感，在一线的岗位上一干就是17年。

2008年，由发强被提升为工段长。自任职以来，他以完成公司的科研生产任务为中心，认真落实各项生产指标，积极应对各种困难和挑战，团结带领全体工段员工，不断提高基础管理工作水平。他积极探索，靠前指挥，每天不辞辛苦奔波于生产一线，哪里有问题，哪里就有他的身影，工作中无论遇到多大困难，他总会用一贯的热情去影响带动大家，使团队上下一心。数控工段已由原来占厂任务量的30%增至50%，而且多数是难加工关键产品。

歼15飞机研制初期，13厂承担了某核心部件的研制任务，其中连杆零件采用了新材料，并且属于全新结构，研制难度大。在困难面前，由发强凭借着多年的工作经验，通过与工艺人员研究，对零件的加工难点进行梳理，从工艺方案、加工基准、工艺余量、工具选择等方面进行了大量的试验，并在生产中反复验证，最终探索出一套较完善的加工流程。由于该零件采用新材料，因此加工效率低，表面质量不佳，由发强白天在设备边跟产，晚上翻阅大量的相关书籍，并在工作中不断的摸索尝试，最终优选出较理想的工具和加工参数，表面质量达到了设计要求，保证了该核心部件的交付。为了减少生产准备时间，他还与工艺员一道改进加工流程，减少装夹次数，保证一次装夹尽可能加工最多的尺寸，实现了定位基准统一，加工的质量又有了很大保障。

由发强工作照

2010 年后，在科研生产中，不断遇到一些新结构和新材料，在攻关过程中，遇到了很多难题，作为 13 厂技能工人领军人物的由发强，发挥了的重要作用。例如，在歼 15 飞机某部件转轴零件的研制时，由于零件属于非常规细长轴，尺寸、精度要求高，在加工过程中，按现有设备加工，尺寸精度和表面光度根本无法保证。由发强凭借自己多年的机加经验，带领大家自制了轴杆夹套、加强板等辅助工装，克服重重困难，保质保量完成了任务。

厂里采用新材料生产的关键件锁梁是一项加工复杂、多项零件组成的组合件，由于零件上梁和下梁是通过两层隔板连接而成，零件体积大，且材料为新型材料，加工精度高，关键部位尺寸不易控制。面对加工过程中的种种不利因素和挑战，由发强带头和同志们集智攻关。他每天守候在机床旁，与同事试切参数，研究加工方案，找到了影响加工进行的 7 个关键问题，和大家一起寻找解决办法，并制作了加工过程提高定位精度同轴棒、支承垫铁等辅助工具，经过反复试切，最终找到了合适的刀片和最佳切削参数。在加工过程中，为了早日交付零件，为部装赢得时间，他带领队员们连续奋战两天两夜，完成了关键件重要工序的加工任务。他们这种勇于迎接挑战的精神被誉为"锁梁"精神。

张晨光 2012 年全国五一劳动奖章获得者

张晨光（1981.3—　），陕西商洛人，2012 年全国五一劳动奖章获得者，中航工业西安飞机工业（集团）有限责任公司（简称中航工业西飞）铆装钳工。1996 年 8 月—1999 年 7 月在西飞技术学院钳工专业学习；2001 年 7 月—2004 年 7 月在中央广播电视大学计算机信息专业学习。2000 年参加工作，在西飞公司部件装配总厂 11 厂当飞机铆装钳工。2009 年夺得中航工业西飞技术比武飞机铆装钳工第一名；2011 年获中航工业第二届职业技能竞赛飞机铆装钳工第一名，被授予"中航工业技术能手"和"中航工业青年岗位能手"称号；2012 年获"全国青年岗位能手"和"全国技术能手"称号，同年被中华全国总工会授予全国五一劳动奖章；2013 年荣获"全国百名最美青工"称号。

张晨光 2000 年 7 月参加工作，先后参与了某型机中外翼壁板的批生产、歼轰 7 系列飞机襟翼的研制和批生产、ARJ21－700 飞机中央翼上下壁板的研制和批生产、某重点型号水平尾翼的研制、C919 中央翼上下壁板的研制及大型运输机 8 个部位的安装和调试等 10 个型号飞机的研制生产，产品质量和完成工时均名列总厂前茅。

参加工作的 10 多年里，张晨光的一把普通铆枪见证着他成功的过程。投身到新机研制攻坚后，面对新机研制中各种新的疑难问题，张晨光要干的第一件事情必须是学习——学习如何看懂 CATIA 三维数模，学习和研究新机装配操作的特点和难点，学习各种新型工具的使用要点。2012 年参加西飞公司 PCT 企业内训师项目培训和中航大学 STT 高技能人才培训班学习后，在参与某重点型号飞机后梁、外翼翼盒总装的装配中，不顾参加各种比赛后的疲劳，把培训所学与实际工作相结合，积极投入到实践中应用。

张晨光学以致用，大胆提出"工装轻量化"，建议工装设计简化工装结构形式，尽量使用通用工装，减少专用工装数量，并建议将"防差错技术"应用到卡板上。其中卡板"防差错技术"已被工装设计采纳，对现场卡板采用数字或者字母进行标记，不仅便于正确区分卡板，克服了新机研制中外翼翼盒外形大，工装卡板数量多难以区分给施工带来的诸多困难，极大地提高了工作效率。

　　飞机部件装配生产特点是任务繁重，人员严重紧缺，节点紧迫。既要完成某重点型号的研制任务，同时还要完成多种型号的批产任务。张晨光承担的重点型号研制外翼翼盒总装的装配工作，由于新机研制协调问题多，交付节点异常紧张，装配过程中不得不采用"工序穿插进行"的施工方案，大多数时间是临时调配人员配合完成任务。张晨光始终牢记自己的党员职责，在新机研制的大干热潮中以大局为重，不计个人得失，勇挑重担，夜以继日地加班加点干。他还兼顾着 ARJ21 新支线飞机中央翼上下壁板和某型飞机襟翼的装配工作。由于新机研制抽调了分厂大部分骨干力量，导致其他机型的批产任务举步维艰，张晨光顾全大局，勇于攻坚，带头与另外一位工友承担起原本需要 4 名操作人员才能完成的新支线飞机中央翼上下壁板装配工作。

　　张晨光他以良好的工作思路和工作习惯，踏实肯干的吃苦精神，身兼数个机型的繁重装配任务，在时间紧迫的关键时期，保质量保节点地完成任务。中航工业的职工技能大赛，参赛人员有为期 3 个月的脱产训练，进行理论学习和实操训练。他坚持不脱产，在训练期间利用晚上时间进厂加班加点，还放弃了公司为"十大杰出青年"准备的免费旅游机会，按进度完成了自己承担的 3 个型号飞机的各项装配任务，保证了正常交付节点。

　　张晨光的工作信条中最重要的一点就是：精益求精。他对飞机铆装装配这项很枯燥乏味的周期性操作流程大胆革新，找到了乐趣。不断改进工作方法，提高工作效率，缩短装配周期。在某型机襟翼装配过程中，老师傅们总是对接头进行打磨或是加垫来满足装配要求。他却改变思路，通过对尺寸链中每个零件在规定的装配公差范围内进行适当调整来达到装配要求，减少了零件间的手工修合，节约了时间，避免了损伤零件。工作效率高，质量有保证。

张晨光工作照

　　张晨光善于思考，练就了一身精湛的技术和迅速判断、果断处理故障的能力，敢于创新思维，不墨守陈规。小到考虑怎样方便快捷地钻好一个孔，大到考虑怎样合理地安排工序。在他手中，修蒙皮这个看似简单的工作变得颇具技术含量，他凭借扎实的钳工基础使用精确画线和控制尺寸的方法一次到位，不需要再进行反复试装，不但节约了时间，还提高了装配精度。同时使原来内襟翼 40 天的装配周期缩短到 15 天。

　　2010 年 9 月，某机型襟翼整形板合页断裂，需要排除故障。按照原方案，需要将整个襟翼拆下来后进行更换，一拆一装最少需要两天的时间。张晨光经过仔细斟酌，通过襟翼收放所形成的通路对整形板滚轮组件进行分解等工序，不需要将襟翼整个拆下就顺利地取下了整形板，完成了合页的更换工作。整个工作流程只用了半天时间。他和同事用此方法顺利地完成了所有飞机的改装任务，保证了飞机的正常飞行，赢得了用户的一致好评。

　　张晨光精于钻研，敢于创新，不轻言放弃。对青工乐于倾囊相授，让更多的青年人分享自己的知识与技能。张晨光已经成为中航工业"飞机铆装钳工高技能人才技艺推广班"的教师。

　　张晨光的每一次大胆尝试都能带来意想不到的惊喜。他在 2009 年集团公司技术比武中荣获第一名，在 2011 年中航工业第二届职工技能大赛中一举夺魁，迅速地从一名普通的铆装钳工成长为一名知识型高技能的技术工人。

黄孟虎 2013 年全国五一劳动奖章获得者

黄孟虎（1974.10—　），陕西富平人，2013 年全国五一劳动奖章获得者，中航工业西安飞机工业（集团）有限责任公司（简称中航工业西飞）设备工程总厂维修电工，高级技师，享受国务院政府特殊津贴高技能人才。在 20 多年工作中，曾参与我国国防科研重点单位重大设备维修和技改项目 30 余项次，是西飞公司数控设备维保专业领域的高技能人才和领军人物，被同事们亲切地誉为高端设备维保领域的"当代扁鹊"。2005 年被国防科工委授予"国防科技工业技术能手"称号，2008 年被人力资源和社会保障部授予"全国技术能手"称号，2011 年被中国航空工业集团公司授予"航空报国突出贡献奖"和"首席技能专家"称号，2012 年被聘为第四十二届世界技能大赛中国代表队专家组成员，2013 年被中华全国总工会授予全国五一劳动奖章。

20 世纪 90 年代后，随着西飞公司经济规模的不断扩大和飞机产品对制造能力要求的不断提升，公司逐步加大了对传统加工设备更新换代的力度和步伐，一大批数、精、专设备相继引进并投入使用，打造了行业领先的核心制造能力。随着时间的推移，这些设备老旧程度不断加深，加之部分关键独子设备故障率不断增加，设备维保任务与日俱增，已经对公司重点型号研制和科研生产正常运行构成潜在影响。

身为维修工的黄孟虎深知肩负责任的重大，他给自己确立了一个远大的目标："要站到数控机床维修技术发展的最前沿，就像中国古代名医扁鹊那样，做一名手到病除的'当代扁鹊'！"从此，他反复阅读数控设备维修专业书籍，钻研典型故障，主动向老师傅请教。同样是上网，可他只对各类设备维修论坛着迷，但凡有谈论自动控制技术之类的论坛他几乎都去，研读起来不知不觉就到凌晨两三点。之后，他便揣摩着能给哪台设备做个"手术"什么的，能让它使用寿命更长，故障率最低。

经过一番刻苦学习和实践，黄孟虎很快掌握了数控设备控制系统、电气系统、机械系统的维修技术，成为单位攻坚克难的"杀手锏"。他采用"望、闻、问、切"的科学方法诊断机床的"病源"，用最短的周期"医治"机床的"病根"；他充分运用日本、美国、德国、法国等多国品牌可编程控制器改造国产生产线，均取得骄人业绩。

1995年，参加工作两年的黄孟虎加入了西飞公司一台数控双主轴龙门铣技术改造及开发应用课题团队。该设备用于飞机大型金属壁板零件加工，直接影响飞机的生产与交付。领导首次安排他负责电器设计和安装调试任务。没有现成的经验可供借鉴，他只能努力摸索，把所学知识全部运用到实战中。功夫不负有心人，电气系统调试获得一次成功，黄孟虎完成了自己职业生涯第一次精彩"亮相"，该课题获得部级科学技术进步奖三等奖。

有一次，西飞公司钣金总厂一台美国产蒙皮拉伸机出现关键电器故障，维修难度较大，公司决定聘请外国专家排故，但给出的维修周期和维修资金不能满足公司的要求。黄孟虎主动请缨，决心在无替换电器板件的条件下及时修复该设备。面对领导的信任，黄孟虎经过反复论证、推演，大胆采用"在线测试仪"进行处理，一次就获得了成功，不仅为公司节约70万元维修资金，同时为飞机生产赢得了宝贵的时间周期。

2004年，黄孟虎参加了"国产新支线客机ARJ21部件装配自动钻铆系统改造"重点课题研究，该课题关乎民族航空工业的长远发展，集团领导要求："只许成功，不许失败！"经过整个工作团队一年多的奋斗，黄孟虎成功地完成了对飞机自动钻铆托架系统调平装置的改制，确保了该装置自动加工飞机机翼和机身壁板取得成功，使我国大型飞机装配技术首次实现了由手工加工到自动化装配的改变，填补了国内飞机制造业机翼钻铆自动化生产的空白，其中黄孟虎主持研发的自动送钉装置获得了国家发明专利。

黄孟虎还相继参与了20多家单位的技术改造项目，在业界赢得广泛赞誉。

黄孟虎工作照

黄孟虎担任 50 厂机加维修站站长后，每天上午一上班便带领员工巡视生产现场，少则半小时，多则 1 小时，转一圈下来，他们对所负责的 100 多台数控设备的"健康"现状了如指掌。他积极借鉴预防性设备维护保养理念，一是通过日常巡检，对数控设备的主轴系统、控制系统和液压系统进行状态评估，制订定期检修计划，做到防患于未然，同时为实现备件合理库存、减少资金占用提供了重要依据；二是通过与用户联保联检以及对数控操作人员进行设备保养培训，将维保关口前移，有效化解了设备使用与维修的矛盾关系，使二者相辅相成、互促互进。

黄孟虎注重言传身教，通过技术授课、全员讨论、TPM 小组活动等方式，将自己丰富的维修经验毫无保留地传授给年轻人，培养了大批善打硬仗的青年数控维修技工和操作技工。2013 年，他所领导的机加维修站被评为陕西航空工业系统"工人先锋号"。

2012 年 7 月 5 日，中航工业西飞以黄孟虎名字命名的"黄孟虎技能大师工作室"正式挂牌成立，黄孟虎又进入了事业发展的新阶段。一年多里，在他的主导下，工作室完成了 10 余项高端数控设备技术改造项目，完成了两项国家发明专利的培植与申报，完成了数控维修技能培训 350 余人次，编撰完成了工作室典型数控设备故障分析手册，制定完成了工作室运行管理系列制度规定。

李建榕 2013 年全国三八红旗手

李建榕（1965.4— ），福建长乐人，2013 年全国三八红旗手，中航工业沈阳发动机设计研究所（简称中航工业动力所）高级专务、副所长，享受国务院政府特殊津贴专家。1987 年毕业于南京航空学院航空发动机专业，工学硕士。1987 年 7 月起历任航空工业部第 606 研究所（现中航工业动力所）技术员、副主任、副总设计师、副所长；2009 年 6 月任中航工业燃气涡轮研究院（简称中航工业涡轮院）党委书记、副院长；2011 年 4 月任中航工业发动机研究院第一分院副院长、总设计师，中航工业燃气涡轮研究院党委书记、副院长；2011 年 6 月任中航工业发动机研究院第一分院副院长、总设计师，中航工业动力所高级专务、副所长；2012 年 8 月后任中航空天发动机研究院有限公司分党组成员、高级专务、副总经理、总工程师，中航工业动力所高级专务、副所长。李建榕 2001 年荣立某机科研试飞二等功，2005 年荣立国防科工委某型发动机设计定型一等功及某飞机首飞集团二等功，2007 年荣获国防科技成果特等奖，2008 年荣立某型飞机设计定型个人二等功，2009 年荣获国家科学技术进步奖特等奖。并先后被评为辽宁省先进女职工、沈阳市劳动模范、中航一集团劳动模范，荣获中航一集团航空报国突出贡献奖、中航工业航空报国金奖二等奖，被评为四川省江油市三八红旗手，荣获中航工业总经理特别奖、新中国航空工业创建 60 周年航空报国突出贡献奖，2013 被全国妇联授予全国三八红旗手。曾当选辽宁省第九届、沈阳市第十届党代会代表。

李建榕从南京航空学院毕业到动力所后，把满腔热情投入到航空发动机的研究工作中。她虚心向有着丰富工作阅历的老专家请教，把书本上学到的知识不断应用到实际工作中，同时注重查阅国外资料，主动跟踪前沿技术，很快便能独当一面地承担起技术工作。在项目的总体性能设计、领先试飞技术协调，高技术课题研究、新机试车、排故、技术攻关、主机状态达标、高空台试车等多项重要任务中，她处理了大量的技术难题，获得多项技术成果。

在某项目研制中，曾遇到异常艰难的一个时期，地面试车和空中试飞先后出现三次大的故障和四大技术问题，研制工作一度陷入困境。后续还将面临着多项难度特别大、风险特别高、进度特别紧的考核任务。为了确保项目研制，动力所在研制一线设立了试验、试车、装配、攻关、试飞"五大战区"，明确了各战区的目标和任务，确定了各战区责任人。李建榕作为唯一一名女将，从时任集团公司副总经理的林左鸣手中接过了试飞战区的战旗。试飞工作是项目研制中最重要的一个环节，现场负责人要具备极高的技术水平和决策能力。李建榕凭借自己扎实的知识和丰富的现场工作经验，坚守一线，靠前指挥，及时向现场指挥和飞行员提出应急处理方案，增减飞行科目，有效利用每一个飞行起落，逐步解决了试飞中遇到的多项技术问题，高效完成了试飞任务。

　　跟现场是一件苦差事，发动机震耳欲聋的轰鸣声搅得人心烦意乱，浑身无力，失眠困乏，食不甘味。机场冬天空旷寒冷，炎夏酷热烤人。最热的夏季，李建榕曾一次连续跟飞 4 个多月。那些年忙碌的日子里，她的身影几乎很少在研究所里，更别说在家里。穿梭于北京、四川、沈阳、西安之间的她获得了"空中飞人"的称谓。尽管每年在研究所的时间加起来不到 3 个月，尽管因为常年出差在外，与家人总是聚少离多，但她却毫无怨言，始终一如既往。

　　2009 年，李建榕调任涡轮院党委书记、副院长。从东北故土转战大西南，不仅有着对地域变化、对工作转换的不确定性，更多的还在于对故土和家人的深深眷恋。

　　尽管如此，李建榕一到涡轮院便全身心地投入到改革和发展的各项工作中去。作为党委书记的她带领院党委班子，深入学习实践科学发展观，成功地组织召开了院第八次党代会，规划制订了未来发展目标和发展战略；她重视党建和宣传思想工作，定期组织党委中心组学习，坚决贯彻中央的方针政策和集团公司的发展战略，重视发挥基层党组织作用，狠抓落实集团文化建设的各项工作，积极开展各级党组织学习和交流活动。

李建榕工作照

三线生活的艰苦，三线人的自强不息，尤其是汶川地震后涡轮院人的顽强进取深深打动着她，带着这种敬佩和感动开展思想工作、民生工程和文化建设，自然别有一种人情味。上任之初，涡轮院正处于灾后恢复和异地重建的关键时期，李建榕和院长密切配合，坚强自信地迎接挑战，积极做好灾后住房加固及搬迁安置，及时落实国家制订的离退休老干部的相关政策，慰问安抚生活困难的职工，认真对待、及时处理职工群众的诉求，妥善协调解决职工在住房补贴、工资待遇、医疗等方面的问题，当年春节前全面完成了职工住房加固。

除了主持党委工作外，李建榕分工负责的某项目研制和民用动力研究等工作依然让她醉心不已。她带领科研攻坚团队奋力拼搏，突破系列技术关键，使项目取得重大进展。作为专家技术型的领导干部，她虚心好学，关心世界科技发展，不断用新的科技知识武装自己，在完成大量的技术工作之外，热心培养和大胆使用青年科技人才。在她和有关领导共同努力下，涡轮院技术岗位责任制得以完善，并确立了技术发展方向和未来几年的科研主要任务。

2011年，李建榕调回动力所担任高级专务，2012年成为中航空天发动机研究院有限公司总工程师。负责先进动力技术预研工作。她潜心研究国内外各项新技术的发展趋势，综合考虑国情和国内的技术基础，通过调研和讨论，确定了恰当的技术发展路线，研制团队获得多项创新和技术上的突破，为未来动力技术的发展奠定了基础。

研发体系是研究所的立所之本和持续发展的基础，是研究所研发能力的体现。李建榕作为体系建设工作的带头人，提出了所体系建设的研制思路，组织完成了顶层规划的编制，在项目实施过程中，博采众长，不断完善顶层思路，优化操作方法，充分发挥老专家的智慧和技术优势，注重体系的实用性。目前，已基本建成了较完整、有一定先进性和工程实用性的航空发动机设计体系，并已在多项型号研制中得到应用，有力支撑了型号研制和预研发展。

马跃辉　2013 年全国五一劳动奖章获得者

马跃辉（1969.12— ），山东泰安人，2013 年全国五一劳动奖章获得者，中航工业江西洪都航空工业集团有限责任公司（简称中航工业洪都）铣工，高级技师。1992 年 6 月从部队转业，到航空工业部南昌飞机制造公司（现中航工业洪都）81 车间当铣工。他通过刻苦钻研，不断提升，从一名普通铣工逐渐成长为铣工高级技师，成为分厂技术带头人，为分厂生产任务的完成做出了重要贡献。他先后荣获了江西省首届职工职业技能大赛铣工比赛第一名、全国职工职业技能大赛铣工决赛优秀选手奖、江西省五一劳动奖章、江西省职工自学成才奖、江西省第二届职工技能大赛铣工比赛第二名、江西省技术能手、中航工业特级技能专家等荣誉。2013 年被中华全国总工会授予全国五一劳动奖章。

在中航工业洪都，马跃辉是大名鼎鼎的"铣王"，铣工技艺独领风骚，是中航工业特级技能专家，他所在的钳焊液压附件厂还专门成立了以他名字命名的"马跃辉劳模工作室"，他当上了受人尊敬的"工人教授"。

马跃辉是一名退伍军人，1992 年部队转业到航空工业部南昌飞机制造公司，刚开始干的是车工。1992 年因工作需要，车间让他转学铣工，并安排他去技工学校学习，经过半年多专业技能培训，他回到了车间。马跃辉对机械加工有着天生的悟性，加上自己的勤奋，很快就单独操作铣床。炮兵出身的他练就一副好身板，经常突击生产任务。有一次接受外协任务，由于交付节点要求紧，他连续一星期从早上 6 点干到晚上 12 点。在交付期限的前一天，更是从早上 6 点一直干到第二天下午 1 点，不眠不休出色地完成了任务。

马跃辉干铣工 20 多年，突击生产是常有的事，分配给他什么任务，他就接什么任务，从不挑肥拣瘦。大家对他的评价是："军人的作风就是不一样。"

通过多年的刻苦钻研，马跃辉在专业技能掌握上有了质的飞跃，创造了许多较为实用的零件加工方法，提高了零件加工效率及交验合格率，为分厂加工能力的提升做出了贡献。

普通铣床加工小角度复合凹圆弧面，传统工序采用双手联动，层层铣削的方法加工，需要钳工画线，零件加工精度不高，造成修锉工作量大。马跃辉利用组合夹具和万能虎钳装夹零件，使零件待加工表面与工作台面成一复合角，并将铣床立铣头倾斜一个角度，使可调式飞刀与零件成一夹角，零件一次装夹加工完成。通过该方法的应用推广，大大提高了该类型零件加工效率。

大圆弧面加工存在加工工序较烦琐，零件表面粗糙度值较大的情况。马跃辉利用曲柄连杆的原理：当转动回转工作台时，活动销就可带动摆动台面作绕固定销轴线的转动。加工时，根据零件的圆弧半径及立铣刀的直径，调整固定销和铣刀的中心距，将工件的圆弧面铣成，且零件表面粗糙度满足技术指标要求。该方法的应用推广，大大提高了该类型零件加工效率，提高了零件加工质量。

马跃辉在工作中爱动脑，没有什么难题可以难倒他。马跃辉说："评上劳模，技能比赛获奖，虽然也能让我高兴一阵，但我更享受攻克难关后所得到快乐，这是我工作价值的体现。"2012年后，他提出技术革新和合理化建议240条，创造直接经济价值110余万元。

2013年10月31日，"马跃辉劳模工作室"正式挂牌成立。作为劳模工作室的带头人，马跃辉有更多的工作要忙碌。他除了每天在机床上干活，还要利用业余时间备课，上讲台给年轻人授课。马跃辉认为，作为新时代的劳模，自己不仅要会做，还要会讲，做好传帮带的工作。如何发挥工作室的作用，如何调动大家的主观能动性，是马跃辉和分厂要面临解决的问题。他把20多年工作中的经验进行认真总结，自学制作PPT讲义

马跃辉工作照

课件，讲解传授给年轻人。他不仅言传而且身教。他手把手教两个青工操作自己曾使用的数控机床。这两个本来就有数控操作基础的小伙子，很快就能上手操作，大大提升了分厂数控机床利用效率。

2013 年底，马跃辉所在工段的大飞机零件机加任务非常繁重。考虑到马跃辉的数控铣工技术专长，决定让他当技术指导。马跃辉临危受命，每天在现场解决加工问题。特别是零件的装夹，由于零件表面粗糙度要求高，任何一点马虎都会夹伤表面。他从定位、落刀考虑，结合他自制的夹具，总能想出行之有效的解决方法。他的言传身教，有效促进了任务的完成，青工们打心底佩服这位"工人教授"。

为了加工高精度复杂零件，2013 年分厂引进了车铣复合数控加工中心。谁来操作这先进的数控设备呢？马跃辉无疑又成了第一个"吃螃蟹"的人。现在，他操作这台设备得心应手。马跃辉说："数控技术发展很快，我还要多学习，我不想成为一个落伍者。"

牟 雄 2013年全国五一劳动奖章获得者

牟雄（1964.5—　），四川阆中人，2013年全国五一劳动奖章获得者，中航工业沈阳飞机设计研究所（简称中航工业沈阳所）副总设计师，研究员。1986年7月毕业于西北工业大学航空火力控制专业，1986年8月到沈阳机械电子技术研究所（现中航工业沈阳所），历任总体室总体组设计员，试飞与外场室副主任、主任，综合后勤保障部副部长。2013年3月任中航工业沈阳所副总设计师。牟雄作为新型作战飞机试飞验证技术专家，他带领团队出色地完成了歼8、歼11系列等多个重点型号飞机的试飞验证工作，在歼15飞机飞行员着舰训练、飞机滑跃起飞等方面，组织解决了19项关键技术问题，为歼15飞机成功在舰上起降做出了重要贡献。牟雄先后荣获国防科学技术进步奖二等奖1项，部级科学技术进步奖一等奖1项、二等奖1项，航空报国金奖三等奖2项，型号二等功3次，沈阳市五一劳动奖章等多项荣誉。2010年3月和2011年4月，荣获中国航空工业集团公司航空报国金奖三等奖，2013年被中华全国总工会授予全国五一劳动奖章。

　　牟雄在国家重点型号和重大演示验证预研课题研究项目中，主动作为、积极思考、拼搏创新，带领全所各专业技术人员圆满完成了各项攻坚任务；统筹并超前规划，完成了多项型号飞行验证任务，在试飞技术研究和试飞专业建设等方面取得了丰硕成果。作为试飞专业副总师，肩负着将一型飞机总设计师的研制思想和关注重点从试飞验证角度合理规划、准确描述和全面付诸实施的使命。牟雄承担有人机和无人机两个领域的飞行试验验证工作，在规范设计流程、完善试飞现场运行等方面积累了丰富的经验，并从专业建设角度系统规范地进行完善。

　　在某型飞机试飞领域，舰机适配性研究工作具有较强的挑战性，专业领域面广，飞机的适配性若干研究课题、试飞员训练涉及的飞机人机工效等课题，每一项特性试飞工作向前推进都离不开这些专项课题的研究。面对这些关键技术课题，牟雄组织开展了高效和深入的研究，并对试飞进程需求与研究课题的关系和影响做了具体分析，超前规划，使该机研制及相关适配性试验试飞取得了可喜成果。通过不懈努力，该型飞机首次实现了在我国首艘航母上着舰和起飞任务，为世人所关注。

在无人机试飞验证规划、保障技术与管理工作方面，牟雄带领团队，创造了先进的、满足用户使用要求的、具有无人机特点的用户资料编制体系；在系统开发试验过程中结合对无人机操作手实施有效培训等方面，走出了一条创新之路。

牟雄还组织多项新研飞机试飞规划设计、测试系统设计工作，完善了多项试飞设计和试飞现场管理工作流程的修订工作；建立了空地勤使用意见反馈流程，与军方密切合作，主动作为，在试飞期间组织全机维修性核查工作，组织落实试飞过程中 100 余项问题的解决措施，为后续新机批生产质量的提升打下了良好基础，为空海军装备建设做出了贡献。

在高度交叉和繁重的多型号攻坚任务面前，牟雄始终没有放松对专业能力建设的高要求，着眼专业手段建设，开展了卓有成效的工作，提出了飞行理论仿真手段建设，飞行数据与飞行经验集成，规范作业，掌握未来战斗机试飞验证技术、测试手段建设和基于支撑飞机设计流程的数字化试飞研究的专业发展思路。

面对无人作战演示验证项目面临技术和管理两大方面的难点，牟雄首先从技术上超前谋划，采取了学习、消化、再创新的技术路线。掌握了无人机试飞递进方法，最终确立了试飞实施方案。经实践验证，实施方案是科学合理的，由此整个试飞团队的能力得到了提升；其次，针对联合试飞工作给组织、管理带来的难题，经一年多的不懈努力，建立了一整套具有无人机试飞特点且行之有效的工作流程和规章制度。

在新一代战机研制过程中，对飞机验证试飞规划工作提出了"逐步探索与迭代渐进"等验证思路并指导具体实践。牟雄作为集团公司 2035 年航空科技发展战略与航空科技发展"十三五"规划论证工作组成员，参与集团公司预研发展计划的编制。

牟雄工作照

　　牟雄关爱专业技术人员，与他们关系融洽，有很强的凝聚力。在型号攻坚最紧张的日子里，他身体力行，安排技术专题研讨，让青年同志感到工作的乐趣；在新机试飞现场精心组织，关心年轻同志的生活和冷暖，了解大家的困难和疾苦，并提出明确的工作思路和要求，使大家感觉十分温暖。

　　某型飞机试飞期间，面临飞机等级事故损伤后要求在有限时间内复飞的压力，牟雄迅速带领大家理清思路，组织所内各专业和承研单位开展故障定位，制订修复方案，使飞机如期得以复飞；同时，为杜绝后续飞行出现类似问题，进行反复深入研究，向试飞单位提出合理有效的使用建议；在解决飞机影响着舰判读问题时，他提出了快捷有效的解决方案，不仅节省了人力物力，同时问题也在较短时间内得到解决。凭着多年的实践经验和深厚的技术积累，为飞机设计单位赢得了赞誉，现场技术保障人员总这么说："有牟雄副总师在试飞现场，我们信心十足，绝不掉链。"

秦世俊 2013 年全国五一劳动奖章获得者

　　秦世俊（1982.6—　　），黑龙江哈尔滨人，2013 年全国五一劳动奖章获得者，中航工业哈尔滨飞机工业（集团）有限责任公司（简称中航工业哈飞）数控铣工，高级技师，中航工业首席技能专家。2001 年 9 月于哈尔滨航空职工大学毕业，到哈尔滨飞机工业（集团）有限责任公司（现中航工业哈飞）14 车间（后改为 15 车间）当数控铣工。因为喜欢钻研技术、善于创新，他 3 个月出师，6 个月独立操作机床，一年破格晋升高级工人，仅用 4 年时间就成为哈飞公司最年轻的数控铣工高级技师。自参加工作以来，主要从事飞机旋翼、起落架关键件、重要件和难度较大的零部件的生产加工，并且参与研制和攻关车间一些加工生产中的瓶颈类问题。2007 年被评为哈尔滨市知识型职工优秀个人、哈尔滨市第二届名师带高徒模范名师、中航工业二集团学习改善标兵，并获得中航二集团总经理鼓励奖；2008 年被推选为"奥运"火炬传递手；2009 年获得"哈尔滨市第三届名师带高徒模范名师"荣誉称号；2010 年被评为哈尔滨市技术创新能手，获得黑龙江省数控技术比武职工组第一名，同年被授予黑龙江省五一劳动奖章；2011 年被评为中航工业直升机公司优秀共产党员、中航工业首席技能专家、哈尔滨市劳动模范和全国杰出青年；2012 年被评为全国青年岗位能手标兵；2013 年被中华全国总工会授予全国五一劳动奖章。

　　2001 年，19 岁的秦世俊从哈尔滨航空职工大学毕业，分配到哈飞公司 14 车间。当时，车间数控生产任务异常繁重，在校学习磨具钳工专业的秦世俊和几个同学被分配到数控生产工段帮忙。刚工作几天，秦世俊就对数控专业产生了兴趣，开始向当时的师傅"偷"学一些数控知识，有时还利用下班时间向正在加工新零件的夜班师傅学习，并且把每个师傅的做法都认真记录下来。一个月后，一位姓宋的师傅找到了秦世俊，也就是这位宋师傅将秦世俊领进了数控铣工的大门。

　　"半路出家"的秦世俊在学习中更加刻苦认真，从普通铣床的零件抄方开始，秦世俊慢慢在实践中体会铣床加工的每一细节，他意识到要成为一名出色的铣工，要学的东西还有很多很多。钻头和镗孔刀具磨削，零件的变形分析，对待硬度较高零件的加工方法，利用百分表头调解精镗刀，他将这些都认真地记录下来，并且附加上自己理解的注解，仅学习笔记就有几十本。为了了解、贯通这些技术，他从未休过完整的假日，而且经常钻研到晚上九十点钟才离开。后来，师傅让他自己学习更深的程序编辑和电脑制图。于是，他买来电脑和有关书籍，自学制图和程序编辑，并且利用网络了解最新的数控铣工技术，同时利用业余时间自学计算机专业的大专课程，并以优异的成绩毕业。

秦世俊具有强烈的事业心和开拓精神，他首创的"逆向思维、反向采点加工腹板法"最具代表性。在生产加工过程中，秦世俊渐渐觉得采用传统方法已无法适应目前产品质量的要求。特别是大批量生产，产品的质量和进度无法得到保证。他根据自己多次试加工收集来的资料，通过与师傅共同探讨和研究，终于成功地研究出了一套科学有效的加工腹板的方法，他将其命名为"逆向思维、反向采点加工腹板法"。这种方法打破了 20 多年加工腹板的传统工艺，将生产效率提高了 8 倍多，零件的一次交检合格率达 100%。此项成果被评为"五小"优秀成果三等奖。面对公司繁重的科研生产任务，他主动承担了某型机关键件加工任务，该零件时间紧、任务重、加工难度复杂，法国专家对加工精度和表面要求非常高。他主动与法国专家进行交流、参与策划技术方案和试切加工。当通过自制夹具完成一种种零件后，法国专家对他的工作热情和完美的作品都竖起大拇指，这种工作状态被车间和公司树立为学习模范。

在加工某机型尾减安装平台的批量生产时，本来零件的加工周期就只有 20 天，可是因为其他组件到位不及时，生产周期改为 17 天，成为又一个攻关目标。通过秦世俊的多个不眠之夜，迎来的是"快速找正 1/3 圆方法"的诞生，此套方法的研制成功，意味着在今后的生产加工中零件的加工周期能够缩短至原来的 1/5～1/6，加工成本只需原来的 25%，而产品的质量可以达到合格率 100%。

在加工新机型"扭轴"时，由于工件太长，夹盘装夹刚性不好，加工端面时装夹力不够，导致难以加工。秦世俊认真研究，分析零件的特性，通过在工件中部制造了两个半环形抱胎，将抱胎夹住工件中部，然后将抱胎外圆用中心架夹住伸出的支臂，通过抱胎装夹增加工件的刚性，加工质量稳定，表面粗糙度得以控制。通过使用改进的方法，节省了加工时间，避免了零件的超差报废。此加工方法已在公司工会立项，秦世俊因此被评选为市技术能手。

秦世俊具有扎实的专业理论和丰富经验，熟悉国内外专业现状和发展趋势，善于将书本和网络上学到的知识应用到生产实践中。他是公认的质量能手，产品合格率100%。加工时他牢记产品质量第一，做到多看、多听、多想、多测量，全年无废品。在首件产品加工合格后，仔细将工艺方法、程序和刀具固化，为今后批量加工生产奠定基础。他不断钻研数控加工技术，深挖机床潜能，对机床的性能经常进行分析研究，做到资源利用最大化。他制作的"车铣复合机床"工作台改变了只能加工棒类零件的局限性；制作的扇形叶片在立车机床周围拼接增加了回转直径，增大了零件加工范围。

秦世俊工作照

　　在 13 年的时间里，秦世俊完成了 21 年的工作量，改进 40 多种零件加工方法，自制夹具 50 多种，更新 150 多条程序，实现技术创新、小改小革 357 项，创经济效益 338 万元。实现"自制同心顶压式夹具""自制工装替代真空夹具""为两台不同型号的车铣中心机床制作转换夹具""改善扇形件的加工方法"等 20 多种新型加工方法，并且这些方法已纳入工艺规范中。通过合理选用刀具、自制夹具、改变加工路线、工艺参数和加工程序，解决了直升机升力系统零件精度和表面粗糙度要求高且容易变形等问题。为公司节约生产成本 300 多万元，多次被评为省市级技术创新能手。

周新民 2013 年全国五一劳动奖章获得者

周新民（1969.11— ），江西临川人，2013 年全国五一劳动奖章获得者，中航工业昌河飞机工业（集团）有限责任公司（简称中航工业昌飞）董事会董事、总经理、党委副书记，研究员级高级工程师，享受国务院政府特殊津贴专家。1991 年 8 月西北工业大学航空器制造专业毕业，在职获华中科技大学工程硕士。1991 年 8 月分配到昌河飞机制造厂（现中航工业昌飞），历任车间工艺员、工艺处主管工艺员、室主任、工程技术处副处长、工程技术部部长、副总工程师、昌河飞机工业（集团）有限责任公司（现中航工业昌飞）副总经理、总工程师、科技委主任；2013 年 6 月任中航工业昌飞总经理、党委副书记。周新民先后获国家专利共 11 项，多次荣获科学技术进步奖。2008 年获第八届"瓷都优秀青年"称号，2009 年获第十届中国航空学会青年科技奖、国家"863 计划"CIMS（计算机现代集成制造系统）工作先进个人。被评为中航工业 2010 年度信息化工作优秀领导者、中航工业 2011 年度航空之星，2011 年荣获航空报国金奖三等奖。2013 年 5 月被中华全国总工会授予全国五一劳动奖章。

1991 年，周新民从西北工业大学毕业后，来到地处三线的昌河飞机制造厂工作。他从车间工艺员干起，先后担任室主任、副处长、处长、部长、总工艺师、副总工程师、总工程师，一步一个脚印走上中航工业昌飞总经理的领导岗位。

周新民主持或参与了多个型号军用直升机的研制工作，特别是国家高新工程某重点型号直升机的研制，创造了中国直升机型号研制时间最短的历史纪录。在民用直升机方面，他参与了中央电视台直 11 中继航拍机的研制。主持研制了我国首款大型民用直升机 AC313，该机于 2010 年 3 月实现首飞，2010 年 9 月，成功飞越珠峰登山大本营；2011 年 9 月，在青藏高原创造了 8000 米最高升限的纪录；2012 年 1 月取得型号合格证（TC 证）；2012 年 11 月取得生产许可证（PC 证）。创造了直升机史上多项纪录，实现了我国民用直升机由第二代向第三代的跨越发展。

重点型号是技术起点高的先进直升机，有很多技术难题。周新民克服时间紧、任务重等重重困难，全过程参与组织产品设计工艺性审查、工艺技术准备和零组部件试制、铆装、总装工作，以及首飞前的技术保障工作。在初步设计阶段，周新民组织各专业工艺技术人员，采用并行工程的工作模式，参与设计进行工艺性审查。在试制初期，组织各专业技术人员，根据产品的结构特点和技术要求，讨论确定了影响型号试制的各专业工艺技术难题，并提前组织技术攻关，所有课题均在产品试制前或在试制过程中完成攻关并鉴定，为型号研制提供了技术保障。作为现场技术总协调人之一，他每天坚守在试飞现场第一线，每天组织现场协调会，及时解决当天试车过程中暴露的各类技术问题，多次 24 小时通宵达旦地工作，确保出现的问题不过夜，为重点型号按节点首飞做出了贡献。

周新民主持美国波音公司转包项目的研制，现已累计交付 20000 余件零件，公司被波音公司评为"金牌供应商"。周新民主持与美国西科斯基公司合作进行 S－92 尾斜梁研制，与美方专家、厂所相关技术人员一起，团结协作，夜以继日，克服重重困难，取得对外合作的好成绩，共交付 280 余架份，2010 年公司被西科斯基公司评为全球"百强供应商"。周新民参与的国家"863 计划"、国防基础预研、江西省重点科技攻关计划等项目，均取得了明显的成效。

周新民非常重视基础科研工作，积极促进企业的技术创新。他善于突破传统，创造性地引入新思路、新方法。在以型号研制为牵引推动技术进步的同时，周新民组织完成了大量技术攻关课题和工艺技术工作。他在数控加工技术、复合材料制造技术、数字化等方面具有独到的见解。他主持完成的"数控加工工艺优化技术应用研究""直升机复合材料桨叶模压系统的研制""PDM 技术的开发与应用"等 20 多项课题先后获得国家科学技术进步奖或省部级科学技术进步奖。

在周新民的直接参与和推动下，高效数控加工技术在昌飞公司得以深入的研究与应用，掌握了用仿真法获取优化型数控加工切削参数的自主创新核心技术，使数控加

周新民工作照

工效率提升了1.9~2.8倍，产品合格率提升到95%以上，得到了国防科工局的充分肯定和高度关注。

周新民注意把握当今国内外先进的技术发展趋势，积极推进先进制造技术在直升机科研生产中的应用。在他的推动下，昌飞直升机CIMS工程、昌飞产品数据管理系统的开发应用、铝合金高速数控加工切削参数优化基础技术研究、基于条码的生产管理系统的开发、复合材料构件数字化铺层技术研究、三维结构装配指令（直升机虚拟装配）技术研究等一大批国际先进、国内航空行业领先的制造技术在昌飞公司得以应用和研发，不断缩小与国际先进水平的差距，在行业内树立了数字化工程应用的典范。

周新民不断引入现代信息技术，引领公司的科研生产管理工作向信息化迈进。正是在他的组织领导下，公司数字化制造技术、数字化工装设计体系、可视化虚拟装配、总装通电一体化技术等都走在了同行的前面。2001年，他主持的国家"863计划"项目"直升机CIMS应用示范工程"，获国家"863计划"专家组高度评价。2005—2007年，他首次提出在航空产品制造中采用条码技术实现单个零件的工序级管理，并组织团队开发了"基于条码的生产/质量管理系统"，该系统已全面应用于昌飞公司的所有型号。2006—2008年，他提出由"人找事"到"事找人"的管理理念转变，主持开发了科研计划管理系统，将型号科研工作纳入信息系统管理，极大地加快了科研进度。2009—2010年，他对昌飞的信息系统做了宏观规划，将几大信息系统进行了底层数据层面的集成，构造了昌飞制造系统（CPS），并在生产、科研、考核等方面全面应用CPS系统，利用系统实行拉式生产和节拍生产，使昌飞公司产能获得快速提升。2010—2011年，他规划并设计了科研生产网络指挥中心，实行了对科研生产的全面信息化管控。昌飞直升机科研生产管理水平发生了质的飞跃。2012—2013年，他组织建立了公司绩效管理体系，构建了精益生产模式，深入推进管理提升与创新工程。完成了IBSC战略管控平台的建设，结合KPI绩效考核，将管理者标准作业纳入IBSC管控平台进行管控，大幅度提升了企业控制力和执行力。

为实现从粗放式组织生产向精益式批量组织生产方式的过渡，周新民大力实施"信息化带动工业化"战略方针，从批生产管理体系、专业化生产、工程化应用、信息化管控等方面入手，创新管理手段，优化管理流程，采用条码管理，通过节拍生产、准时化配套、刚性节点、断线节点考核等方式，实施以铆装为中心的"拉式生产"①、以总装为中心的"站位式生产"②。正是在他的推动下，公司科研生产能力和技术水平得到大幅提高。

---

① 拉式生产：以铆装生产能力和节拍确定年度产量，拉动零组件车间按节拍配套生产。
② 站位式生产：将型号的生产通过生产流程再造等方式整合生产资源，对飞机的装配周期按站位进行统一规划，改变单一的串行作业，实现平行交叉作业，进一步提升飞机装配进度和质量。

冯　军　2014 年全国五一劳动奖章获得者

冯军（1966.10—　　），重庆市人，2014 年全国五一劳动奖章获得者，中航工业第一飞机设计研究院（简称中航工业一飞院）副院长。1988 年 7 月西北工业大学飞机系飞机强度设计专业毕业，同年分配到沈阳飞机制造公司（现中航工业沈飞）试飞站工作；1994 年 1 月调到中国航空工业总公司第 603 研究所（现中航工业一飞院）起落架设计研究室工作，历任起落架设计研究室设计员、副主任，机身结构设计研究室主任，院副总设计师、院长助理，2011 年担任中航工业一飞院副院长。多年来，冯军先后参加过"飞豹"系列飞机、空警 2000、ARJ21、"小鹰"500 等多个飞机型号的研制工作，并担任"新飞豹"

飞机、ARJ21 飞机的副总设计师，为型号的成功研制做出了贡献。由于贡献突出，冯军先后获得多项奖励，2002 年"飞机全机数字样机设计与应用"成果获国防科工委一等奖；2006 年荣立中国一航"十五航空科学技术研究计划项目"二等功；2007 年荣立"新飞豹"飞机设计定型集团级二等功；2008 年荣立空警 2000 飞机设计定型集团级二等功，同年荣获"型号总经理特别奖"一等奖；2010 年荣获"中央企业优秀共产党员"称号；2011 年荣获"中航工业优秀共产党员"称号和新中国航空工业创建 60 周年航空报国突出贡献奖；2013 年荣获航空报国金奖三等奖。2014 年被中华全国总工会授予全国五一劳动奖章。

1988 年冯军从西北工业大学毕业后，曾在沈阳飞机制造公司工作六年。1994 年到中国航空工业总公司第 603 研究所后，先后参加了"飞豹"系列、空警 2000、ARJ21 等多个军民机型号的研制。在"新飞豹"飞机起落架结构设计中，他率领设计人员在国内率先建立了起落架三维运动机构电子样机，既保住了研制节点，又使起落架研制迈上了新台阶。在 ARJ21 飞机研制中，冯军带领机身结构专业的设计人员，在既要完成机身三大段优化设计，又要同时实现机身减重百余千克的苛刻条件下，拼搏奋战，硬是在十分紧迫的时间周期内，完成了机身设计任务，发出了全套设计图样，同时实现了减重 100 多千克的硬指标。之后，冯军又主动请缨，承担起 ARJ21 飞机十大重点攻关项目之一的机头攻关重任。由于机头攻关的成败直接影响到飞机的性能和整个型号的后续发展，冯军带领由总体、气动、结构、强度各专业精兵强将组成的攻关小组，顶住种种压力，与时间赛跑，与困难抗争，经过140天的日夜奋战，攻破了这一难关，扫清了飞机研制道路上的一大"拦路虎"，被广大科技人员誉为科研线上的"拼命三郎"。

在国家重大专项工程研制中，他的"拼命三郎"本色依然未变。面对研制时间只有欧美国家研制同类飞机的一半、设计人员的数量只有人家三分之一，而性能、指标却不能落后的严峻形势，冯军作为主管副院长，在管理上大胆创新，在飞机设计与制造及成品研制并行，多厂家、多专业互相嵌套、并行工作的复杂情况下，他将数字化设计成熟度并行技术引入"并行工程"管理体系，使并行工程进入规范化运行的管理轨道；采取设置分项目管理团队，在大专业室设立部段专业主管、细化技术管理等多种方法，提升工作效率。作为结构专业副总设计师、材料研制专项总设计师，他勇挑重担，在国家重大专项14项集团级关键技术攻关项目中，他牵头担任攻关组长的就达8项，可以说，在重大攻关项目中，他挑起的担子超过了"半壁江山"。

在研制周期短、用常规设计方法根本无法完成任务的严峻形势下，冯军大力推进技术手段创新。为解决三维设计与二维发图数据源不统一，冯军带领技术人员进行关联设计技术攻关。该项技术不仅在国内没有应用的先例，即使在美国也仅在少数先进机型上采用过，而且被列为严密封锁的创新技术。但冯军带领一飞院技术人员，仅用几个月就攻克了难关，在国内首次将其应用到型号研制中，将三维设计和二维制造合二为一，让一飞院从此告别了二维图纸，把设计员从繁重的画图中解放出来；同时还让上游专业的各项输入和更改在下游专业同步刷新，避免了因沟通不及时造成的无谓劳动。

冯军工作照

　　冯军还带领相关团队，一鼓作气攻下了三维标注、在线设计等数字化设计的技术难关，将这些全新的设计方法一一应用于型号研制。这些国际最新技术的应用，使型号的设计周期缩短了 40%，生产准备周期缩短了 75%，制造周期至少缩短了 30%；型号总设计师唐长红评价说："仅关联设计一项至少给型号研制抢回了 8 个月的时间。"

　　在型号试飞工作中，每当有重大风险科目试飞，冯军总是亲临一线，保驾护航，确保飞机在出现紧急情况时能给出飞行员最及时有效的处理措施。由于该机型新研设备所占比重特别高，难免出现故障，每次发现故障，他总是立即组织攻关团队进行排故。有几次，某几项故障采取了很多措施都未解决，为了找出故障原因，他亲自登机跟飞，对故障进行准确定位，为排故提供方向。在他的带领下，飞机在全年试飞架次、单月试飞架次、单周飞行架次及时间等多方面连创我国新机试飞史上的"第一"，为型号研制的成功做出了突出贡献。

冯建民 2014年全国五一劳动奖章获得者

冯建民（1966.4—　），陕西宝鸡人，2014年全国五一劳动奖章获得者，中航工业飞机强度研究所（简称中航工业强度所）副总工程师。1989年毕业于南京航空学院，同年分配到航空航天工业部第623研究所（现中航工业强度所）工作；1993年考取西北工业大学固体力学专业硕士；1995年9月攻读西北工业大学航空宇航制造工程专业，获得博士学位。2000年初任中国飞机强度研究所（现中航工业强度所）八室副主任，2001年后任强度所副总工程师。2005年11月—2007年7月作为访问学者留学美国斯坦福大学。曾多次立功受奖：2001年某型飞机静力和半倍寿命疲劳试验技术获集团公司一等奖，国防科学技术进步奖三等奖；2003年在某型飞机建线生产中荣立集团公司个人二等功；2005年在某型飞机首飞中荣立集团公司个人二等功；2008年某型号强度试验技术获集团公司三等奖，新支线飞机项目荣立集团公司个人二等功；2010年在某重点型号研制工作中荣获航工业航空报国金奖三等奖，某型号先进的试验设计与实施技术获集团公司二等奖。由于他工作出色，先后被评为陕西航空工业系统优秀共产党员，陕西省国防科技工业优秀青年岗位能手，共青团陕西省国防科工委十大杰出青年，国防科工委国防科技工业有突出贡献中青年专家。被中共陕西省省委组织部、省科学技术厅等评为陕西省优秀留学回国人员，荣获中国商飞"ARJ21新支线飞机项目2010年度优秀个人"称号。2014年被中华全国总工会授予五一劳动奖章。

1989年，冯建民毕业于南京航空学院，分配到航空航天工业部第623研究所工作，很快成长为一名优秀的科技工作者。2001年，年仅35岁就担任了强度所副总工程师。

2009—2010年，为了攻克ARJ飞机试验难关，冯建民带领技术人员集智攻关，进行了大量分析和充分验证工作；大胆创新，应用了多项新的试验技术；注重细节，优化和改进了试验程序。试验获得圆满成功，也标志着我国民机试验技术的重大进步。2011年，在主管的某新型飞机全机静力试验中，组织多项技术攻关，解决了试验中的关键技术难题，为新机研制做出了贡献。

某型飞机是我国首次研制的大型飞机，其尺寸之大、技术难度之高、进度之紧远超以往任何型号。全机静力试验作为整个型号研制中不可或缺的重要一环，面临的技术风险、质量安全和进度压力史无前例。为了化解新技术带来的风险，冯建民提前谋划，带领技术人员针对技术关键进行了大量的探索和研究，并进行了充分的模拟验证，突破了"一体化加载框架""大变形加载及测量"等 8 项试验关键技术，并在试验中得到成功应用，填补了国内大尺寸飞机结构试验技术空白，全面提升了我国大型飞机结构试验技术能力。

为了按节点完成试验任务，冯建民合理规划、打破常规，采用了多种技术和管理措施：与参试各方周密协调，高度交叉并行地组织试验准备和试验工作；制订了科学合理的试验方案，促进了试验工作高效、协调迅速展开；在试验设计中，倡导应用三维技术进行方案设计、安装协调和试验仿真，大大提高了试验的效率。

在质量安全方面，冯建民严把各环节的质量关，研究关键环节，强化过程控制，针对试验全过程进行了风险评估；针对试验件状态变化多的特点，加强了对试验件状态的控制，对每一次的更换拆装都进行了严格的记录和复验。在试验过程中，他严谨细致，不放过试验中暴露的任何问题，不断改进试验的管理和技术。他带领的试验团队及时发现了飞机局部结构的强度问题，并提出了很多结构改进意见。在全体参试人员的共同努力、顽强拼搏下，该型飞机的全机静力试验高效、顺利地推进，按节点完成了全部首飞前试验和后续高载试验项目，为型号的研制做出了重要贡献，他带领的试验团队也因此得到了各级领导和兄弟单位的高度评价。

冯建民工作照

　　某型飞机是我国引进国外技术进行生产的先进战机，为了及早打通生产线，要求在88天时间内完成静力试验，这在我国飞机结构强度试验中是史无前例的。由于缺乏第一手资料，在试验过程中，设计单位经常对试验任务书进行更改，增加了试验管理和试验实施的难度。为了保证试验按期优质完成，作为型号试验的技术主管主任，冯建民带领参试人员长期坚持在试验基地工作，从试件到达直至试验完成，每天加班加点连续奋战。在试验设计、试验准备和试验过程中，合理规划，边更改、边设计、边施工，有力地保证了试验进度。在全体参试人员的努力下，提前5天完成了试验任务，为打通该型号生产线做出了突出贡献，试验团队也因此受到国防科工委、信息产业部等五部委的联合表彰。

　　某型飞机是我国自行研制的新一代军机，是国家重点型号。在研制中冯建民勇于创新，在该机的疲劳试验中，将复杂疲劳试验谱转化成试验实施谱是该项试验成败的关键技术。他带领课题组攻克了一个个难题，建立了合理的转化处理流程，编制了复杂约束条件下优化计算的程序，解决了试验载荷处理难题。在试验中，为了提高试验效率，他带领课题组研究并成功运用了加载速率优化技术，开发研制了电液伺服控制的液体充压加载控制系统。这两项技术缩短了试验周期，节约了大量人力和物力，显著提高了试验的速度和稳定性，技术新颖，具有国内领先水平。由于这些技术的应用，保证了重点型号研制的节点。同时，该试验技术获得了中国一航科技成果一等奖，国防科工委科技成果三等奖，并被推广应用到后续多个型号的试验中，成为强度所疲劳试验核心技术之一。

付鹏锋 2014 年全国五一劳动奖章获得者

付鹏锋（1966.9— ），陕西旬邑人，2014 年全国五一劳动奖章获得者，中航工业飞机起落架有限责任公司（简称中航工业起落架）副总经理兼燎原分公司总经理、党委书记，研究员级高级经济师。1990 年 7 月—2006 年 7 月在陕西燎原航空机械制造公司（现中航工业起落架）工作，历任秘书、计划员、副处长、处长、分厂厂长、总经理助理、副总经理；2007 年 10 月—2009 年 2 月，任中航飞机起落架有限责任公司（现中航工业起落架）副总经理；2009 年 2 月后，任中航工业飞机起落架有限责任公司副总经理兼燎原分公司总经理、党委书记。1998 年荣立中国航空工

业总公司某型号工程建线阶段个人二等功；2009 年荣获中国航空工业集团公司总经理特别奖；2013 年荣获中国航空工业集团公司某型号优胜个人一等奖；2014 年被授予全国五一劳动奖章。

付鹏锋所在的中航工业起落架是国内最大的飞机起落架专业化生产研制基地，燎原分公司承担着中航工业起落架 90% 的生产研制任务。近年，在经济下行压力不断增大的态势下，燎原分公司保持了 13% 的增长速度。按计划完成重点型号起落架交付，不仅满足了国家武器装备投入的需求，同时也带出了一支攻坚克难、以"航空报国"为己任的干部职工队伍。

"既是航空人，就知责任重；既做新装备，就得多辛苦"，付鹏锋时常用这句话激励着自己，也不断激励着自己的团队。他带领公司党政班子，认真分析公司 40 余年来发展的优势和"瓶颈"，提出"强基础、稳增长、创效益、谋发展"的工作总基调，立足科研生产任务中心，着力技术进步提高过程能力，着力职工素质提高执行能力，着力管理创新提高增效能力，努力进取，扎实工作，2012 年和 2013 年，起落架交付总量连创新高，营业收入同比分别增长 18% 和 25%。

付鹏锋结合新形势下公司发展的实际，坚持"人本"思想，充分发挥绩效管理的激励优势和引导作用，推行"绩效考核制度""关键业绩考核规定"及"综合评价管理办法"等，极大调动了干部职工主动作为的积极性，使企业始终保持着旺盛的精气

神。为解决公司运营过程中的突出问题，付鹏锋带领团队梳理流程、聚焦重点、突破难点，着力实施"建立刀具管理体系，降低刀具消耗费用""降低设备维护成本，提高工作效率，探索设备维护运行新模式"等重点改善项目，有效促进了运营效率和效益的提升。

面对近年多型号研制带来的新材料、新技术、新工艺等需求，付鹏锋紧密围绕"抓型号工艺工作为主线，抓技术基础管理和能力为保障"开展工作，紧抓技术攻关不放松，连续两年完成技术攻关项目20余项，同时以数字化制造为背景，以某重点工程研制为起点，开展装配工艺数字化应用尝试，结合Delmia软件进行工艺文件格式探索，逐步达到可视化操作。针对型号研制需求，进一步完善了Windchill平台功能，实现了新研型号和国际转包生产等产品设计数据和电子文件的发放、传递及版次控制。开发S45设备加工能力，极大提高了生产效率和产品质量。

付鹏锋坚持生产交付和思想文化建设同步推进，在企业发展中两翼齐飞。近年来，通过"增强责任意识、践行规则文化"主题教育活动、"认真"精神的培育和"为梦想统思想"全员大辩论等活动，充分发挥文化引领作用，凝聚职工队伍，打造高素质团队；通过学习型党组织建设、基层党组织星级管理和"四好"班子建设等方式，不断强化党建思想政治工作，不断提高企业党组织的政治核心能力。作为一名党委书记，付鹏锋善于思考，勤于学习，在中航党校脱产学习期间，他精心研读党的先进理论知识，结合我国航空工业发展，撰写《航空工业企业经济增长路径之思考》并被评为优秀论文；同时，在公司干部轮训和党务工作人员培训中，率先走上讲台，交流思想，研讨企业发展的新思路、新方法。正是有了一支素质过硬、思想进步、信念坚定的干部职工队伍，燎原分公司光荣地履行着国家国防建设赋予的责任和社会赋予的责任，2013年，被陕西省省委、省政府授予"文明单位"荣誉称号，燎原分公司党委获"陕西省国防科技工业系统先进党委"荣誉称号。

付鹏锋（右一）工作照

高 季 2014 年全国五一劳动奖章获得者

高季（1955.3— ），辽宁瓦房店人，2014 年全国五一劳动奖章获得者，中航工业沈阳飞机工业（集团）有限公司（简称中航工业沈飞）副总工程师。1972 年 12 月在沈阳市新城子区尹家公社马家大队插队，1975 年 4 月选调进入松陵机械厂技工学校学习，1977 年 4 月分配到松陵机械厂（现中航工业沈飞）工作，1979 年 2 月考入辽宁广播电视大学脱产学习，1982 年 2 月毕业后分配到松陵机械公司（现中航工业沈飞）制造工程部。历任特设处技术员、室主任、重点项目办公室项目经理、副主任；2001 年 2 月任沈阳飞机工业（集团）有限公司（现中航工业沈飞）总工程师助理兼重点项目办公室项目办副主任、主任；2008 年 6 月任沈飞公司副总工程师。高季 2002 年 12 月参加"大推力涡扇发动机科研试飞研究"项目，荣获国防科技工业科学技术进步奖一等奖；2003 年 7 月荣立中国航空工业第一集团公司某项目一等功；2010 年 4 月在国家重点航空型号研制工作中，荣获航空报国金奖三等奖；2011 年 4 月荣获新中国航空工业创建 60 周年航空报国突出贡献奖；2013 年 4 月荣获某型机 001 架机首飞阶段研制工作一等奖；2014 年被中华全国总工会授予全国五一劳动奖章。2010 年 3 月退休。

高季在沈飞公司一直从事国家重点型号科研生产的项目管理工作。多年来，她始终保持满腔的工作热情和积极向上的工作态度，刻苦钻研业务。特别是在组织多项重点型号研制工作中，积极探索新的管理模式，并以丰富的专业经验和敬业精神，化繁为简，负重如轻，她坚持深入现场，及时协调处理大量的型号科研工作中的各类问题，在沈飞公司重点型号的科研生产现场承上启下，发挥了重要的纽带和桥梁作用。

某型号工程建线生产是一项复杂而庞大的系统工程，投资大、时间跨度长、配套复杂，涉及面广。历经 6 年拼搏奋战，沈飞公司掌握了世界先进战斗机的关键制造技术，建成了一条三代战机生产线，实现了军机生产从二代向三代的历史性跨越。2002 年在迎接国家验收委员会对该条生产线进行验收这一重要艰巨与复杂的工作中，她负责组织完成公司生产线、档案、财务、组织培训和质量等相关验收资料的准备工作，执笔撰写了两万多字的重点工程建线工作总结，逐项逐条审查了近 8 万字的建线验收统计资料和验收检查资料，圆满完成了相关准备工作。高季为沈飞公司顺利通过国家验收委员会的建线生产验收做出了突出贡献。

在工程的建线生产中，高季利用全面掌握沈飞公司工程器材资源的优势和具有的专业管理的实际工作经验，多次组织协调解决对外索赔、对内多方筹措器材借调等问题。她出色完成了重点工程生产交付及外场保障过程中器材资源的协调调配和保障。仅在1998—2007年间，高季成功地组织完成了重点工程多个型号20余架科研新机的首飞前相关准备工作、首飞评审及首飞；组织完成了重点工程四个阶段建线生产的阶段评估和转产技术鉴定；特别是在某型飞机部分机载设备国产化工作中，组织完成了5种国产设备替代技术状态140余项机载设备的飞机改装、地面试验及科研试飞与技术鉴定工作。

在2008—2013年期间，在某型机研制生产过程中，沈飞公司作为机体制造供应商，承担了T形尾翼和发动机吊挂的制造任务，高季作为沈飞公司制造项目团队的型号副总工程师，从项目立项到型号试制及首飞的5年中，带领团队奋力拼搏，在国内首次完成10米超大双曲面复合材料垂尾壁板等部件的制造并成功实现装机使用；通过探索与应用T形尾翼的数字化制造技术，全面提升了当代飞机的制造技术与水平。在该机尾翼和吊挂的设计部门与主制造商、飞机总装与部件对合、多家承制单位的异地协同制造等诸多困难，高季积极面对，以高度的敬业精神和较高的业务水平，始终奋战在试制一线，及时协调处理各类问题；在试制关键时刻，作为研制队伍中唯一女性型号副总工程师，她昼夜坚守在试制现场，协调解决现场发生的问题，带领团队为该机

高季生活照

成功首飞做出重要贡献。该项目研制周期紧张，技术难度大，高季不负重望、不辱使命，带领团队勇敢地撑起项目研制的脊梁，胜利实现阶段性目标。

2010 年 3 月，高季正式退休，组织上考虑她工作经验丰富、身体健康，想让她带一带年轻人，继续留在工作岗位上。"忙总比闲有价值，只要我身体允许，我愿意为沈飞多做贡献！"高季如是说。

韩 冬 2014年全国五一劳动奖章获得者

韩冬（1972.11— ），辽宁朝阳人，2014年全国五一劳动奖章获得者，中航工业贵州航空发动机研究所（简称中航工业贵发所）所长助理兼副总设计师。1996年7月西北工业大学航空动力与热力工程系航空发动机专业毕业，分配到贵州航空发动机研究所（现中航工业贵发所）工作。2009年北京航空航天大学能源与动力工程学院航空工程专业在职硕士研究生毕业。历任设计员、主管设计师、室主任、主任工程师、产品设计部副部长兼党支部书记、副总设计师，现为中航工业贵发所所长助理兼副总设计师。韩冬先后荣获2007年贵航集团科学技术进步奖二等奖，2010年贵航集团科学技术进步奖一等奖，2011年集团科学技术进步奖三等奖、发动机公司总经理特别奖三等奖、集团公司个人三等奖。2014年5月被中华全国总工会授予全国五一劳动奖章；2014年6月荣获中航工业发动机公司颁发的航空报国金奖一等奖。

1996年7月，韩冬从西北工业大学毕业，分配到贵州航空发动机研究所，从此与航空发动机研究结下了不解之缘。当时的贵发所远离大城市，地处偏远的大山深处，工作环境和条件都十分艰苦，韩冬没有计较这些，而是一心一意地投入到航空发动机的研制工作中。他勤学上进，刻苦钻研，从基层做起，逐步走到了技术领导岗位。

2010年，韩冬作为型号常务副总设计师，先后主持4个型号发动机的研制工作。他带领团队顽强拼搏，攻克了一个又一个难题，其中一型发动机配装某飞机实现首飞，极大振奋了国人士气，提升了国防实力；另一型发动机配装某无人机成功实现首飞，使我国成为继美国、法国、英国等国之后，第四个具备研制尖端大型无人作战飞机的国家。

在某型发动机研制工作中，根据型号研制特点和要求，韩冬组织开展了新型长寿命钛合金的研制工作，突破了冶炼和试制关键工艺，应用于首批发动机试制，并通过零部件试验考核，既能够有效提高发动机使用寿命，又不会显著提高发动机制造成本。

韩冬主持多个型号发动机的研制工作，工作难度、强度和压力超乎常人想象。但韩冬凭借着丰富的型号研制经验、深厚的技术理论功底和良好的协调统筹能力，加班加点，奋力拼搏，保障了型号研制的顺利开展。

为保证某飞机按期实现首飞，韩冬带领团队飞赴试验现场，亲自进行故障分析并编写故障分析报告，仅用 7 天时间提出解决措施。由于连续奋战，每天仅能休息 4 个小时，身心极度疲惫，在返程仅有的 10 分钟候机时间中他竟然因沉睡而错过了登机时间。随后，他迅速组织项目团队，完成了试制和精加工、持久试验考核、发动机调试和交付出厂。紧接着，他又组织团队不分昼夜配合飞机单位完成装机地面试验，保障了某型机按计划实现首飞。

在某型发动机排故工作中，韩冬连续三天三夜奋战在试验—分析数据—继续试验—继续分析数据的工作现场，休息时间合计不超过 6 个小时。他这种日以继夜、斗志高昂的工作热情，激发了整个研制团队坚忍不拔的意志和顽强拼搏的精神，有力地促进了型号研制任务的顺利和高效完成。

在型号研制过程中，韩冬积极思考，善于提出新的工作思路，在管理上大胆创新。他组建了跨单位的型号研制项目团队，在团队中实现垂直指挥和协调，减少了管理层级和原有管理体制的阻碍，大大提高了跨单位协调效率。他按照系统工程方法统筹型号研制工作安排，大量应用并行工程方法，在设计发图、工艺性审查、工艺规程编制、材料订货、零部件制造等各个环节分析统筹，减少串行环节，压缩流程中的等待时间，使各研制单位形成统一的有机整体，协同运作，极大地缩短了型号研制周期；高效利用产品数据管理系统（PDM），大胆推进 EBOM 数据集发放，保证了产品制造唯一数据源，增强了产品设计过程的可追溯性和系统架构的全面掌控与协调；梳理数据发放流程，在减少冗余环节和保证过程技术管控的基础上，把设计流程和资料发放环节统一整合，细化并优化了设计流程，极大地提高了设计流程效率。

韩冬工作照

李东杰 2014 年全国五一劳动奖章获得者

李东杰（1967.12— ）湖南武冈人，2014 年全国五一劳动奖章获得者，中航工业航空动力机械研究所（简称中航工业动研所）副总设计师，微小型发动机首席技术专家。1985 年考入南京航空学院发动机设计专业，毕业后分配到航空航天工业部第 608 研究所（现中航工业动研所）工作。历任设计师、主任设计师、型号副总设计师、型号总设计师，1998 年破格晋升高级工程师，2005 年晋升研究员，后任中航工业动研所副总设计师。20 多年来，李东杰一直工作在我国航空发动机型号研制第一线，参加和主持了 10 余个航空发动机型号和地面燃气轮机型号的研制工作，取得了显著成绩。李东杰先后荣获航空报国突出贡献奖、中航工业鲲鹏奖优秀个人奖一等奖，荣获国防科工局科学技术进步奖二等奖 2 项，省部级科学技术进步奖一等奖 2 项、二等奖 3 项、三等奖 1 项，荣立省部级一等功 1 次、二等功 2 次、三等功 1 次，荣获"湖南省劳动模范""中央企业先进工作者"等称号。2014 年被中华全国总工会授予全国五一劳动奖章。

李东杰 1989 年从南京航空学院毕业到航空航天工业部第 608 研究所工作。20 多年来，一直工作在我国航空发动机、辅助动力装置和燃气轮机型号研制最前沿。他全身心投入工作，统筹安排，科学调度，精心组织，任劳任怨，为顺利推进型号研制工作倾注了大量心血。

李东杰先后参加和主持了多型航空发动机、辅助动力装置和地面燃气轮机的研制工作。作为型号总设计师，他主持研制装备辅机电站用的燃气轮机，在国内首次采用驱动变量泵的工作方式，解决了低温起动、调试等技术难题，为燃气轮机驱动该类负载探索出一条新思路。

在担任一种发电用小型燃气轮机副总设计师时，李东杰采用了双油路起动转单油路转速控制方案，解决了研究中燃气轮机转速波动大、起动困难等关键技术问题。在国内还没有相关技术规范的情况下，李东杰研究制定了这种发电用小型燃气轮机长期试车大纲并顺利完成试验。该项目以优秀的成绩通过验收，为该型号燃气轮机研制夯实了基础。

李东杰担任某燃气涡轮起动机的型号总设计师，主持设计、加工、试验，完成了与发动机的地面联试、试飞等重大任务。这种先进、微型、高转速的燃气涡轮起动机是国内首次依据国家军用标准研制的，达到国际先进水平。通过型号研制，动研所形成了研制起动机的设计体系，基本掌握了起动机总体性能、总体结构、部件性能及结构强度等设计技术，为研制其他燃气涡轮起动机打下良好的基础，并在功率增大型燃气涡轮起动机研制中实现了再创新。该型起动机已设计定型并交付使用。

李东杰在实际工作中始终秉持脚踏实地、严谨细致的科学态度。他关注细节、专注过程，注重认真总结和全面梳理，对研制工作中存在的问题一个也不放过，确保技术问题归零。在某飞机首台国产产品上台试验时，李东杰带领参研人员认真分析试验数据，不放过细微之处，检查发现了试制中的漏加工问题，并采取有效措施加以解决，避免了试验中出现重大问题，为实现产品达标夯实了基础。李东杰提前半年开始规划首飞前规定进行的各项试验，仔细研究有关要求，合理制订试验方案。

李东杰承担了一项重点型号辅助动力装置研制任务。这种大功率多功能辅助动力装置的研制属于国内首次，被认为某飞机研制难度最大的机载产品。面对研制任务重、进度紧、压力大等重重困难，辅助动力装置型号总设计师李东杰带领研制团队攻克了许多技术难题。万事开头难，型号研制工作中优异的技术方案是成功的基础。为了制订辅助动力装置研制技术方案，李东杰认真分析主机所提出的技术要求，积极收集和分析大量技术资料，紧密跟踪辅助动力装置技术发展情况，研究分析的技术资料摞起来一尺多厚。经过多种技术方案的扎实对比论证工作，完成了辅助动力装置方案设计。

李东杰工作照

按照研制进度的安排，这种机载产品工程设计必须在短短数月内完成，这在以前的型号研制中是绝无仅有的，难度可想而知。面对困难，李东杰和广大参研人员没有退缩，而是变压力为动力。他天天坐镇设计现场，和大家一起加班加点，及时了解情况，安排处理各种问题；他切实加强计划管理，将每份图样的节点都落实到天；他多次强调设计细节的重要性，避免由于工作失误而带来的设计反复。在李东杰的带领下，参研人员大力协同、奋力拼搏，优质、高效、准点完成了工程设计。在加工试制中，李东杰同主承制单位一起，科学制定了厂所协调管理办法，提高了工作效率，提前完成了试制工作。

由于型号研制任务繁重，加班加点是李东杰的生活常态。在 2011 年底，辅助动力装置研制遇到较大困难，在高空台试验中，一些空中试验点性能不满足指标要求，而恰在这个时候，他的老毛病胃病又犯了，但为了整个项目的研制节点，李东杰没有休息一天。功夫不负有心人，经过 3 个月的攻关排故，终于定位了原因，找到了措施，解决了问题，保证了进度。

李东杰在完成繁重型号任务的同时，致力于航空发动机专业建设方面的工作。他针对飞机辅助动力装置的技术特点，提出了辅助动力装置特有技术的发展与研究计划，为微小型发动机和辅助动力装置的研制打下坚实的技术基础。

李建华 2014 年全国五一劳动奖章获得者

李建华（1963.11—　　），湖南平江人，2014 年全国五一劳动奖章获得者，中航工业航空动力机械研究所（简称中航工业动研所）副总设计师，中航工业总体结构设计技术首席技术专家，享受国务院政府特殊津贴专家。1984 年毕业于南京航空学院航空发动机专业，同年进入航空工业部第 608 研究所（现中航工业动研所）工作。2001—2008 年在南京航空航天大学航空宇航推进理论与工程专业学习，获得博士学位。李建华历任设计师、主任设计师、型号副总设计师、型号总设计师，现任中航工业动研所副总设计师，并任某重点型号发动机常务副总设计师。他先后荣获中航工业突出贡献中青年专家、劳动模范、航空报国金奖、总经理特别奖、优秀共产党员和中央企业劳动模范等荣誉 12 次，荣立中国航空工业集团公司个人一等功 4 次，二、三等功各 1 次，荣获国防科学技术进步奖一、二等奖各 1 项，中国航空工业集团公司及国防科学技术进步奖一等奖 4 项、二等奖 3 项。2008 年获株洲市第一批"科技领军人才"称号；2014 年获国家科学技术进步奖一等奖，同年被中华全国总工会授予全国五一劳动奖章，并被湖南省总工会授予"湖南省劳动模范"称号。

　　李建华大学毕业分配到航空工业部第 608 研究所后，一直工作在航空发动机型号研制一线，主持完成多个发动机型号的研制，为我国航空事业发展做出了重要贡献。

　　作为我国第一型自主研发、具有自主知识产权的某先进涡轴发动机的常务副总设计师，李建华主持该发动机总体结构、系统和成附件研制工作，主持完成发动机定型技术状态确定，组织完成发动机持久试车和寿命考核试车等重大设计定型试验，负责发动机试飞的技术支持工作，组织排除了研制中出现的压气机和涡轮叶片断裂等重大故障，主持完成发动机定型资料编制。该机于 2010 年完成设计定型，得到了上级机关和用户的肯定，已批量生产和交付部队安全使用。该发动机的成功研制，完成了航空发动机研制方式从跟踪研制向自主研发的根本转变，粉碎了西方对先进涡轴发动机技术及产品的严密封锁，扭转了核心能力受制于人的局面，实现了涡轴发动机技术水平从第一代到第三代的巨大跨越，标志着我国已成为世界上具有独立研发有完全自主知识产权的先进航空发动机能力的少数几个国家之一，为我国下一代航空动力技术的自主创新，为军民用直升机产业的飞速发展开辟了科学发展之路。该发动机列装对某武装直升机快速形成战斗力起到了决定性作用，显著提高了我军的作战能力，满足了我国军事斗争准备的急需。该项目分别获国家科学技术进步奖和国防科学技术进步奖一等奖。

某燃气涡轮起动机是国内最先进的燃气涡轮起动机，配装于两型主力战机。作为该型号的总设计师，李建华主持完成了燃气涡轮起动机工程设计，燃气涡轮起动机通用规范和该型号技术规范的制定，零部件、整机试验方法和考核试验，燃气涡轮起动机与主机的地面联试、高空台联试、飞行联试，燃气涡轮起动机研制中故障排除，设计定型等型号研制全过程工作。某燃气涡轮起动机的研制，突破了设计、工艺、试验方面的许多关键技术，形成了自主研制燃气涡轮起动机的设计体系。某燃气涡轮起动机填补了我国自主研制燃气涡轮起动机产品的空白，达到了国际同类现役先进燃气涡轮起动机的技术水平，使我国在先进燃气涡轮起动机领域跨上一个台阶。该项目获国防科学技术进步奖二等奖。其发展型起动机研制获湖南省国防科学技术进步奖一等奖。

作为某型飞机进口燃气涡轮起动机大修项目总设计师，李建华主持完成了从方案论证、工程设计、零部件考核试验、整机长试考核和部级验收等全过程的工作。在技术难度大、资料缺乏、材料采购困难的条件下，他仅用 3 年多的时间，带领广大科研人员完全按研制总要求规定的质量和进度，完成了该项目研制任务，解决了部队对该型号燃气涡轮起动机大修备件的急需，摆脱了该型号燃气涡轮起动机大修受制于人的局面，为军队武器装备研制做出了重要贡献。该项目获集团公司科学技术进步奖二等奖。

李建华工作照

　　作为坦克辅助动力预研项目总设计师，李建华充分利用某型号燃气涡轮起动机技术，将其改型为坦克辅助动力。主持完成了工程设计、原理样机试验，突破了改型过程中转速波动大等关键技术，主持完成了验证机性能试验、长试考核和验收文件的编制。该项目顺利通过了总装备部陆装科订部组织的验收，预研工作圆满完成。

　　在我国第一型取得中国民航总局型号合格证的涡桨发动机研制过程中，李建华作为主要参研人员，参加了从方案论证至适航取证等全过程的研制工作，主要负责发动机的总体结构设计，排除了试验过程中发动机振动大、漏油和发动机与飞机首次调试中出现的停车故障。该项目获集团公司科学技术进步奖一等奖。

　　为保质保量完成研制工作，李建华一方面严格做好技术状态管理，注重过程动态跟踪，积极推进"细、严、实"的管理办法，在"效率、效益、效果"上下功夫；另一方面，他深入试制、试验、试飞第一线，及时准确地掌握第一手资料，与科研技术人员一起协同攻关，这为在型号研制过程中遇到的各种问题做出及时果断决策、迅速妥善解决问题奠定了良好基础，较好地保证了项目的研制进度。

李志强 2014年全国五一劳动奖章获得者

李志强（1964.6—　），吉林通化人，2014年全国五一劳动奖章获得者，中航工业沈阳黎明航空发动机（集团）有限责任公司（简称中航工业黎明）航发集团装配厂总装班班长，中航工业首席技能专家，享受国务院政府特殊津贴高级技能人才。1983年10月起在黎明公司装配厂总装工段工作。李志强凭借着过硬的装配技能和执着的航空报国激情，在发动机总装岗位带领"李志强班"为完成公司任务和国家重点型号任务做出了突出贡献。先后被评为黎明公司三届劳动模范，2006年被沈阳市人民政府评为沈阳市劳动模范，2009年被辽宁省总工会评为辽宁省优秀班组长。

2011年荣获中航工业集团公司航空报国突出贡献奖，2011年被辽宁省总工会授予辽宁省五一劳动奖章，2012年被辽宁省人民政府评为辽宁省劳动模范。2014年4月李志强被中华全国总工会授予全国五一劳动奖章；同日，被中共中央宣传部、中华全国总工会授予"全国最美职工"称号。

　　"李志强班"是全国工人先锋号，公司的金牌班组。作为这个班组劳模班长，李志强凭借着过硬的装配技能和执着的航空报国激情，在"太行"发动机排故工作及国家某重点型号工程装配的任务中做出了贡献。

　　李志强解决了发动机试车过程中漏油这一困扰公司发动机总装批产的"顽疾"。为摸清某型发动机漏油的关键点，李志强根据多年的装配经验，对发动机全部管路的可能漏油点进行全面排查，最终对漏油频率较高的几十个点进行了重点剖析，从管路结构和装配手法标准化方面入手，消除质量隐患，使故障顺利排除，从而将发动机零漏油率比排故前提高了30%以上，仅此一项为公司节约试车费用近千万元。

　　李志强为攻克发动机停车后低涡漏油故障，提高发动机交付质量，他与工艺人员一道，对故障进行多方分析，最终找到了故障的原因，通过改变后腔回油管管形，使滑油倒流故障得以解决。2013年，通过改进排故方法，节约试车成本100余万元。

　　李志强解决了某型号发动机外场多起零寿命总燃油管接头漏油故障。针对外场反馈，发动机总燃油管接头漏油故障，李志强组织人员从装配过程、试车过程、零件加工质量等方面进行分析，最终确定：密封铜垫硬度过大，零件加工时缺少倒角且加工表面粗糙度较大等是造成该故障的原因。这一故障得以彻底解决。

李志强还解决了某型发动机弹性片装配耗时耗力和划伤问题。发动机弹性片安装一直采用大螺丝刀拧紧固定螺栓。李志强积极构思，大胆尝试，自行研制设计了螺栓固定旋转器，使用效果良好，节省装配时间 92%，并且杜绝了划伤弹性片的恶性质量问题，为公司避免了上百万元的废品损失，该工装已申请专利。

在"太行"发动机总装配过程中，高、低压反馈系统的安装与调试对操作技能要求高，调试难度大，员工调试方法五花八门，调试结果也因人而异，影响装配质量的稳定。为解决这一问题，李志强对高、低压反馈系统的安装与调试经验进行了归纳总结，形成了一套具体的调整步骤与技法，在班组推广。该调整法被命名为"李志强调整法"。

面对各项生产任务严重撞车的矛盾，李志强从改进管理模式和改善生产方式上下功夫，合理调配操作人员，提高装配质量；推广标准作业时间，提高装配效率；通过传帮带培养装配"多面手"，使公司某型发动机总装效率大幅提高，创造了发动机装配交付的新纪录。

在李志强的带领下，全班同志高度团结，无私奉献。据不完全统计，2013 年"李志强班"作为公司完成任务的最后防线，以高昂的斗志和无私的奉献精神，主动协调上下工序解决问题，及时制定质量预防措施，提供 24 小时全天候试车装配服务，全年共排除各类技术故障近 900 次，加班奉献达 4600 多人次，为完成全年重点型号任务做出了重要贡献，被发动机装配厂授予"装配铁军"荣誉称号。

李志强工作照

2012 年李志强胃黏膜脱落出血，医生要求其休息，但他依然带病加班加点工作。为了抢时间，某型科研机正常需要 12 天才能完成总装任务，他带领全班同志 24 小时连续奋战，通过科学组织合理安排，只用了 3 天的时间就出色地完成了任务。在某重点型号工程的关键时刻，总装过程中发生了多起漏油故障，各级领导心急如焚。为了消除故障，李志强每天都盯在试车台架上排故，圆满地解决了各项技术难题。在排除漏油的攻关中，李志强不但帮助本班组积极查找问题原因，还主动参与配套生产厂的协同攻关。他提出将容易漏油的导管进行组合打压试验后再装配的办法，为降低漏油率，减少工人的排故次数，提高试车的合格率，起到了积极的作用。

2013 年某型发动机在外场飞行时出现重大质量问题，黎明公司成立排故攻关小组，李志强带领班组的骨干积极投入到故障分析及试验装配中，平均每天工作 12 小时以上，认真检查每一个零件，在故障机装配的关键时刻甚至连续 36 小时工作在装配现场，饿了啃一口馒头，困了用凉水冲冲头，胃病犯了嚼两片药，在短短的 22 天内就完成了 9 次分解、10 次装配的奇迹。积极配合技术人员在最短的时间内找出故障点，为该型发动机及时排故实现正常生产做出了贡献，李志强本人也受到中航工业领导的高度评价。

林海涛　2014 年全国五一劳动奖章获得者

林海涛（1962.1— ），吉林榆树人，2014 年全国五一劳动奖章获得者，中航工业哈尔滨飞机工业（集团）有限责任公司（简称中航工业哈飞）副总工程师，研究员级高级工程师。1984 年毕业于沈阳航空工业学院，分配到国营伟建机器厂（现中航工业哈飞）。历任工装设计员、工艺员、副组长、组长、副科长、副总工艺师、总工艺师、工程技术部部长和党总支书记、总工程师助理，现任中航工业哈飞副总工程师。他先后参加了 10 余个型号飞机的研制和批生产技术工作，曾多次受到上级机关的表彰和奖励。在运 12Ⅳ飞机研制及取证工作中荣立中国航空工业总公司二等功；在直 9 舰载直升机研制中荣立二等功；在直 11 直升机研制中获部级科学技术进步奖一等奖；在 EC120 直升机研制及工业化生产建设中荣获省级、部级科学技术进步奖 3 项；在"长鹰"无人机研制中荣立中航二集团三等功；在动力三角翼飞行器研制中荣获省级科学技术进步奖一、二等奖各 1 项；在主管技术改造工作中获得中航工业数字化生产线科学技术进步奖一等奖，被评为国家国防科技工业局先进个人；在大型运输机研制中荣获中航工业总经理特别奖 1 次、航空报国金奖 3 次。2014 年被中华全国总工会授予全国五一劳动奖章。

1984 年，林海涛从沈阳航空工业学院毕业来到国营伟建机器厂，一直从事飞机制造技术工作。从样板、成形模设计开始，半年后开始设计装配夹具，一年后承担起装配型架的设计工作。1986 年主管运 12 系列飞机装配工艺指导，1991 年任装配工艺组组长，1992 年任副科长，1997 年任副总工艺师。期间，逐步从参与型号过渡到主持型号工艺技术工作，10 多年里，他参加了哈飞的中长期发展规划、重大专项建设论证和实施工作以及多个重点型号研制保障条件建设和扩大批生产能力建设工作。随着岗位的变化，他肩负的岗位职责也在不断增加。他不断拓宽视野和知识面，更加注重学习积累，并且利用空闲时间涉猎飞机制造各专业的技术，加大自己的现场学习机会，默默地实践着一名技术管理者的人生追求。

2000 年，在某重点型号尾梁研制的工艺首件试制时出现了重大技术难题：复合材料零件成形时变形，中减速器平台、尾减速器平台装配精度难以保证，与尾部对接框基准偏离。这一技术关键不解决，直接影响研制01架机尾部结构交付。时任副总工艺师的林海涛临危受命，勇挑重担，全面负责起首架机研制工艺技术工作。他带领技术团队复查零件制造方案并进行容差分析，制定控制复合材料类零件热变形技术措施，优化装配、协调方案，并亲自组织实施和跟踪检查。在全复合材料尾部结构装配的关键时期，他连续7天7夜奋战在工作现场。在他的组织带领下，团队齐心奋战，解决了平台装配精度、平台与X8900框偏离的重大技术关键，使研制工作取得阶段性进展，按节点完成了满足设计要求的全复合材料尾部结构试制任务。

2002年，哈飞公司与兄弟单位共同研制无人机，7米长的机翼为全复合材料结构，在以往的设计和制造中都没有成熟的经验可以借鉴，制造难度大，技术风险高。为得出准确的工艺可行性结论并向北京航空航天大学设计部门提供相关设计数据，作为副总工艺师的林海涛主持制造方案论证和工艺试验。要突破梁、肋下蒙皮共固化的技术关键，还要摸索出控制展向、弦向扭曲变形方法，既要保证梁的厚度，又要控制预浸料成形后的孔隙率，技术难度相当大。经过与团队人员40多天的连续奋战，整体共固化复合材料机翼盒段终于研制成功，各项指标检测合格，顺利地进入机翼装配。他所组织攻克的机翼整体盒段共固化成形技术，为类似结构部件的研制奠定了技术基础，积累了实际经验，使哈飞公司复合材料应用范围不断扩大，并已在几个型号上推广应用，该项成果被评为国防工业科学技术进步奖二等奖。

2007年，林海涛被任命为哈飞公司副总工程师，主管国家某重点型号的研制。多年里，他全身心投入型号研制工作中，及时指导和解决各类技术难题，按节点高质量

林海涛生活照

完成了哈飞公司承制部件的研制和交付任务。从 1992 年运 12Ⅳ飞机研制开始，至 2014 年大飞机研制，林海涛作为 10 几个型号研制的主要参与者，凭着多年的经验和扎实的专业技术功底，创新思路、积极钻研，解决了许多关键技术问题。主持攻克了几十项关键技术，其中多项技术达到国际先进水平，填补了国内空白。他还先后主持、组织高新工程和重点型号的研制工作，满足了国家的急需，促进了哈飞公司制造技术的提升。

针对大型运输机产品特点，林海涛组织技术人员重点完成了复合材料整体壁板共固化技术研究、尾段装配技术、大型口框类零件成形技术等工艺技术攻关 15 项；组织开展基于 MBD 技术的异地协同工作模式研究，搭建了以金航网为网络载体、以 Windchill 协同平台为工具的异地协同工作环境，实现了与主承研单位产品构型、材料、工装、工艺、质量等数据的协同与集中管理，也实现了 MBD 技术在中航工业哈飞科研型号上的首次应用，有力地推进了中航工业哈飞的信息化建设。

2010 年 3 月，林海涛主持大型客机平尾外伸盒段研制，从技术方案评审、工艺试验到最后试制，他一直亲临一线。为了将技术风险降到最低，他主张采用过期料进行试模和工艺原理性试验。在平尾外伸盒段最后阶段，他一直在生产现场，直至将外伸盒段从热压罐加工出来，并经过检查合格。复合材料外伸盒段的研制和交付，突破了当今世界最先进的复合材料自动铺带、数控加工和大尺寸多梁多腔带上下壁板结构整体共固化技术关键，为国产大飞机早日飞上蓝天做出了贡献。

潘太杰 2014年全国五一劳动奖章获得者

潘太杰（1971.12— ），重庆北碚人，中航工业成飞民用飞机有限责任公司副总工程师。1996年7月毕业于南昌航空大学材料工程专业，任成都飞机工业公司（现中航工业成飞）工艺员；2003年4月任成都飞机工业集团（现中航工业成飞）锻铸分公司经理助理；2005年3月任锻铸公司副经理；2006年3月—2007年3月在英国伯明翰大学留学（访问学者）；2007年5月任成飞公司民机项目部副部长；2007年11月任中国一航成飞民用飞机有限责任公司生产中心部部长；2011年10月后任中航工业成飞民用飞机有限责任公司副总工程师。潘太杰曾多次被评为成飞公司先进个人，2006年某型号唇口反重力铸造国产化研究课题荣获中航一集团科学技术进步奖二等奖；2013年荣获中航工业某重点型号二等奖。2014年被中华全国总工会授予全国五一劳动奖章。

潘太杰作为某重点军用飞机型号副总工程师、项目经理，坚持以"航空报国"为己任，率先垂范、身先士卒，常年累月坚守在异地试制现场，组织开展型号研制工作，及时处理和解决试制计划、技术、生产和厂际协调问题。

面对型号异常艰巨的研制任务，潘太杰勇挑重担、科学管理，坚持用严密的项目管理计划推进型号试制工作；在全新的飞机制造技术面前，他善于理思路、想办法，敢于"解剖麻雀"，用熟悉的制造技术化解复杂的技术难题；在试制现场诸多因素影响型号节点的情况下，他敢于和时间赛跑，用"并行工作"方法有效地解决了研制周期紧张的矛盾。在他的带领下，数十项工作通过方案优化得到创造性开展，仅导管取样就缩短了近1个月的研制周期，极大地推进了全线研制计划。

潘太杰注重产品质量，从不放过影响产品质量安全的任何一个细节，实物质量得到了型号全线的高度认可；在型号飞机地面试验过程中，他带领团队密切配合，快速处理和解决飞机故障，为该重点型号首飞成功做出了突出贡献。

邵志永　2014 年全国五一劳动奖章获得者

邵志永（1986.9—　），河南商丘人，2014 年全国五一劳动奖章获得者，中航工业空空导弹研究院（简称中航工业导弹院）调试工。2006 年 7 月毕业于成都航空职业技术学院电子工程系，同年 8 月就职于中国空空导弹研究院（现中航工业导弹院）红外产品总装厂，从事导弹电气装配调试工作。2008 年被洛阳市总工会授予"洛阳市技术能手"称号；2013 年在中航工业第三届职业技能竞赛中荣获航空电器调试工第一名，被中国航空工业集团公司授予"中航工业技术能手"和"中航工业青年岗位能手"称号。2014 年被共青团中央授予"全国青年岗位能手"称号，同年被中华全国总工会授予全国五一劳动奖章。

邵志永自 2006 年到中国空空导弹研究院工作，先后在红外产品总装厂多个岗位、班组从事导弹装配和调试工作，经过不懈的努力，他熟练掌握了导弹产品的机械装调、精密机械装调、光学装调、电气装配调试等技术，具备了较强的相关岗位技术知识，是导弹院某红外重点型号引战部件关键工序的指定操作师，承担着导弹院内关于导弹电气装配调试工种岗位培训的辅导工作。

邵志永在生产实践中细心钻研，勤学苦练，掌握了精密装配的光学调试和黏结的多项技能。在某红外重点型号装配中，他勇挑重担，承担了关键工序——某光学系统的黏结和调试工作。通过大胆尝试，不断革新，钻研出了"某探测器与组件的分离技术"和"底座与某光学组件的分离技术"，在精密光学黏结工作中，创下了批生产以来零废品率的纪录，为产品的稳定批产提供了可行性依据。成为某红外重点型号引战部件关键工序的指定操作师。

在工作过程中，邵志永编制了各种测试过程的质量记录本，为技术人员判别故障和排查机理做出了最基础的原始记录，使批产产品具有质量可追溯性；他还对班组承担的关键工序编制了"单项作业指导书"，详细将波形图和基本操作故障进行了说明，使新员工在学习新技术上更加专业。

在某红外重点型号光学系统的黏结和调试工作中，由于批产新设备和研保设备测试的测试方法、工装夹具存在差异，造成了产品关键黏结环节必须经过验证对比才能最终得到论证,邵志永通过大量的工艺件装调测试,改进了新设备的装调工装,加强了定位机理,使产品装配的一致性得到有力保障,同时也验证了新研设备在重复性和一致性上非常稳定,并且性能和测试范围明显优于研保设备;在黏结试验件的过程中,他细心发现半透半反光学抛物镜在装调中存在光学折射偏差的问题,在对现场配套件和生产库房内的零件全部做出预调整试验后,他大胆提出光学件本身存在与设计状态不稳定的差异,为后期该种光学器件在加工精度上提出了新的要求。

随着航空事业的快速发展,产品的生产逐渐由单一品种批产扩展为多型产品科研、试制、批产同步进行。邵志永不断扩展知识范围,加强技能学习,拓展工作思路,大力进行小革新小改造。他立足岗位,积极创新测试方法和工装夹具,为快速、高效完成任务打下了坚实基础。他设计制作的"某型轴承甩油装置",解决了进口设备因老化而不能满足使用要求的难题;设计制作的"某型舵轴零位便携调整仪",大大提高了某型电位器零位调整的精度和效率;设计制作的"测试转接盒",极大地提高了某重点型号某舱段的测试效率,赢得了设计人员的认可;某型产品测试过程中多次插拔电缆易造成电气连接器插针折断报废的故障,他设计制作了"电气接口保护装置",解决了"玻璃烧结工艺连接器"在多次对接时损伤的技术难题。

在几年的工作经历中,邵志永积极参加导弹院和洛阳市举办的各种创新项目的比赛,努力提高自己的能力和水平,获得多项奖励。他以精湛的技术为提高军品生产效率,保证军品生产质量做出了贡献。

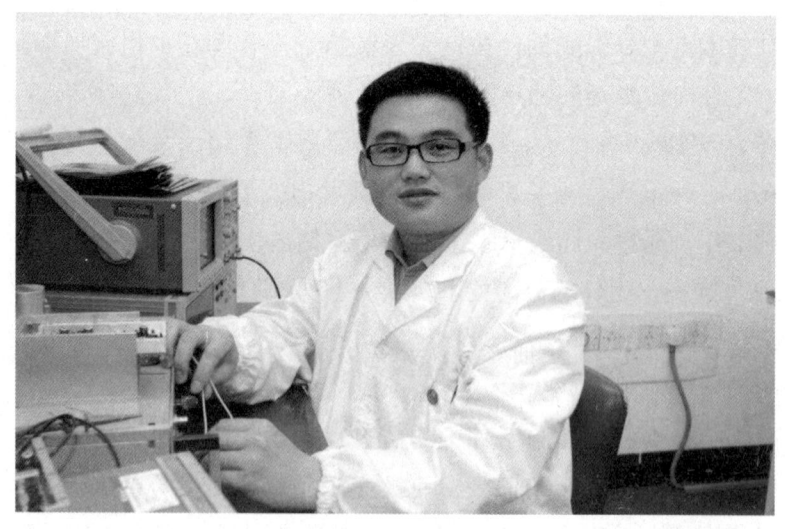

邵志永工作照

史新芳　2014 年全国五一劳动奖章获得者

史新芳（1977.11—　），河南焦作人，2014 年全国五一劳动奖章获得者，中航工业新乡航空工业（集团）有限公司（简称中航工业新航）平原民机机载设备研究所副所长，高级工程师。2000 年 7 月毕业于河南理工大学机械设计及制造专业。2000 年 7 月—2004 年 1 月任河南中轴集团研发中心设计员，2004 年 1 月应聘到国营平原机械厂（现中航工业新航）研发中心任设计员，2013 年 2 月任研发中心副主任，2014 年 2 月后任中航工业新航平原民机机载设备研究所副所长。2011 年 3 月荣立某型飞机设计定型个人三等功，2011 年 12 月荣立某型发动机设计定型个人三等功，2012 年 9 月荣获河南省总工会授予的五一劳动奖章，2013 年 9 月荣获中航工业新航科技创新优秀贡献奖，2014 年被中华全国总工会授予全国五一劳动奖章。

2004 年史新芳应聘来到国营平原机械厂，从事国家重点型号产品的研制工作。她默默无闻地从一名最基础的设计员做起，直到担任设计室主任、研发中心副主任，再到担任民机机载设备研究所副所长、新航集团民机型号总师。她潜心钻研，勇于创新，为新航军品科技和民机产业的快速发展做出了贡献。

2004 年，史新芳刚刚到国营平原机械厂的时候，技术研发人员大量缺失，企业设备老化，试验技术落后，甚至连一台像样的电脑都没有。没有先进的工具作支撑，史新芳就靠她在大学打下的扎实功底，靠手工绘图来设计产品。那时候，能用到三维绘图软件成了她工作中的奢望。任何一项产品从测绘到设计出图，再到仿制、试验，都倾注了她大量的心血。而她也从中学到了坚强，尝到了乐趣，更感到身上的责任与担当。

史新芳作为参与"神舟"系列飞船研制工作的一员，主要承担着"神舟"系列飞船、目标飞行器的各种流量计、阀类产品的研制工作，尤其是"神舟"舱外服配套产品水流量计某型的设计研制，使她最大程度地发挥了自己的潜能。该产品装在航天员出舱用宇航服内，用于监控舱外服内纯水流量，为航天员判断水流量提供了重要依据，协助航天员完成了太空行走。她还成功地研制了"神舟"飞船用着陆通风阀某型产品和目标飞行器用有害气体通风阀某型产品等。某型产品装在返回舱内，用于在海上溅落时，关闭阀门，防止海水倒灌；在陆地上着陆时，阀门自动打开，保证通风系统正常工作。这些产品的研制难度大，科技含量高，倾注了她大量的精力。她夜以继日地忘我工作，终于为国家和人民交出了一份满意的答卷。当她看到航天员穿着舱外服拿着五星红旗在太空飞舞的瞬间，真正体会到了自己肩上的重任，同时也为国家和民族的振兴能贡献一份力量而感到自豪。中航工业和河南省国防科工局先后多次为她记功授奖。

2011年，她作为第三完成人参加发明的"高精度弹跳式电指示压力报警装置"获得河南省国防科学技术进步奖一等奖，并取得国家发明专利；同年，作为第二完成人参加的"大行程闸板式制动电磁阀技术研究及应用"获得河南省国防科学技术进步奖二等奖。

史新芳作为一名女同志，克服家庭诸多困难，凭借饱满的工作热情，扎实的工作作风和优异的工作成绩，赢得了领导和同事们的称赞。2014年被中华全国总工会授予全国五一劳动奖章。

王　红　2014 年全国五一劳动奖章获得者

王红（1969.11—　　），北京人，2014 年全国五一劳动奖章获得者，中国南方航空工业（集团）有限公司（简称中航工业南方）物理冶金分析技术一级专家，高级工程师。1990年北京航空航天大学专科毕业，1996 年西北工业大学机械工程本科毕业。1990 年在航空工业部南方动力机械公司（现中航工业南方）工程技术部理化处金相室任技术员；2010 年起在理化处综合技术室，负责理化处技术工作、实验室 NADCA-P① 认证工作，并负责国家实验室技术能力建设、航空金属材料及构件物理冶金分析和失效分析。王红多次被评为南方公司先进，2006 年荣获"中国航空工业第二集团公司'巾帼建功标兵'"称号；2009 年荣立中航工业某工程三等功；2010 年荣获株洲市自主创新、突出贡献优秀女性奖；2011 年被评为株洲市劳动模范；2011 年荣立中航工业某型号设计定型个人三等功；2014 年被中华全国总工会授予全国五一劳动奖章。

王红 1990 年从北京航空航天大学毕业来到航空工业部南方动力机械公司，一直在理化处金相室从事冶金分析工作。多年来，她在工作中不断学习，努力钻研，不断积累，一步步成长，一步步走上物理冶金分析技术一级专家的岗位。

王红和同事的工作主要是负责飞机发动机零件从原材料进厂复验到最终返厂发动机零件性能检测。王红从最基础的流程做起，磨制试样、制备断口，有时候为了找到一个典型的疲劳特征，需要对断口反复清洗、反复观察，放大倍数从几倍到上千倍。每天连续在扫描电镜前盯着显示屏看 10 几个小时，一次次出色地完成纷繁复杂的故障分析工作。

王红的工作场地主要有两处，一是金相分析室，二是试样加工生产现场。为了准确判别零件材质失效的真正原因，王红经常穿梭在各生产加工现场，在火热的高温炉前、在喧嚣的机床中间，观察炉温变化与零件的跳动，虚心向工人师傅请教，逐一分析零件失效的规律。王红逐渐在同龄技术员中脱颖而出，用精心检测分析观察得出的

---

① NADCAP 是国家航空航天和国防合同方授信项目。是国际通用的针对航空航天工业的特殊产品和工艺的认证。

技术结论，为公司挽回经济损失，为飞机的安全飞行提供可靠保障。王红也经常被客户请到飞行现场参与零件物理性质技术分析。

理化检测数据的准确性是发动机零部件冶金质量的保障。为了确保试验数据的准确性和及时性，王红不断研究理化检测技术，并与国际知名实验室交流学习，带领理化处技术员编制了 200 余份试验过程操作指导书，优化关重件理化性能试样加工工艺，减少试样准备的不足，促使理化处各个专业室的检测流程更加合理，有效利用先进的检测设备代替手工方法，最大限度地避免人为因素对试验结果的影响，提高工作效率 10%。2013 年，王红主持完成近 70 份发动机故障分析报告，主持完成 60 份新机解剖分析报告。凭借她的丰富的理论和实践经验，及时找到了一批钛合金锻件性能和组织异常的原因并及时指导车间纠正，保证了这批锻件的合格交付，为公司避免直接经济损失约 30 万元。她组织理化处检测室通过国产耗材替代进口耗材的措施，全年降低成本 20 万元左右。通过试样加工工艺的优化，避免了 10 多个批次关重件的材料或毛坯性能不合格的经济损失近 100 万元。

2007 年，王红被公司任命负责申报国家检测实验室和国际 NADCAP 材料实验室认证的工作。由此，她除了技术工作外，还要承担技术管理工作。任务量增加了，工作性质有变化了，责任也更重了，她积极面对，查阅大量关于国家检测实验室认可和国际 NADCAP 材料实验室认证中英文资料，很快就掌握了建立国家检测实验室的框架，在 2009 年顺利考取了国家检测实验室内审员资格证。在实验室技术管理和实验室认可工作中，王红积极组织理化处全体员工进行实验室认可申请工作，并于 2011 年 3 月获得国家检测实验室认可资格证；组织完成了普·惠公司 MCS① 材料供应商的试验比对和现场审核，于 2011 年 5 月 28 日获得普·惠加拿大 MCS 材料供应商资格证书。2014 年 1 月顺利通过国家检测实验室 CNAS/DLIAC② 认可复评审。

王红还参与由中航工业综合所、中航工业航材院承办的 HB 7477 和 HB 7478 两个行业标准修订换版工作。作为中航工业检测及焊接人员资格认证物理冶金监委会委员，王红负责承担中国航空工业集团公司检测及焊接人员资格认证管理中心《物理冶金检测技术》教材中"钢的组织与检测"的编制。她独立完成了理化处管理体系 34 份程序文件的编制，主持完成了近 200 份理化检测操作指导书。

王红配合公司完成与 NADCAP 复审的理化相关检测技术和管理工作；积极组织每年等离子喷涂 NADCAP 审核的工作；组织开办物理冶金一级资格取证班；参与公司技师和技能专家的评审工作。

---

① MCS 是普·惠公司关于材料供应商的检测认可体系。
② CNAS 是中国合格评定国家认可委员会，DLIAC 是国防在上述基础上增加的保密要求。

王红（中）工作照

学习是王红不变的主题。她先后获得失效分析师证、物理冶金Ⅲ级资格证、国家检测实验室内审员资格证、测量不确定度与能力验证培训合格证书、公司内训师证。参加在普·惠加拿大公司总部进行的 MCS 供应商材料实验室的培训，并获得认可。经公司推荐和本人的努力，顺利通过中国合格评定国家认可委组织的两轮考试，2013 年获得了国家/国防实验室评审员资格，在多次参加国防系统的实验室审核任务过程中不断完善自身，并吸取外部实验室更优的管理和技术经验，用于提升公司理化检测技术。

由王红撰写的《某航空发动机离心叶轮锻造毛坯冶金分析》刊登在国家核心期刊《航空制造技术》上，该论文与另两篇论文《某航空发动机第三级涡轮叶片断裂失效分析》《某型号发动机离心叶轮叶片裂纹失效分析》分别被湖南省航空学会材料与热加工专业委员会和中国南方航空工业（集团）有限公司科学技术协会评为二、三等奖及优秀论文奖，其中《某型号发动机离心叶轮叶片裂纹失效分析》刊登在国家核心期刊《宇航材料工艺》上。由她主持撰写的《甩油盘锻件毛坯白斑缺陷分析》《钼粉等离子喷涂涂层的金相试样制备工艺研究》《某航空发动机压气机第四级工作叶片断裂失效分析》和《38CrA 淬火介质工艺研究》4 篇论文被《首届航空物理冶金学术研讨会论文集》录用。

吴元良 2014年全国五一劳动奖章获得者

吴元良（1964.2— ），陕西户县人，2014年全国五一劳动奖章获得者，中航工业西安飞机工业（集团）有限责任公司（简称中航工业西飞）副总工程师。1989年由沈阳航空学院航空系毕业分配至西安飞机工业公司（现中航工业西飞）工作，先后担任11厂工艺员、11厂技术厂长，飞机制造总厂检验站站长，18厂厂长，2007年起任西飞公司副总工程师。2007—2013年，他全面组织实施大飞机研制工作，对工程研制全过程进行监控，组织协调解决型号研制中的各类重大问题，确保了型号研制成功。1999年在首都阅兵装备工作中荣立个人二等功；2009年起先后荣获中航工业航空报国金奖三等奖（2项）、总经理特别奖、航空报国突出贡献奖、中航工业鲲鹏奖优秀个人奖一等奖、中航工业新机研制集成网络管控创新成果一等奖，荣获国防科工委新机研制集成网络管控创新成果一等奖。2014年被中华全国总工会授予全国五一劳动奖章。

1989年，吴元良大学毕业分配到了西安飞机工业公司11厂任工艺员。1998年担任11厂技术厂长，一方面负责组织完成西飞公司某型飞机翼装配工艺技术文件的编制，研究和解决生产现场技术质量难题；另一方面注意搜集国内外先进机翼装配技术方法，积极研究并提高机翼装配技术水平。

2004年，吴元良调任飞机制造检验站担任站长，负责西飞公司军民机部件装配、总装、试飞、飞机维修等方面的质量控制。2004年西飞公司交付的飞机发生多次质量问题，多名检验人员被处罚并下岗培训，检验站内部士气低落。为了扭转不利局面，他积极推进检验规范的编制，明确飞机制造各个环节的质量控制要求，针对多余物控制、错装接反等问题，从工艺方法预防入手，提前采用防差错措施，以技术保质量；同时积极推进绩效考核，每月从工作强度、工作质量等方面对检验人员工作进行量化考核，对重要岗位设置岗位津贴，提高检验人员劳动积极性。通过种种措施，迅速稳定了检验工作的质量。

2007年，吴元良调任西飞公司18厂厂长。18厂主要负责民机机身装配工作。民机制造更偏重于适航、安全和使用者的检验。为了提高分厂技术和管理水平，他积极引入外协飞机产品的先进管理经验，大力培养基层管理人员，推行六西格玛管理，施行先进班组建设，这些措施对提高产品质量和效率起到了很好的作用。

2007 年年底，吴元良任西飞公司副总工程师，负责研究、策划、组建西飞公司某型飞机项目管理组织与运营管理体系，对飞机研制经费、进度、质量、风险和合同进行监控，组织协调型号研制中的重大问题，对公司各单位执行情况进行考核，确保型号研制的成功。

在全面组织实施大飞机研制工作的 6 年间，吴元良对工程研制全过程进行监控，组织协调解决型号研制中的各类重大问题。吴元良组建并带领项目研制团队，针对大飞机异地多厂联合研制的特点，采用行政管理与合同管理相结合的组织管理模式，从项目、财务、质量和采购等各方面编制了统一的管理规范体系文件，形成了项目管理系统负责横向沟通与协调，总工程师系统进行纵向业务规划与指导的组织管理体系，使各参研制造商研制工作协调、统一、高效，确保了项目的正常运行，为后来飞机研制的发展方向——多团队联合研制，提供了有力的支撑。

吴元良组织并带领各专业技术专家，分析研究整机研制工艺，组织编制了工艺技术总方案，对大飞机制造分工、装配流程、工艺工作原则、厂际互换协调方案、协同设计制造工艺、产品数据的管理、工艺装备的设计与制造以及工艺评审等方面进行了全面规划，分析研究制造技术难点，梳理确定了 30 多项课题攻关项目，在全国范围内积极联系各行业专家，组织联合攻关团队，完成了大飞机制造工艺规范编制、大型整体带筋壁板的喷丸成形、新型高强度钢及钛合金切削加工、复合材料外翼制造技术研究、数字化协同平台应用技术研究以及大部件对接等 30 多项关键技术课题攻关，不仅攻克了大飞机制造技术难关，而且实现了国内制造业中从无到有的巨变，为以后其他大型飞机的成功制造奠定了坚实的基础。

面对大飞机研制中设计、试验、现场生产高度交叉并行的形势，吴元良科学统筹各类资源，合理安排研制计划：组织工艺系统开展并行工程，提前进行工装设计工作，针对设计过程产品数模进行分析，开展工装框架设计，并随着设计进展适时进行详细工装设计，确保成熟的产品数模发出后能快速完成工装设计；组织梳理长周期材料采购清单和标准件清单，及时决策进行风险采购工作；组织编制详细的工装制造计划和零件配套计划，均衡、协调各单位资源，使材料采购、工装制造、零件制造、装配等工作协调推进。同时，明确任务、责任人、完成标志，严格考核，并且每天深入生产一线，身体力行地践行处理现场问题"大事不过夜，小事现场决"的原则，充分调动参研人员工作积极性，带出了一支朝气蓬勃、勇往直前的研制团队，为大飞机按期实现首飞做出了突出贡献。

吴元良工作照

根据新机研制的经验，西飞公司完成该项目中央翼、外翼、襟翼、中机身的大部件交付周期至少需要两年半时间。由于该机的翼展达到了 38.8 米，结构制造及装配协调任务十分艰巨，上级规定的研制周期仅为 14 个月，而产品数模比预期的计划延误了两个多月，但部件交付节点却未作调整，其中还要面对适航检查、零件和材料更改等不可控的因素。面对巨大的困难与压力，吴元良作为负责型号研制的副总工程师，充分分析研制任务的难点后，果断与中航通飞设计研究院（现中航工业特种飞行器研究所）沟通，提前采购长周期零件的用料，提前介入长周期工装的设计，对项目的实施进行了详尽的规划，建立工作小组项目责任制，为项目的顺利进行打下了坚实的基础。随着研制的进行，吴元良的工作战场也在不停地变化，由研制初期频繁出现在西飞物资采购部、物料配送中心的现场督促检查，到研制中期亲临工装、零件生产现场了解制造进展情况。他及时解决生产过程中的各种大小问题，反复用自己的实际行动验证着"大事不过夜，小事现场决"的做事风格，消除了生产环节中的各类障碍，最大程度地解决了工作中推诿扯皮现象，对加快研制进度起到了积极的作用。

2013 年 9 月，吴元良又开始主管"蛟龙"600 新机研制。在不到一年的时间里，他以高度的战略目光，凭借娴熟的业务能力和兢兢业业的工作态度，在项目内外环境均不理想的条件下，最大程度地缩短该机实际研制与主进度计划的差距。

徐丁丁　2014 年全国五一劳动奖章获得者

徐丁丁（1964.2—　　），河北涞源人，2014 年全国五一劳动奖章获得者，中航工业惠阳航空螺旋桨有限责任公司（简称中航工业惠阳）副总工程师。1983 年参加工作，1989年电大毕业后一直从事航空螺旋桨设计工作，历任设计员、室主任、设计所副所长、所长；因工作成绩突出，先后破格评为工程师和高级工程师，后来任中航工业惠阳副总工程师。先后参与了 10 余种型号的研制工作，是中航工业航空技术一级专家。2009 年荣获集团公司航空报国金奖三等奖，2010 年荣获集团公司科技成果二等奖和国防科工局科技成果三等奖，2011 年荣获新中国航空工业创建 60 周年航

空报国突出贡献奖。因其对特种飞机研制和试飞工作的贡献，荣获集团公司科技成果一等奖和国防科工局科技成果二等奖。2014 年被中华全国总工会授予全国五一劳动奖章。

徐丁丁工作中兢兢业业，刻苦钻研，虚心向同事和老专家学习，带领设计人员克服了大量的困难，积极处理了设计工作中的大量技术问题，完成了多项螺旋桨的整体设计工作，编写了多项评审会的报告和专题问题解决方案。他严谨的工作态度，精益求精的钻研精神和敢于创新的勇气，令大家敬佩。

在抓管理、搞开发、促立项的同时，徐丁丁积极联系和跟踪国内现有配装国外螺旋桨飞机的发展情况，主动跟踪国外螺旋桨的技术发展，提出螺旋桨的下一步发展思路，立志为我国螺旋桨飞机提供高效率、高可靠性、低噪声和重量轻的优质螺旋桨，为公司的发展做出更大的贡献。

在新涡桨配套的螺旋桨系统研制技术方案的制订项目中，徐丁丁作为该项目的总设计师，组织项目团队，加班加点，夜以继日，攻坚克难，亲自校对全套约 500 张设计图样，逐一组织设计团队进行讲解，以确保设计的合理性。该项目的研制难度极大，他组织策划该螺旋桨的适航、成附件技术协议制定、接口协调、工作原理分析、试验器建造方案制订及定型前全过程的工作策划。该螺旋桨系统中的复合材料螺旋桨、桨距控制器、限速器、顺桨泵、整流罩等部件的设计，都具有了世界先进水平。

近年来，徐丁丁先后完成了 5000 千瓦涡桨发动机用螺旋桨论证报告及研保条件建

设建议书的编写工作；协助无人机、"蛟龙" 600、运 12 飞机及 "新舟" 600、"新舟" 700 飞机螺旋桨论证工作；组织完成了教练 5 螺旋桨的试验、试车及相关分析工作，并取得了适航型号合格证（TC）证。

在科研生产过程中，徐丁丁及时解决了航空产品批生产中出现的各种技术问题，提出并实施了 TS－14 系列调速器转速摆动问题解决技术方案，应用到批产、修理及排故产品中，并对分油衬套进行三坐标测量，积累分析数据；调取多台发动机试车数据，分析试车转速控制品质与外场摆动调速器的关系，并与已经实施了公差控制措施的调速器作对比，贯彻控制措施的调速器调节品质有了明显提高。为公司科研、生产任务的完成提供了有力的技术保障。

在研发产品的同时，徐丁丁还参与了多项外场故障分析，现场解决技术质量问题以及进行对部队官兵的培训等相关工作。

长期在航空螺旋桨研究领域的辛勤工作，使徐丁丁经历了多种型号任务的磨炼，积累了丰富的经验。他善于总结和积累，努力跟踪世界先进水平螺旋桨技术，提出我国螺旋桨发展规划，主持编写多项论证方案、设计方案和工作汇报，把所有的时间和精力都用在技术攻关上，快速提升了惠阳公司产品研制水平。

担任领导职务后，徐丁丁能够维护领导班子的团结，带领技术人员，团结奋斗，努力工作，攻坚克难，出色地完成了公司下达的各项科研、生产及其他工作任务。他始终保持勤政廉洁的工作作风，自觉遵守集团公司和公司廉洁自律的各项规定，在实际工作中，始终如一、严谨求实、忘我工作，每天工作时间通常在 12 个小时以上，几十年里累计出差超 1600 天。尤其是在某高新工程螺旋桨的研制工作中，他矢志不渝，潜心钻研，为提高我国航空螺旋桨研制水平做出了突出贡献。

徐丁丁工作照

张利明 2014 年全国五一劳动奖章获得者

张利明（1968.12— ），黑龙江庆安人，2014 年全国五一劳动奖章获得者，中航工业哈尔滨东安发动机（集团）有限公司（简称中航工业东安）总经理助理，享受国务院政府特殊津贴专家，研究员级高级工程师。1991 年 8 月毕业于北京航空航天大学航空发动机设计专业，同年被分配到哈尔滨东安发动机制造公司（现中航工业东安）工作，先后任航空产品设计所设计员、室主任、副所长、所长、总工程师助理、副总工程师、中航工业东安总经理助理，主要从事轻型航空发动机和辅助动力装置的研制生产工作，并任项目经理。多年来，在航空动力研制攻坚中，张利明在国家级期刊发表多篇论文，所主持或参与的科研项目先后 4 次获得国家和省部级科学技术进步奖。个人先后立功 3 次，并荣获了高新工程研制突出贡献奖、航空报国突出贡献奖、总经理特别奖、有突出贡献中青年专家等奖项。2014 年被中华全国总工会授予全国五一劳动奖章。

1991 年，张利明从北京航空航天大学毕业后来到哈尔滨东安发动机制造公司，成为一名普通的设计员，开始了飞机发动机的设计工作。他一边通过各种渠道了解国外先进技术，一边掌握消化国内现成的技术，凭着稳扎稳打的作风，在航空发动机研制工作中积累了丰富的经验。

在研制过程中，张利明踏实严谨，任劳任怨，从不计较个人得失。深夜的设计室里，有他埋头钻研、凝神思索的身影；忙碌的生产现场，有他不懈求索、攻坚克难的汗水。他善于结合实际创造性地开展工作，就是凭着严谨执着的劲头，在最初工作的 10 年间，张利明先后参与了涡桨 5 甲 –I 发动机 I 级涡轮叶片故障攻关工作，参与完成了涡桨 5E 型发动机的研制工作，组织了涡桨 5 系列发动机定寿延寿和可靠性增长工作；在涡桨 5E 发动机取型号合格证工作中做出了突出贡献，并荣立中国航空工业总公司涡桨 5E 型发动机取生产许可证个人三等功。

张利明还先后组织了某型飞机等多个重大型号配套辅助动力装置的研制工作。作为多型飞机辅助动力装置项目负责人，张利明主持完成了型号总体技术方案和详细设计工作；主持攻克了长寿命多轴输出单元体减速器设计、转速–燃油控制系统设计、引气装置设计、空中起动综合技术、滑油散热系统设计等多项技术难关，并获得 6 项国家专利。

在型号试验过程中，张利明还组织制订了各项试验技术方案，圆满完成了全部试验项目，尤其在外场科研试飞阶段，他积极与试飞单位沟通，确定试飞技术条件，解决试飞过程中遇到的各种技术问题，使该型辅助动力装置保质保量地完成了各种试验试飞任务。

作为我国自行研制且具有自主知识产权的辅助动力装置，因外场使用可靠，性能良好，曾获得中航二集团科学技术进步奖二等奖、国防科工委科学技术进步奖三等奖，为我国的国防事业做出了突出贡献。

某科研试制的辅助动力装置由于技术先进，国内技术储备又严重不足，是上级机关和总牵头单位最不放心的成品。接受任务后，张利明与团队成员一道奋战在试制一线，做了大量的技术、管理和协调工作，组织完成了高精度细长中心拉杆加工、国内首次应用的关键齿轮加工、高精度圆弧端齿加工与检测、高精度扩压器数控加工与焊接、组合转子整体动平衡等多项关键工艺技术攻关。

在张利明的带领下，从接到设计图样后到全部工艺准备工作，从全部试制所需原材料入厂到完成试制零件加工，再到完成整机总装任务，用时之短创造了公司航空发动机试制周期最短的新纪录。研制团队又相继组织开展了工艺优化和改进，解决制约生产的瓶颈问题，组织完成了多台整机试制工作，具备了小批生产能力，圆满完成了年度型号任务。

张利明工作照

　　张利明已接手某型辅助动力装置的研发工作。他搜集国内外有关技术资料，开展了大量协调和技术准备工作，并配合某设计所确定了辅助动力装置技术方案，组织制订了工艺总方案，确定了关键工艺攻关项目，全面启动了试制工艺准备和生产准备。该型辅助动力装置技术先进，试制周期更为紧张，他以饱满的热情，带领项目团队投入到了一场新的战役中。

　　进入新世纪，中航工业东安新型发动机的研制工作正式上马。张利明带领研制团队开始了该型机的预先研制工作。由于该型号性能要求高，研制难度非常大，要在较短时间内攻克在国内还是空白的多项技术难题，对张利明和广大参研人员来说无疑是一次严峻的挑战。作为项目负责人，张利明在总体上对型号研制进行把握，研究确定了型号研发计划，明确了各阶段重点工作，带领参研人员无怨无悔地投入到型号研制中。在发动机的设计中应用了数字式控制系统、小型化辅机等新技术，大幅提高了国内轻型航空发动机的设计水平，增强了企业的自主创新能力。

　　在该型机的研制过程中，张利明组织开展了大量工艺研究、试验考核、故障攻关和性能优化等工作，落实解决了钛合金锻造、电子束焊接等工艺难点。针对装配、试车过程中出现的问题，尽量掌握第一手资料，组织相关专业人员进行问题梳理和分析，协调设计、工艺和生产等部门合理进行发动机生产和试验工作。针对控制系统研制等关键问题，张利明与主机厂及相关辅机承制单位进行技术协调，多次带队研究、落实重要技术方案和改进措施，参加关键系统的技术评审。

　　在进行关键试验时，张利明与相关协作单位进行了多轮洽谈，明确了试验方法和技术要求，试验期间全程进行现场指挥，最终三项重大试验均取得圆满成功。

　　在各方的精心组织和各项成果的推动下，该型机随主机正式立项后，张利明充分调动内外部资源，组织开展了深入的技术优化、改进和产品试制工作。与主设计单位一道，顺利完成了特种试验，突破了原有的起动边界条件，满足了新要求；组织完成了控制系统的改进和优化，为顺利开展型号研制提供了有力保障。

赵 阳 2014 年全国五一劳动奖章获得者

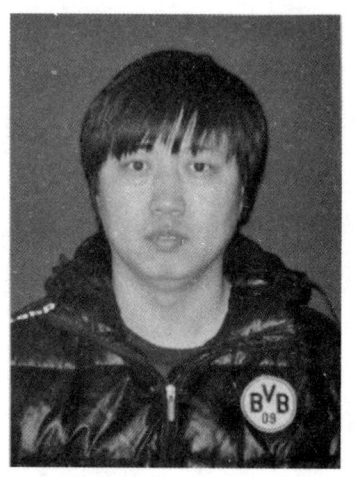

赵阳（1980.3— ），辽宁沈阳人，2014 年全国五一劳动奖章获得者，中航工业沈阳飞机工业（集团）有限公司（简称中航工业沈飞）钣金工。1998 年 7 月参加工作。赵阳通过自己的不懈努力和潜心钻研，编写整理出"大型飞机框板零件的成形方法""某型零件的分类成形法"和"一步成形法"等技术成果，并创造性地将数控技术运用到钣金加工中，解决了框板、腹板等多项大钣金零件的成形、新型材料钣金成形、零件回弹问题等。2004 年后，赵阳两次荣获中航工业技能竞赛优胜奖。2012 年被沈阳市人力资源和社会保障局评为技术标兵。2013 年 5 月荣获沈阳市"百千万育人工程"钣金工技术比武第三名；2013 年 9 月荣获中航工业第三届职业技能竞赛飞机钣金工第一名，并荣获"中航工业技术能手""中航工业青年岗位能手""全国技术能手"和"全国青年岗位能手"荣誉称号。2014 年被中华全国总工会授予全国五一劳动奖章。

赵阳 1998 年 7 月从沈飞公司技校毕业后，分配到沈飞公司八厂，成为一名钣金工。钣金工作强度大、噪声大，且经常搬抬重型钣金件，"80 后"的青年人大多不愿意从事钣金工，而赵阳没有因为是一名普通钣金工而沮丧，反而以饱满的工作热情，忘我地投入到工作当中去。"干一行，爱一行。既然选择了钣金工，同样都是干，要干就干得最好。"赵阳是这样说的，也是这样做的。

"名师出高徒"。赵阳之所以进步这样快，虚心向师傅学习起到了重要作用。赵阳的师傅是沈飞公司劳动模范、女闯将万瑞华。赵阳严格遵照万师傅的要求，对技术精益求精，不断创新，潜心钻研，很快掌握了较高的钣金加工技术，成为了班里的生产骨干。

"谦虚、好学、肯专研"是赵阳职业态度的深刻写照。赵阳工作伊始，正赶上某型号开工，零件工艺复杂，技术难度大，为保证产品质量，他虚心求教，很快成为班里生产骨干。为了更多地学习钣金技艺，学人所长，补己所短，赵阳积极参加各类技术比武。由于逢赛必考，被同事戏称为"老运动员"。

框板零件的生产是钣金零件成形中出了名的"老大难"。因为框板零件大，成形难度大，淬火变形大，校平困难。2012 年 6 月起，某机型的框板零件投入生产，其采用的新材料与以往成形加工方式不同，出现了大量废品。赵阳急在心上，不断实践，摸索并整理了一套"大型飞机框板零件的成形方法"，用铝制工装代替钢制工装，不仅提高了生产效率，还大大降低了生产成本，为公司节约 20 余万元。

2011 年，赵阳勇挑重担，来到民机班。当时 Q400 项目零件要求严，废品率高，是车间最头痛的地方。面对困难，赵阳与工艺人员反复试验，运用数控技术，将腹板零件改为一步成形，大大提高了生产效率和表面质量。

多年的历练，赵阳由一名普通钣金工成长为沈飞公司最年轻的高级技师。由于表现突出，赵阳 2005 年加入中国共产党，一年后成为多种机型并线生产的钣冲工段党小组长。为完成科研生产任务，他带领党员，攻克了一道又一道的难关，他所领导的党小组多次被评为公司级先进党小组。

一次，班里接到整流罩的急活，外形复杂，只有型胎，没有样板，一周后必须交付。关键时刻，赵阳迎难而上。他认真分析零件成形中的回弹特点，创造性地提出了采用"新淬火状态下拉伸成形和液压成形"相结合的方法加工零件，最终提前两天优质交付了任务。

体力、技术、勇争第一的意志，是优秀钣金工不可或缺的三个条件，也是赵阳成长的深刻感悟。2013 年，中航工业第三届职业技能竞赛预赛后，排在第七位的赵阳暗下决心奋起直追。时值公司"6·30 节点"的关键时刻，班组的生产任务十分紧张。作为厂里技能工人中的技术骨干，留给赵阳备战的时间很有限，他每天深夜才能回到家里。最终靠着个人精湛的技艺，在家人和同事们的鼎力支持以及厂领导的关怀和勉励下，终于夺取了中航工业第三届职业技能竞赛的第一名，成为了航空钣金领域的行业状元！

赵阳在完成本职工作的同时，毫无保留地将学到的知识与技能传授给厂里的青年技工，大家也开玩笑地说："看赵阳哥干活能学本事长见识，这可比看一场电影有意思多啦！"在赵阳的影响和带动下，很多人都成为厂里的技能骨干，2013 年和 2014 年，赵阳所在班组中就有两名工友在赵阳的带动下，考取了高级技师资格。他们班组在沈飞公司各类钣金专业技术比武中

赵阳生活照

取得了优异成绩。

面对众多荣誉，赵阳没有自满，本来厂里考虑他的贡献，决定安排他做体力较轻的培训工作，但他主动请缨到技术含量更高的蒙皮壁板工段，从零开始，重新学习。有人不理解他的选择，而赵阳却说："趁着年轻，还是多学些技能好。"

赵淑利 2014 年全国五一劳动奖章获得者

　　赵淑利（1957— ），陕西长安人，2014 年全国五一劳动奖章获得者，中航工业西安飞行自动控制研究所（简称中航工业自控所）副总设计师，享受国务院政府特殊津贴专家。1982年毕业于北京航空学院自动控制专业，分配到航空工业部第 618 研究所（现中航工业自控所）工作，2001 年获西北工业大学航空电子工程硕士学位。历任专业组组长、技术主管，中航工业自控所飞行控制专业副总设计师、研究员。先后荣获国防科学技术进步奖二等奖 2 项、三等奖 2 项；集团科学技术进步奖一等奖 1 项、二等奖 4 项、三等奖 1 项；荣立一等功 1 次、二等功 3 次、三等功 1 次。2007 年被评为国防科技工业行业"巾帼建功"标兵；2010 年荣获中航工业航空报国金奖三等奖；2011 年被评为中航工业特级技术专家；2013 年荣获中航工业集团公司鲲鹏奖个人一等奖；2013 年被授予"中央企业劳动模范"荣誉称号；2014 年被中华全国总工会授予全国五一劳动奖章。

　　1982 年，赵淑利于北京航空学院自控系毕业，分配到航空工业部第 618 研究所飞行控制部总体室工作。赵淑利非常珍惜自己的工作机会，决心为航空事业做出一番贡献。当时的自控所位于陕西户县李家庄，条件非常艰苦。初出茅庐的她白天跟师傅学技术，晚上回到宿舍抓紧时间看书学习，凭借一股钻研精神快速成长起来，逐步承担起多个预研和型号课题的重任。

　　1990 年，赵淑利担任低空突防飞行控制系统预研课题的技术主管。课题组人员紧张，遇到问题全凭自己边摸索边解决。她将脉冲相应辨识法、频率相应辨识法与非线性建模技术、数字控制技术相结合，建立了全系统离散化实时仿真模型。为系统半物理模拟试验提供了科学的检验方法；成功地解决了数字系统中微分噪声问题；成功将雪橇法地形跟随方法应用于系统研制。多年的辛苦拼搏换来了成功的收获。1997 年该预研课题荣获省、部级科学技术进步奖二等奖，赵淑利荣立二等功。

　　1998 年，赵淑利临危受命，主持研制基本型无人机控制/制导系统研发工作。该项课题尚属国内首次，缺乏资料，没有工程经验，她迎难而上，带领课题组深入荒漠驻地开展部队走访，了解部队的战技要求，收集数据。正是这种"笨"办法，使赵淑利在最短的时间里准确捕获到了用户需求，为研制工作取得了关键性突破，并在自控所与部队间建立了良好的沟通关系，为后期工作的开展打下了坚实的基础。在她的带领下，该型系统仅用两年时间便完成了工程样机研制，超预期满足部队作战要求，深受部队的好评。该项目再一次填补了国内在这一领域的空白，一举获得国防科学技术进步奖二等奖，为自控所赢得了声誉。

2000 年，国家重点工程项目"飞豹"飞机三轴数字式控制增稳与自动驾驶仪系统立项。赵淑利担任起飞行控制系统主任设计师的重任。她带领课题组翻遍国外先进技术资料，认真梳理了系统核心部件关键技术，熬过无数不眠长夜，终于使多种复杂构型的飞行品质均达到一级要求，有效提高了飞机的任务可靠性和飞行安全性。

2007 年 8 月，"飞豹"飞机赴俄罗斯参加中俄"和平使命 2007"联合军演。赵淑利是所有保障人员中唯一的女性。由于集训机场没有女厕所，为了节省时间，她给自己定了不到万不得已不喝水的"制度"，冒着 50℃ 的高温连续工作了 40 天。人晒黑了，嘴里长满了泡，可她依旧挥洒自如、指挥若定，解决了一个又一个技术难题。部队官兵由衷赞叹，这位女同志真是不简单！军演取得了圆满成功，她因保障出色荣立三等功。

2007 年 2 月，某型飞机研制重大科技专项正式立项，已成为飞控副总设计师的赵淑利再一次敏感地捕捉到了主机的需求。2007 年年初，主机厂所尚未与自控所签署研制协议，未雨绸缪的她带领团队提前全面启动了该型飞机飞行控制系统的论证与设计。由于西方国家对中国航空工业高科技领域的技术封锁，既缺乏可供参考的先进技术资料，又无法寻求国际合作，诸多技术难关必须自主攻克。赵淑利带领团队从民机领域寻求突破口，多方搜集资料，结合国情，在较短的时间内提出了某型飞机飞控系统建议方案，并积极向主机厂所推介，仅半年时间就完成了九轮方案论证。为了使飞控系统方案设计与适航要求接轨，赵淑利带领攻关团队突破适航安全性设计关键技术，全面满足飞机高安全性要求。

在激烈的竞争形势下，为了取得技术优势，赵淑利以系统带动部件，率先建立了原理演示系统，推动了计算机、作动器等部件与仿真等专业的快速进步。在她的带领下，自控所在主机组织的作动器竞赛中获得全面胜利，一鼓作气拿下了四个升降舵和上下两个方向舵共计 6 套主控制面作动器的研制任务。

新型电传系统是涉及多学科、多专业的大系统工程，其设计与验证技术难度远远超出人们的预料。系统有诸多在常规军用机上从未遇到的新问题，尤其是安全可靠性比传统军机高两个数量级；系统硬件组成与交联复杂度等是传统军机的 3 倍；软件规模是传统军机的 3 倍多。此时的赵淑利已经年逾 50，承担着巨大的压力和责任，她不顾眼疾的加重，3 年来每天在试验现场加班至深夜。

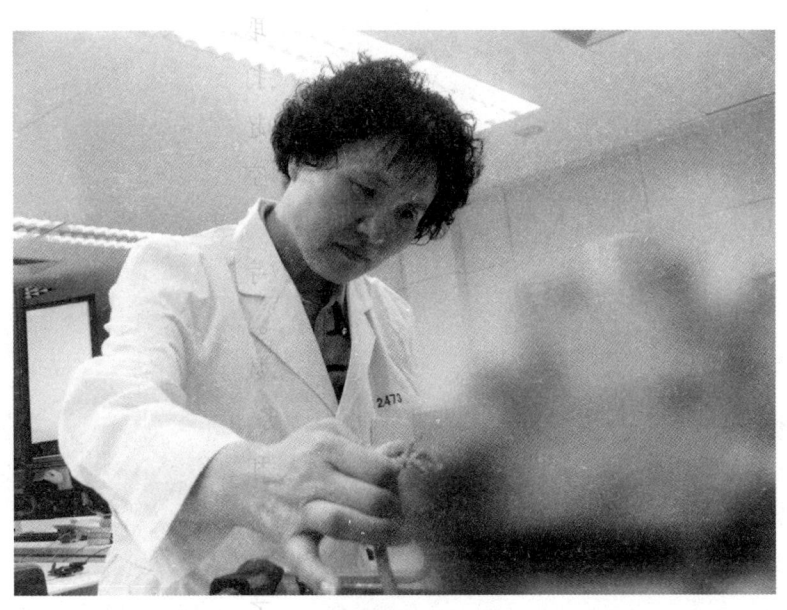

赵淑利工作照

　　2012 年 12 月，飞机进入首飞倒计时。赵淑利带领课题组坚守阎良现场，全力配合中航工业试飞中心和中航工业西飞完成首飞保障工作。赵淑利不仅将电传飞行控制分系统的问题解决得井井有条，而且协助主机厂所梳理了整个飞控系统的工作，成为飞机飞控系统名副其实的主心骨。她的积极努力，打消了机关领导对飞控系统研制的疑虑。该项目于 2013 年元月成功首飞，飞控系统工作正常、状态正确、运行可靠，飞行员给出了满分的评价。

后　记

　　《中国航空工业人物传》是《中国航空工业史丛书·人物·史料资料》的重要组成部分，她真实地记录了中国航空工业60多年来航空人的突出代表，他们是"航空报国"精神的创造者和传承者。

　　《中国航空工业人物传》又分为"领导篇""专家篇"和"英模篇"，每篇还有分册。她们分别记载航空工业的创建者、领军人物、专家学者、科研人员和技能人才的主要事迹。编撰《中国航空工业人物传》的意愿是想通过这些人物的事迹，让后来者知道今天的成就来之不易，今后的任务将更繁重、更具有挑战性和吸引力，从而通过我们的双手、用我们的智慧，将航空报国精神发扬光大，真正达到强军富民的目的。

　　在《中国航空工业人物传》编撰过程中，我们得到了方方面面的支持，特别是入选《中国航空工业人物传》人物所在单位，或是入选人物曾经工作过的单位，都给予了极大的帮助。他们或者找当事人回忆，或者找档案资料，或者找有关人物家属子女了解情况，他们的工作同样辛苦而有效。在编撰时，我们也查阅了《中国航空工业四十年》《当代中国的航空工业》《航空工业人物》《航空人物志》《航空工业史料》《航空春秋》《中国航空史》《中国飞机》和《中国航空工业院士丛书》等著作，还调阅了大量企事业单位撰写的厂史、所史，有关单位的航史编修办公室、工会、党委宣传部、办公室、档案馆（室）、老干部离退休办等部门的同志们也做了大量的工作。在这里我们一并表示感谢！

　　《中国航空工业人物传》虽然陆续出版，由于我们工作水平有限，可能挂一漏万，也可能出现一些错误，恳请当事人和广大读者及时指出，以便我们在今后的工作中加以改正。

　　《中国航空工业人物传·英模篇2》汇集了全国五一劳动奖章、全国三八红旗手、全国新长征突击手、全国五四青年奖章获得者共计112位人物的生平、工作业绩与突出贡献。另有31位获奖者分别入编《中国航空工业人物传·英模篇1》《中国航空工业人物传·专家篇1》《中国航空工业人物传·专家篇2》和《中国航空工业人物传·专家篇3》，本书不再重复记载。他们是：顾诵芬、唐乾三、罗阳、王英武、崔学文、刘时勇、薛莹、何胜强、胡晓峰、欧阳绍修、张天佑、王少峰、张弘、吴沈铎、孟宪新、赵霞、李明、王永庆、孙聪、刘志敏、唐长红、黄强、张恩和、严成忠、唐德尧、吴华、荣毅超、梁晓庚、张明、郑志伟、杨善发等。

本书策划王荣阳，统筹李雨农，编撰邓莉华、廉洁，审阅李长江、刘朝晖。

中航工业编修办公室

2014 年 8 月 30 日